読める、わかる、聖書のストーリー

竹ヶ原政輝 [著]

キリスト新聞社

はじめに

　この本は、『聖書』の〝物語〟という性質に重点を置き、その〝あらすじ〟を紹介しています。

　『聖書』はキリスト教の聖典であり、キリスト教の〝教え〟の基になっていますが、その書いてあること自体は、実は大部分が皆さんご存じ（？）のイエス・キリストをはじめとする様々な登場人物と神とが織りなす〝物語〟の体をとっていることは案外知られていません（このように私が感じた経験については、あとがきで改めてお話しいたします）。神話や歴史もの、恋愛ものといったバラエティに富んだ要素を含むその内容には、生き生きとした（ときにドロドロした）〝人間のリアル〟が見られ、現代を生きる皆さんにも身近に感じられるものがたくさんあるはずです。しかし、『聖書』はそんな私たちの周りの〝あるある〟をただ書き出しているのではなくて、それらについて（特に人間関係のトラブルや個人で抱える悩みについて）、その原因は何なのか、どんな解決方法があるのかといったことを考えるよう促します。

　キリスト教の『聖書』は、旧約39巻、新約27巻、計66巻の文書の集合体であり、それぞれの文書は著者も違えば、書かれた年代も違います（そもそも一人の著者によって書かれたわけではない文書もたくさんあります）が、それを一冊の本としてとらえる中で見えてくる一つのストーリーがあると私は考えています。それは、旧約の最初の文書『創世記』から新約の最後の文書『ヨハネの黙示録』にいたる、すなわち「世界の始まり」から「世界の終わり」、さらにその先を見すえた壮大な物語であり、そこに描かれるのは、神と共に生きる人間と、人間と共に歩む神の姿です。

　そのように『聖書』全体を「一つの物語」として読むにあたっては、それぞれの文書の著者からその作品をお借りして、「キリスト教の物語」を仕立てる

ということになるかと思います（このこと自体は決して私の新しい試みなのではなく、そもそもキリスト教はそのように『聖書』を読んできたはずです）。そこでは、〝キリスト教〟なんてものが生まれてもいない時期に書かれた文書も、〝キリスト教の文脈〟の中で読むことになりますが、それにより『聖書』は、旧約から新約に向かう「壮大な伏線回収の物語」と呼べる様相を呈していきます。その〝物語〟の〝あらすじ〟をつかんでいただくことが、この本の目指すところです。

　以上のようなことがこの本の第一の目的ですので、イエス・キリストの言葉の解説などからキリスト教の〝教え〟の部分について丁寧に説明することは、ある程度ほかの本に譲ります。それらを学びたいという方は、本書の最後に記しております、参考文献をぜひあたってみてください。ただ、「キリスト教の物語」というものを描き出していく中で、自然と触れていただくことになるキリスト教の肝と言いましょうか、キリスト教が大切にしているものを感じとっていただけるはずです。

　私は『聖書』ほど面白い本はないと思っています。皆さんはきっといろんな文学や小説のほか、マンガやアニメなどのサブカルチャーからも多くの励ましや慰めを与えられ、時には問題提起を受けられることもあるでしょう。『聖書』には、それらの中に見られる〝物語〟のおよそすべての原型（プロトタイプ）があるような気がしています。そこには、私たち人間とこの世界にとっての普遍的な課題と希望が語られており、それに触れることが「キリスト教の物語」としての『聖書』を読む意義でもあると思います。そして、今という時代にあって、この本を通じて最も強調したいことは、『聖書』──「キリスト教の物語」──とは、「分断に抗う物語」であるということです。

　コロナ禍に入る以前から私たちの世界を覆っていた〝影〟の持つ名の一つが「分断」であると思います。『聖書』は、最初の人類アダムとエバの過ちにより人と人との関係性に歪みが生じたこと、その歪みが人と神との関係性の歪みに起因するということを語り、その歪みを後の人間たちがずっと引きずっている

こと、それがどうすれば解消されるかということを大きなテーマにしています。そこに描かれるのはまさしく、歪んだ関係性から来る「分断」を抱えることになった人間たちの悲劇の物語であるわけですが、同時に、その悲劇的な世界の中であきらめず分断に抗って生きようとする人々と、かれらの背後にいて救いの手を差し伸べつつ、人と世界を愛し、分断を超えることを求めた神の、大いなる挑戦の物語です。この挑戦における最大のターニングポイントが、イエス・キリストという存在であるわけです。

　新型コロナウイルスの影響によって、ますます〝影〟が濃くなっているようにも感じられる中、これからご案内する「分断に抗う物語」のあらすじが、皆さんに希望を感じさせるものとなることを祈っています。

最後に、この本の〝読み方〟について少しお奨めをさせていただきます。

○とにかく『聖書』の内容の〝あらすじ〟を知りたいという方は、このまま第一部「物語編」から読み始めてくださって結構です。
○『聖書』について多少の予備知識を持った上で内容に入っていきたいという方は、66巻の文書の概要を記した第二部「文書編」の導入を読んでから第一部に入ってください。
○第一部の「物語編」を読み進めている途中で、各文書の基本情報などを確認するために「文書編」の適当な箇所を読んでいただくと理解の助けになる場合もあるでしょう。「物語編」の各章の最後に、その章で取り扱った内容がどの文書に含まれているかということと、対応する「文書編」のページを示しておきますので、参考になさってください。

目　次

本文中の聖書引用は日本聖書協会の『聖書　新共同訳』による。

第一部 物語編

地図 1　古代近東（前1800 ～ 1400年）

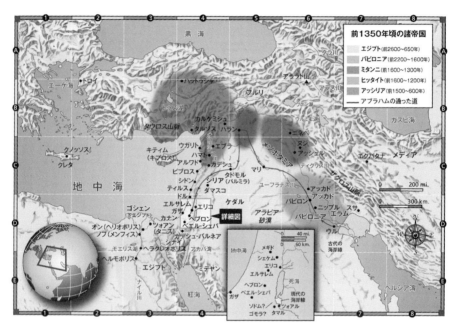

©2000, American Bible Society

第1章
原初史

　『聖書』というのは古代イスラエル民族とその子孫であるユダヤ人たちによって生み出されたものですが、それは言わば、「古代人の文書」であることもあり、私たちに読める言語に翻訳されたからといって、実際に〝読める〟わけではないし〝わかる〟ものでもない。そういうものだと思います。『聖書』を〝読める〟ようになるには、『聖書』が一つの「物語」であることを知り、そのストーリーの〝あらすじ〟をつかむことが有益だと私は考えているわけですが、ここから始まる「物語編」では、その〝あらすじ〟を紹介していきます。一方で、『聖書』が〝わかる〟ようになるためには、『聖書』との〝対話〟のようなものが必要です。そこで、「物語編」第1章では、まず『創世記』の最初にある「天地創造」をはじめとする数々の「神話」について、それらを単に〝物語る〟というよりは、書いてあることを私なりの〝解釈〟を施しながら紐解いていくことで、『聖書』との対話のコツのようなものを示していこうと思います。ストーリーの始まりの部分に触れながら長い冒険の旅に出る準備をする、言わばゲームにおける〝チュートリアル（舞台となる世界の基本設定や、遊び方を学ぶ段階）〟のようなものと言えるかもしれません。そこから徐々に「物語」の流れへとダイブし、やがて見えてくる「物語の終焉」が「始まりの物語」とつながっていることを知ったとき、『聖書』についてわかっていただけることもあるのではないかと思います。

　では、『聖書』の世界をご案内いたしましょう。

Ⅰ.セカイノハジマリ（天地創造）

　《初めに、神は天地を創造された。》創世記１：１

　『聖書』の初めにあるのは、神による**「天地創造」**の記事です。これは、「天」と「地」というものを造ったと言うよりは、対語を用いて「万物を造った」ということを言っています。「天地万物、天と地の間の一切のものを造った」と

▼

13

いった意味でしょう。ですから、世界は「できた」のではなく、「造られた」というのが聖書の「世界観」（「世界」のとらえ方）ということになります。教会ではよく、「世界は、神の**被造物**である」という言い方をしますが、聖書は世界をそのようにとらえています。

　「世界」は神によって造られた。ゆえに神は、**造物主／創造主**と呼ばれます。これは聖書の「神観」の一つです。

　　《地は混沌であって、闇が深淵の面にあり、神の霊が水の面を動いていた。》
　　創世記1：2

　「地は混沌であった」ということですが、**「混沌」**というのはどういうことでしょうか。なんだかぐちゃぐちゃしている様子を思い浮かべますが、「物事の区別がはっきりしない様子」といった意味があります。世界が造られる前の状態がこのように表現されます。さらに「闇」と「深い淵」、そして「水」というのが「創造以前」を表す言葉として使われるわけですが、これはまた後で思い出していただくことになります。

　　《神は言われた。「光あれ。」こうして、光があった。》創世記1：3

　聖書は、神は**「言葉」**で世界を造ったと言います。
　「～あれ」は「現れよ」という意味ですが、「神が呼ぶと出た」というイメージです。神は万物を呼ぶことで存在させたという風に言えるでしょう。

　　《神は光を見て、良しとされた。神は光と闇を分け、光を昼と呼び、闇を夜と
　　呼ばれた。夕べがあり、朝があった。第一の日である。》創世記1：4-5

　神はこれ以降、2日目に「大空」、3日目に「地と海、草木」、4日目に「太

陽と月を含む天体」、5日目に「水に棲む生き物、鳥」を創造します。

　そして6日目。

　　《神は言われた。「地は、それぞれの生き物を産み出せ。家畜、這うもの、地
　　の獣を……」そのようになった。……神はこれを見て、良しとされた。神は
　　言われた。「我々にかたどり、我々に似せて、人を造ろう。そして海の魚、空
　　の鳥、家畜、地の獣、地を這うものすべてを支配させよう。」神は御自分にか
　　たどって人を創造された。……男と女に創造された。神は彼らを祝福して言
　　われた。「産めよ、増えよ、地に満ちて地を従わせよ。海の魚、空の鳥、地の
　　上を這う生き物をすべて支配せよ。」……神はお造りになったすべてのものを
　　御覧になった。見よ、それは極めて良かった。夕べがあり、朝があった。第
　　六の日である。》創世記1：24−31

　ここでは、最後に創造されたのが「人間」であると言われています。

　人間とは「神に似せて造られたもの」＝**神の似姿**であるといいます。ラ
テン語で imago dei（イマゴ・デイ）と言いますが、「神のイメージ」というこ
とです。これは文字通り外見のことを言っているという人もいれば、人と神の
特別な関係性を言っているなど、いろいろな見解があります。いずれにしても、
人間は被造物の中でも特別な存在だという意識が感じられます。「地に満ちて地
を従わせよ」という言い方にも、神が人に特別な、ほかの被造物とは違ったポ
ジションを与えているらしいことがわかります。これは、「世界を好きにしてい
い権利」を人間は持っていると読まれたこともあったようですが、最近は、人
に与えられたのは「世界を守る責任」であるといった理解が主流になってきて
います。

　また、「男と女に創造された」という記述から世界には男と女しかいないと考
えられてきた歴史もありますが、性の区別というのは単純に男か女かに分けら
れるものではないということがわかってきている昨今、この箇所は「人は〝違

い〟を持つ存在だ」ということを言っていると理解すべきではないかと私は
思っています。神は、違いを持つ者として人を生み出した。その違いを持つ者
同士が助け合うことを、神は良しとしている。そういうことではないでしょう
か。

　かくして、神は6日間で世界を創造しました。そして……。

　　《第七の日に、神は御自分の仕事を離れ、安息なさった。》創世記2：2

　創造の仕事を終えた神は、7日目に休みました。これが後の「安息日」の由
来とされます。安息日というのは「週の7日目に休む」というユダヤ人の習慣
ですが、その起源などについては後ほど改めて触れます。

　神は自分が造った世界について「見よ、それは極めて良かった」と言いまし
た。聖書は、生まれたての世界は「良かった」と言っているわけです。では今、
あなたに見えている世界はどうでしょう。あなたが生きている世界。それがも
し良いものに見えないのだとしたら、それは何故なのか。そういうことを私た
ちは聖書から考えさせられるのではないかと思います。また、そういう問題を
考えていく上でのヒントも聖書は与えてくれると言えるでしょう。
　では、その「世界のあり様」ということにも関係する出来事を次に見ていき
ましょう。最初に創造された人間たちにまつわる物語です。

Ⅱ. 失楽園（アダムとエバ）

　　《主なる神は、土（アダマ）の塵で人（アダム）を形づくり、その鼻に命の息
　　を吹き入れられた。人はこうして生きる者となった。》創世記2：7

▼

《神は人を連れて来て、エデンの園に住まわせ、人がそこを耕し、守るようにされた。》創世記2：15

　最初の人**アダム**の創造に関する記事です。

　先ほどは人間が世界の支配者とされたかのような記述でしたが、ここでは住む場所を守る責任が与えられたという印象がより強い感じがします。また、人間とは「塵に過ぎない」ものだと言います。

　「人間って特別だけど、実はしょうもない」。この異なった人間観が一緒に出てくるのが聖書の面白いところです。この点については、「文書編」に書いてあることを参考にしてみてください。

《主なる神は人に命じて言われた。「園のすべての木から取って食べなさい。ただし、善悪の知識の木からは、決して食べてはならない。食べると必ず死んでしまう。」》創世記2：16－17

　アダムはエデンに生えている木から実を取って食べることを許されていました。ただ、中に禁じられた木の実があったということです。その木の実をアダムは食べてしまいます。そんなことになってしまった経緯は、次のようなものでした。

《主なる神は言われた。「人が独りでいるのは良くない。彼に合う助ける者を造ろう。」》創世記2：18

《人から抜き取ったあばら骨で女を造り上げられた。》創世記2：22

　神は、アダムのパートナーとなるもう一人の人間を造ります。この人と出会ったアダムは喜んで言いました。

▼

《人は言った。「ついに、これこそ／わたしの骨の骨／わたしの肉の肉。これ
をこそ、女（イシャー）と呼ぼう／まさに、男（イシュ）から取られたもの
だから。」……人と妻は二人とも裸であったが、恥ずかしがりはしなかった。》
創世記２：23−25

こうして、後に**エバ**と呼ばれる女性と〝運命の出会い〟を果たしたとも言え
るアダムでしたが、この二人に忍び寄る存在がありました。

《主なる神が造られた野の生き物のうちで、最も賢いのは蛇であった。蛇は女
に言った。「園のどの木からも食べてはいけない、などと神は言われたのか。」》
創世記３：１

《女が見ると、その木はいかにもおいしそうで、目を引き付け、賢くなるよう
に唆していた。女は実を取って食べ、一緒にいた男にも渡したので、彼も食
べた。》創世記３：６

蛇にそそのかされたエバ、そしてアダムは〝禁断の果実〟を口にしてしまい
ます。その時、二人にある変化がもたらされました。

《二人の目は開け、自分たちが裸であることを知り、二人はいちじくの葉をつ
づり合わせ、腰を覆うものとした。》創世記３：７

「善悪の知識の木」の実を食べてしまったアダムとエバは自分たちが裸である
ことに違和感を覚え、ついには神からも姿を隠すようになったと言います。
　その様子に神は《お前が裸であることを誰が告げたのか。取って食べるなと
命じた木から食べたのか》（創世記３：11）と問うたところ、アダムは《あなた

がわたしと共にいるようにしてくださった女が、木から取って与えたので、食べました》（創世記3：12）と答えました。

　ここでアダムは、過ちを他人のせいにしてしまいます。助け合うパートナーとして隣に置かれたはずの相手を、自分の過ちをなすりつける対象にした。これは、アダムとエバの関係に歪みが生じたということではないでしょうか。二人は、本来のあるべき関係でなくなりました。それは、そもそも神との関係に歪みが生じたからではないかと思うのです。

　神の言いつけに背くという背信行為によって人間と神との関係に歪みが生じました。この神との関係の歪みが人との関係も歪ませる。人と人との関係が健全でないのは、人と神との関係が健全でなくなったことに端を発する。この物語はそういうことを言っているのではないでしょうか。

　「人間は神との関係において不健全な状態にある」。キリスト教では、人がこのような状態に陥ったことを**堕罪**と言います。そして、この出来事以来すべての人間は生まれながらに**罪人**であるとされます（どんな生まれたばかりの子どもであっても皆、罪の中に生まれてくる。罪を背負って生まれてくるといった言い方をします）。これがキリスト教の重要な「人間観」の一つです。このように、罪に堕ちた人間を神はエデンの園（楽園）から追放しました。これが、**失楽園（パラダイスロスト）**というお話です。

　　《主なる神は、彼をエデンの園から追い出し、彼に、自分がそこから取られた
　　土を耕させることにされた。》創世記3：23

Ⅲ. 最初の死者（カインとアベル）

　続いて、アダムとエバの子どもたちの世代が登場します。しかし、それは必ずしも幸せな家族の物語ではありません。

《さて、アダムは妻エバを知った。彼女は身ごもってカインを産み、……また
その弟アベルを産んだ。アベルは羊を飼う者となり、カインは土を耕す者と
なった。時を経て、カインは土の実りを主のもとに献げ物として持って来た。
アベルは羊の群れの中から肥えた初子を持って来た。主はアベルとその献げ

聖書と性差別

《男は神の姿と栄光を映す者ですから、頭に物をかぶるべきではありません。
しかし、女は男の栄光を映す者です。というのは、男が女から出て来たのでは
なく、女が男から出て来たのだし、男が女のために造られたのではなく、女が
男のために造られたのだからです。だから、女は天使たちのために、頭に力の
印をかぶるべきです。いずれにせよ、主においては、男なしに女はなく、女な
しに男はありません。それは女が男から出たように、男も女から生まれ、また、
すべてのものが神から出ているからです。》コリントの信徒への手紙一　11章7
－12節

　女性を自認される方には不愉快なところもある言葉かもしれません。パウロ
という人の書いた手紙の中の一文ですが、ここではパウロがアダムとエバの物
語を解釈しています。彼が創世記の記事をどう読んだかということですが、「女
が男から出てきた」「女が男のために造られた」というところには、いわゆる男
尊女卑の価値観が見られることは否めません。一方で、「主においては、男なし
に女はなく、女なしに男はない」とも言っています。「主」というのは、イエス・
キリストのことを指していますが、とにかくキリストが一番だということをま
ずは言いたいのだと思います。
　その〝キリストのもとの平等〟という視点はある程度持ってはいるものの、
男女の序列というのか順番というところで、ある価値観から自由ではないよう
にも見えます。その価値観の背景にあるのが「家父長制社会」と呼ばれるもの
ですが、このような価値観に基づく聖書の記述が女性差別を助長し、強化して
きたことは認めなくてはなりません。しかし20世紀後半から、そのような聖書
の中にある男性中心主義的な視点をとらえなおそうとする「フェミニスト神学」
というものも生まれてきています。

物に目を留められたが、カインとその献げ物には目を留められなかった。カインは激しく怒って顔を伏せた。……カインが弟アベルに言葉をかけ、二人が野原に着いたとき、カインは弟アベルを襲って殺した。》創世記4：1－8

　兄による弟の殺害ということが起こります。兄カインは、湧き上がる負の衝動を抑えることができなかったようです。
　カインのしたことは、やがて神の知るところとなります。

　《主は言われた。「……お前は呪われる者となった。……お前は地上をさまよい、さすらう者となる。」カインは主に言った。「わたしの罪は重すぎて負いきれません。……わたしに出会う者はだれであれ、わたしを殺すでしょう。」……主はカインに出会う者がだれも彼を撃つことのないように、カインにしるしを付けられた。カインは主の前を去り、エデンの東、ノド（さすらい）の地に住んだ。》創世記4：10－16

　このカインに付けられた「しるし」というのは、カインの罪の証でもあり神の愛の証でもあるような、いろんな考え方ができます。

　私がこの物語を読んで感じることをお伝えしておこうと思います。
　アベルというのは、聖書が語る人類の歴史においてどのような存在なのかということです。彼は、人類が創造されて最初の死者です。アダムとエバが造られて、その間にカインとアベルが生まれる。そして、その弟アベルは、兄のカインに殺された。ということは、聖書は人類史における最初の死は、殺人によってもたらされたと言っているのです。
　最初の死者は、天寿を全うしたのではなく殺人事件の被害者として死んだ。語弊があるかもしれませんが、私はこういうところに「聖書って、すごい！」と感じてしまいます。

▼
21

Ⅳ. 箱舟（ノア）

　アダムとエバが罪に堕ちてしまってから、人の世界は悪くなる一方だったようです。続いて、悪に染まった地上に起こった出来事を見ていきましょう。

　　《主は、地上に人の悪が増し、常に悪いことばかりを心に思い計っているのを
　　御覧になって、地上に人を造ったことを後悔し、心を痛められた。主は言わ
　　れた。「わたしは人を創造したが、これを地上からぬぐい去ろう。人だけでな
　　く、家畜も這うものも空の鳥も。わたしはこれらを造ったことを後悔する。」
　　しかし、ノアは主の好意を得た。》創世記6：5－8

　神は地上に悪がはびこっているのを見て、地上から人をぬぐい去るという決断を下します。ただ、**ノア**という人に目を留めました。彼は「神に従う無垢な人」だったということです。そして彼に**箱舟**の建造を命じます。

　　《神はノアに言われた。「すべて肉なるものを終わらせる時がわたしの前に来
　　ている。彼らのゆえに不法が地に満ちている。見よ、わたしは地もろとも彼
　　らを滅ぼす。……見よ、わたしは地上に洪水をもたらし、命の霊をもつ、す
　　べて肉なるものを天の下から滅ぼす。……あなたは妻子や嫁たちと共に箱舟
　　に入りなさい。また、すべて命あるもの、すべて肉なるものから、二つずつ
　　箱舟に連れて入り、あなたと共に生き延びるようにしなさい。……」ノアは、
　　すべて神が命じられたとおりに果たした。》創世記6：13－22

　ノアとその家族を残して地上から人をぬぐい去るという、この神の行為にはどんな意味があったのでしょうか。

▼

《この日、大いなる深淵の源がことごとく裂け、天の窓が開かれた。》創世記 7：11

《水は勢力を増し、地の上に大いにみなぎり、箱舟は水の面を漂った。》創世記7：18

これらの箇所と次の箇所とを比較してみましょう。

《地は混沌であって、闇が深淵の面にあり、神の霊が水の面を動いていた。》創世記1：2

《神は大空を造り、大空の下と大空の上に水を分けさせられた。》創世記1：7

　それぞれ「天地創造」の記事からですが、これらを関連付けるとすれば、神は創造のときに分けた水をもう一度一つにして元の状態に戻そうとした、つまりはリセットしようとしたのではないかと考えられます。
　そうして生き残ったのはノアたち家族と、箱舟に乗せられた動物たちだけでした。

《彼らは大地からぬぐい去られ、ノアと、彼と共に箱舟にいたものだけが残った。》創世記7：23

《深淵の源と天の窓が閉じられたので、天からの雨は降りやみ、水は地上からひいて行った。百五十日の後には水が減って、第七の月の十七日に箱舟はアララト山の上に止まった。》創世記8：1－4

　世界を覆っていた水が減った後、箱舟が止まったというアララト山と同名の

▼

山が今のトルコ領内にあり、そこでの箱舟探索を続けている団体もあります（地図1：B6）。

　ノアは外の水が引いたかどうかを知るために合計４回、鳥を放します。最初の鳥と１回目の鳩は止まるところがなくて戻ってきました。しかし２回目の鳩はオリーブの葉をくわえて来たというのです。そして３回目に鳩を放したときは、帰ってこなかったことから、水が引いたことを知ったということですが、ここに出て来たオリーブをくわえた鳩の絵は旧約では代表的なモチーフです。新しい出発を思わせる希望のイメージと言えるでしょう。

　さて、世界をリセットした後の神の様子が記されます。

　　《主は宥めの香りをかいで、御心に言われた。「人に対して大地を呪うことは
　　二度とすまい。人が心に思うことは、幼いときから悪いのだ。わたしは、こ
　　の度したように生き物をことごとく打つことは、二度とすまい。地の続くか
　　ぎり、種蒔きも刈り入れも／寒さも暑さも、夏も冬も／昼も夜も、やむこと
　　はない。」》創世記８：21−22

　なんだか人間のことをあきらめてしまったような印象も受ける神の言葉ですが、ここで神は人の悪を受け止めているのでしょう。神は人の悪を受け止めた上で、共に歩むことにした。そういうことをこの言葉は言っているのではないかと思います。

　　《神はノアと彼の息子たちを祝福して言われた。「産めよ、増えよ、地に満ち
　　よ。」》創世記９：１

　これも天地創造の記事と絡めてみると、創世記１章28節にこうあります。

　　《神は彼らを祝福して言われた。「産めよ、増えよ、地に満ちて地を従わせ

よ。」》創世記1：28

　最初の人間たちに対する祝福です。神は新たな世界を歩み出す人間たちを改めて祝福しました。そして、その世界と共に歩もうとする神の思いの表れとして次のことが語られます。

　　《わたしは雲の中に……虹を置く。これはわたしと大地の間に立てた契約のしるしとなる。》創世記9：13

　　《わたしはそれを見て、……すべて肉なるものとの間に立てた永遠の契約に心を留める。》創世記9：16

　雨が降ると虹が出ることの原因譚（げんいんたん）のようですが、それは神がもはや地上の生き物を滅ぼさないという〝契約のしるし〟だというわけです。

　洪水はかつて神が「世界」に対して行った決定的な介入の最初のものだったと言えます。この後、神は世界に対する介入の仕方として〝滅ぼす〟という選択肢を放棄します。しかし、世界と共に歩む神が、再び世界に対し決定的に介入する時が訪れます。このとき、〝滅ぼす〟という選択肢を放棄した神が目指したことは、「世界」を〝救う〟ということでした。それは滅ぼすことができないから仕方なくそうしたというものではなく、人の悪を受け止めた神の積極的な行為であり、それがイスラエル民族の選びから準備されてきた、**イエス・キリストによる救済**の出来事であった……と、私は思うのです。

　ちなみに聖書には更なる介入についても記されています。これが俗に言う「世の終わり」というもので、**「終末」**と言います。聖書はそれがいつか来ると語ります。（文書編《旧約》「黙示録」の項参照）

Ⅴ. バベルの塔

　洪水後、新たな歩みを始めた人間たちの物語の一つが、有名な「バベルの塔」のお話です。

　　《東の方から移動してきた人々は、シンアルの地に平野を見つけ、そこに住み
　　着いた。……彼らは、「さあ、天まで届く塔のある町を建て、有名になろう。
　　そして、全地に散らされることのないようにしよう」と言った。》創世記11：
　　2−4

　神の領域を侵すかのような〝塔〟の建設は、人間の傲慢の象徴と言えるでしょう。天にも届くほどの塔を造ることができると思ってしまう、そんなとき、人の「可能性」というのは「傲慢」につながる危険があるということなのだと思います。傲慢というのは、聖書が良くないこととしているもののトップに挙げられるものの一つです。シンアルは、旧約の主要言語であるヘブライ語でバビロニア（バビロン、地図1：D6）を指すものと考えられています（この物語に登場する〝塔〟もバビロニアのジッグラトという建造物と関連すると言われます）。
　さて、そんな人の傲慢を戒めるため、神は何をしたでしょう。

　　《皆一つの言葉を話しているから、このようなことをし始めたのだ。……彼ら
　　の言葉を混乱させ、互いの言葉が聞き分けられぬようにしてしまおう。》創世
　　記11：6−7

　　《この町の名はバベルと呼ばれた。主がそこで全地の言葉を混乱（バラル）さ
　　せ、……全地に散らされたからである。》創世記11：9

▼

世界に複数の言語があることの原因譚です。

この頃、人は一つの言語を話していたとされますが、それが乱され、意思の疎通ができなくなったので塔の建設を諦めた。そしてこの結果、世界にはいろいろな言葉があるというお話です。ここにも人の罪によって生じた一つの分断があると言えるのかもしれません。

この話と関連付けてみたいのが、新約の使徒言行録2章1−13節に記された出来事です。イエスが十字架にかかった場所エルサレムから始まる弟子たちの活動、すなわち教会の活動を語るのが『使徒言行録』ですが、その始まりに不思議な出来事が起こったことが記されています。イエスの弟子たちはパレスチナ北部のガリラヤという地方出身の人ばかりのはずなのに、いろいろな地域の言葉で〝神の偉大な業〟について語り出したというのです。これは**聖霊**の力によるということなのですが、こうして弟子たちに聖霊が降った「**聖霊降臨**」という出来事は、**ペンテコステ**と呼ばれ教会の祝日になっています。かつて神の裁きによって人の言葉は分けられたけれども、後にそのすべての言語で神の偉大な業＝キリストの救いの出来事が語られるようになった。悪だくみをするためのものが、良いことを告げるものとして用いられるようになる。神にかかればこういうことが起きる。そんなことが示されているのだと思います。

【対応する文書編】
『創世記』 192ページ

『創世記』の「神話」を題材にした作品たち

　この章で取り上げた『創世記』の記事がモチーフとなっている文学や映像作品というのは実にたくさんあります（1章Ⅱのタイトルに使った「**失楽園**（パラダイスロスト）」というのもミルトンという詩人の叙事詩として英文学では大変有名な作品です）。いくつか紹介しましょう。

○『**新世紀エヴァンゲリオン**』　言わずと知れた社会現象を巻き起こしたアニメ作品です。主人公の少年が搭乗するエヴァンゲリオン（略称エヴァ）は、巨大ロボットのようでいて「人造人間」という設定ですが、アダムという巨人（？）から造られたとされる「アダムより生まれしもの」というフレーズが出てきます。そのほか、「知恵の実」「命の実」「死海文書」といった聖書およびキリスト教に関連する用語が散りばめられています。

○『**スプリガン**』　強大な力を持った古代文明の遺産を保護するという使命を持つエージェント「スプリガン」の活躍を描くマンガで、アニメ化もされました。箱舟（地球規模の気象コントロールシステムという設定）が発見されるというエピソードが存在します。

○『**バビル2世**』　『三国志』で有名な横山光輝氏のマンガおよびそれを原作にしたアニメ作品。バベルの塔は大昔に地球にやって来た宇宙人バビルが、故郷の星に救助信号を送るために建造したものであったという設定で、バビルが持っていた超能力を受け継ぐ少年バビル2世が悪の超能力者と戦う物語です。

　『創世記』のほかにも聖書のストーリーからたくさんの用語や要素が、日本の創作作品には取り入れられています。クリスチャン人口の低い日本ではありますが、『聖書』はクリエイターたちの間で広く読まれていることがうかがえます。『聖書』の物語やそこから生まれてくる伝承に、かれらの創作意欲を刺激するものがあるのでしょう。

第2章
族長物語

　ノアの時代の洪水後、イエス・キリストによる救済に至るまで神は世界に対して傍観者でいたわけではありません。一つの民族を選び、その神として共に歩む中で世界に寄り添い続けることになります。こうして、いわゆる**イスラエル民族**の歴史が始まっていきます。では、その民族の祖であるアブラハムに始まる〝選ばれし民族〟の物語を見ていきましょう。

Ｉ．祝福の源——アブラハム

　アブラハムはイスラエル民族の祖とされる人物ですが、もとの名をアブラムと言います。しばらくは彼のことをアブラムと呼んでいきます。

　アブラム一家は、カルデアのウル（今のイラクのあたり、紀元前4000年に栄えた、ユーフラテス川下流の古代シュメールの都市とされています。地図1：D6）からハラン（地図1：B5）を経由し、**カナン**（現パレスチナ）まで遊牧民として生活をしながら旅をしたといいます。彼らはユーフラテス川に沿って北上するように移動し、ハランにたどり着いたところで、父親であるテラが亡くなります。そのとき、彼は神の声を聞きます。

　　《主はアブラムに言われた。「あなたは生まれ故郷／父の家を離れて／わたし
　　が示す地に行きなさい。わたしはあなたを大いなる国民にし／あなたを祝福
　　し、あなたの名を高める／祝福の源となるように。……地上の氏族はすべて
　　／あなたによって祝福に入る。」》創世記12：1−3

　こうして、彼は神によって自分のすべきことへと召されたわけですが、このような体験を「召命」と言います。よく「神の召命を受ける」といった使われ

方をしますが、召命を受けたアブラムはその神の言葉に従っていくのです。

　高齢となったアブラムと妻サライ（後にサラと改名）でしたが、二人の間には子どもがありませんでした。跡継ぎのことを気にするアブラムに、神は言います。

　　《「天を仰いで、星を数えることができるなら、数えてみるがよい……あなたの子孫はこのようになる。」アブラムは主を信じた。主はそれを彼の義と認められた。》創世記15：5－6

　少しさかのぼった創世記12章3節で、神は《地上の氏族はすべて、あなたによって祝福に入る》と言いました。これと上記の「星の約束」を合わせて大まかに説明すると、神はアブラムを選んで祝福し、その祝福は彼の子孫繁栄の約束と共に受け継がれていき、やがて世界中の人を祝福に導くことになるということです。そして、この〝祝福〟を〝救い〟と考えたとき、この**約束がイエスによって成就した**と新約では考えるのです。

　子孫が星のようになるとの約束が与えられたものの、実際はなかなかアブラムとの間に子どもができないサライは、かなり焦ってきます。そして、ある行動に出ます。

　　《サライはアブラムに言った。「主はわたしに子供を授けてくださいません。どうぞ、わたしの女奴隷のところに入ってください。」》創世記16：2

　跡取りができないというのはこの時代と文化においては大問題でした。それでサライは自分に仕えていた女奴隷のハガルとの間に子どもをもうけるようアブラムに勧め、その結果ハガルはアブラムの子を妊娠します。

　このハガルの妊娠は彼女を高飛車にさせ、サライとの間に確執を生むことと

▼

なり、アブラムにとっても悩みの種となります。やがてハガルはイシュマエル
という子を産みますが、ただ、その間にも神はサライとの間に子どもを授かる
ということをアブラムに告げるのでした。

　　《あなたの妻サライは、名前をサライではなく、サラと呼びなさい。わたしは
　　彼女を祝福し、彼女によってあなたに男の子を与えよう。》創世記17：15－
　　16

　　この約束と同時に、神はアブラムとの間に立てるという**契約**に言及します。
そして、その〝しるし〟として彼の子孫の男子に**割礼**を受けることを定めるの
でした。

　　《あなたたち、およびあなたの後に続く子孫と、わたしとの間で守るべき契約
　　はこれである。すなわち、あなたたちの男子はすべて、割礼を受ける。包皮
　　の部分を切り取りなさい。これが、わたしとあなたたちとの間の契約のしる
　　しとなる。》創世記17：10－11

　　この辺りでアブラムとサライは改名します。ここから二人をアブラハムとサ
ラと呼んでいきましょう。
　　その後、改めて神からサラの妊娠が予告され、ついにアブラハムとサラの子
として**イサク**が生まれてきます。イサクが生まれると、今度はサラが正当な跡
取りは自分が産んだ子だと言うようになり、アブラハムを悩ませます。結局、
ハガルとイシュマエルは追い出されてしまうのですが、神はこの母子に救いの
手を差し伸べます。

　　《神は子供の泣き声を聞かれ、天から神の御使いがハガルに呼びかけて言った。
　　「ハガルよ、どうしたのか。恐れることはない。神はあそこにいる子供の泣き

▼

声を聞かれた。」》創世記21：17

　サラが神の約束を待ちきれなかったばかりに生じたとも言える悲劇ですが、人の弱さがいろいろな不幸な状況を生み出してしまったとしても、そんなところにも神の憐みが示される、というメッセージがここには込められていると思います。
　さて、こうして生まれてきた約束の子イサクでしたが、今度はなんと神はその子をいけにえとしてささげるよう、アブラハムに告げるのです。

　　《神は命じられた。「あなたの息子、あなたの愛する独り子イサクを連れて、
　　モリヤの地に行きなさい。わたしが命じる山の一つに登り、彼を焼き尽くす
　　献げ物としてささげなさい。」》創世記22：2

　理解に苦しむ話だと思います。しかし、アブラハムはその言葉に従い、命じられた場所でイサクを祭壇の上に載せます。そして、刃を振り下ろそうとした瞬間……。

　　《御使いは言った。「その子に手を下すな。何もしてはならない。あなたが神
　　を畏れる者であることが、今、分かったからだ。あなたは、自分の独り子で
　　ある息子すら、わたしにささげることを惜しまなかった。」》創世記22：12

　このようなアブラハムの信心深さから彼は「信仰の父」と呼ばれ、ユダヤ教、キリスト教、またイスラームでも人々の尊敬を集める人物となっています。
　この出来事の後、アブラハムとの約束が繰り返されます。

　　《御使いは言った。「わたしは自らにかけて誓う、と主は言われる。あなたが
　　この事を行い、自分の独り子である息子すら惜しまなかったので、あなたを

▼

豊かに祝福し、あなたの子孫を天の星のように、海辺の砂のように増やそう。あなたの子孫は敵の城門を勝ち取る。地上の諸国民はすべて、あなたの子孫によって祝福を得る。あなたがわたしの声に聞き従ったからである。」》創世記22：16－18

Ⅱ．〝神に勝った〟男──ヤコブ

アブラハムの息子イサクは、やがてリベカという女性を妻にします。

《イサクは、リベカと結婚したとき四十歳であった。リベカは、パダン・アラムのアラム人ベトエルの娘で、アラム人ラバンの妹であった。……妻リベカは身ごもった。……主は彼女に言われた。「二つの国民があなたの胎内に宿っており／二つの民があなたの腹の内で分かれ争っている。一つの民が他の民より強くなり／兄が弟に仕えるようになる。」》創世記25：20－23

この夫婦の間に生まれてきた子どもは双子で、生まれる前から仲が悪かったということなのですが、さらに父と母でかわいがる子が違ったといいます。

《イサクはエサウを愛した。狩りの獲物が好物だったからである。しかし、リベカはヤコブを愛した。》創世記25：28

父親のイサクは、狩りの上手な兄**エサウ**を愛しました。彼の獲物を食べるのが好きだったからです。母親のリベカは、穏やかな性格の弟**ヤコブ**を愛したということです。

この二人が成長したある日の出来事です。

▼

《……ヤコブが煮物をしていると、エサウが疲れきって野原から帰って来た。
エサウはヤコブに言った。「お願いだ、その赤いもの（アドム）、そこの赤い
ものを食べさせてほしい。……」彼が名をエドムとも呼ばれたのはこのため
である。ヤコブは言った。「まず、お兄さんの長子の権利を譲ってください。」
「ああ、もう死にそうだ。長子の権利などどうでもよい」と……長子の権利を
ヤコブに譲ってしまった。》創世記25：29−33

　ヤコブは巧みな交渉で、エサウの**長子の権利**を奪いとります。長子の権利は
家父長制をとる世界では重要なもので、家長の地位を継ぎ、財産を相続する権
利でした。これをエサウは軽んじてしまったのですが、これはヤコブがずる賢
いのか、エサウがうっかりさんなのか……。

　その後、エサウは父親からの長子への**祝福**もヤコブに奪われてしまいます
（創世記27章）。これは、母リベカの計略によると言えるのですが、彼女の名誉の
ために言っておくと、イサクとの結婚の場面では神の御心に素直に従うという、
信仰深い一面も見せる女性でもあります。

　何にしても、この事件を契機に兄は弟を憎み、殺意を抱くようになります。
この兄弟の確執は、後にエサウの子孫であるエドム人とヤコブの子孫であるイ
スラエル民族の対立につながるとされます。エドムというのはイスラエルの民
に敵対する民族として繰り返し旧約聖書に出てきますが、その対立の始まりが
この双子にあるのです。

　さて、兄の弟に対する殺意を知った母リベカは、ヤコブに叔父（リベカの兄）
のもとへ逃れるよう指示します。その叔父ラバンが住んでいるハラン（地図1：
B5）へと向かう途中、一夜を過ごした場所でヤコブは夢を見ます。

《とある場所に来たとき、日が沈んだので、そこで一夜を過ごすことにした。
ヤコブはその場所にあった石を一つ取って枕にして、その場所に横たわった。

▼

すると、彼は夢を見た。先端が天まで達する階段が地に向かって伸びており、しかも、神の御使いたちがそれを上ったり下ったりしていた。》創世記28：11−12

「ヤコブのはしご」と呼ばれる有名な話ですが、この場面でヤコブにアブラハム同様の祝福が約束されます。

《……主が傍らに立って言われた。「わたしは、……あなたが今横たわっているこの土地を、あなたとあなたの子孫に与える。あなたの子孫は大地の砂粒のように多くなり……広がっていくであろう。地上の氏族はすべて、あなたとあなたの子孫によって祝福に入る。見よ、わたしはあなたと共にいる。……わたしは、あなたに約束したことを果たすまで決して見捨てない。」》創世記28：13−15

そしてヤコブはこの場所を、**ベテル**（神の家の意）と名付けるのでした。
叔父の元にたどり着いたヤコブには、ある出会いが待っていました。ラバンには、レアとラケルという二人の娘がいたのです。彼のもとで過ごす間、ヤコブは妹のラケルに恋をします。

《ヤコブはラケルを愛していたので、「下の娘のラケルをくださるなら、わたしは七年間あなたの所で働きます」と言った。ラバンは答えた。「あの娘をほかの人に嫁がせるより、お前に嫁がせる方が良い。……」ヤコブはラケルのために七年間働いたが、彼女を愛していたので、それはほんの数日のように思われた。》創世記29：18−20

ラケルと一緒になるために約束の7年間を過ごしたヤコブでしたが、ついに婚礼の日を迎えた翌朝のことです。

《ところが、朝になってみると、それはレアであった。ヤコブがラバンに、「……なぜ、わたしをだましたのですか」と言うと、ラバンは答えた。「我々の所では、妹を姉より先に嫁がせることはしないのだ。とにかく……婚礼の祝いを済ませなさい。そうすれば、妹の方もお前に嫁がせよう。だがもう七年間、うちで働いてもらわねばならない。」》創世記29：25－27

　ラバンもなかなかブラックなことを言いますが、ヤコブは更に７年頑張ったということです。結局、彼は合計20年叔父の下で過ごし、持ち前のずる賢さ（?）で財産を築くのですが、最後は逃げ出すようにそこを去ることになります（創世記31章）。
　ヤコブは故郷に戻ろうとしますが、そこにはあの兄が待っています。複雑な思いを抱えたヤコブに、人生の一大転機が訪れます。

《その夜、ヤコブは……ヤボクの渡しを渡った。……そのとき、何者かが夜明けまでヤコブと格闘した。……「もう去らせてくれ。夜が明けてしまうから」とその人は言ったが、ヤコブは答えた。「いいえ、祝福してくださるまでは離しません。」「お前の名は何というのか」とその人が尋ね、「ヤコブです」と答えると、その人は言った。「お前の名はもうヤコブではなく、これからはイスラエルと呼ばれる。お前は神と人と闘って勝ったからだ。」》創世記32：23－29

　このとき、彼が神から与えられた**イスラエル（神は戦う）**という名が、後に民族の名、王国の名となるわけですが、その過程で彼の12人の息子たちからイスラエルの**十二部族**が生まれることになります。
　人の悪を受け止めた神のスタンスでしょうか。〝正しく〟は見えないヤコブから神は離れていきません。神と繰り返し出会いながら変えられて行く人もいる。

▼

神もそれを願っている。ヤコブの物語はそんなことを語っているのかもしれません。

アブラハムからイスラエルの子どもたち（十二部族の祖）

```
  サラ ──────────── アブラハム ──────────── ハガル

  リベカ ──── イサク              イシュマエル

  エサウ

ジルパ ──────        ヤコブ              ビルハ
           レア   （イスラエル）    ラケル

7 ガド      1 ルベン       11 ヨセフ      5 ダン
8 アシェル  2 シメオン      12 ベニヤミン   6 ナフタリ
           3 レビ
           4 ユダ
           9 イサカル
           10 ゼブルン
              ディナ
```

III. 夢を解く人──ヨセフ

　このセクションでの主人公は**ヨセフ**です。ヤコブの11番目の息子で、母はラケル。年をとってから生まれた子どもであったためにヤコブは彼をかわいがったというのですが、ヤコブにとっては本当に愛した女性の最初に産んだ子でしたし、ひとかたならぬ思いがあったのでしょう。

　とにかくヨセフはかわいがられました。ヨセフはヨセフで、空気を読めないところがあったりして、彼の言葉が兄たちの機嫌を損ねることもあり、ここでも兄弟の間には険悪な空気が漂います。

▼

《兄たちは、父がどの兄弟よりもヨセフをかわいがるのを見て、ヨセフを憎み、穏やかに話すこともできなかった。》創世記37：4

《ヨセフは言った。「聞いてください。わたしはこんな夢を見ました。畑でわたしたちが束を結わえていると、いきなりわたしの束が起き上がり、まっすぐに立ったのです。すると、兄さんたちの束が周りに集まって来て、わたしの束にひれ伏しました。」……兄たちは夢とその言葉のために、ヨセフをますます憎んだ。》創世記37：6－8

　この後、ヨセフは両親までもが自分にひれ伏しているととれる夢を見て、それを父ヤコブにまで話すのですが、それはさすがに叱られてしまいます。
　そんな確執が徐々に深まっていく中、事件が起こります。

《兄たちは、……ヨセフを殺してしまおうとたくらみ、相談した。……ルベンはこれを聞いて、ヨセフを彼らの手から助け出そうとして、言った。「命まで取るのはよそう。」……兄たちはヨセフ……を捕らえて、穴に投げ込んだ。……ふと目を上げると、イシュマエル人の隊商が……やって来るのが見えた。……ユダは兄弟たちに言った。「弟を殺して……も、何の得にもならない。それより、あのイシュマエル人に売ろうではないか。」……ところが、その間にミディアン人の商人たちが……引き上げ……売ったので、彼らはヨセフをエジプトに連れて行ってしまった。》創世記37：18－28

　ヨセフへの悪戯心（悪意？）から、兄たちはヨセフを隊商（キャラバン）に売ってしまおうと計画します。しかしその隙に、通りがかりの別の隊商により、ヨセフは井戸から引き上げられ、さらに別の隊商に売られてしまうのです。隊商とはキャラバンとも呼ばれ、方々の土地を移動して商売をしていた人々です。この隊商に連れられてヨセフはエジプトに連れて行かれることになります。

▼

ヨセフの姿を見失った兄たちは、「野獣に食われてヨセフは死んだ」と父に報告するしかなく、それを聞いたヤコブは大変悲しんだということです。

さて、エジプトに連れていかれたヨセフは、まずファラオ（＝エジプト王）の宮廷の役人であるポティファルという人のところに売られ、その家で大変重宝されます。さらに彼はなかなかのイケメンでマッチョだったようで、彼のことを気に入ったポティファルの妻が、彼を誘惑し始めます。それを断り続けたヨセフは逆に恨みを買い、「私にいたずらしようとした！」と訴えられ、牢に入れられてしまいます（もちろん、冤罪です）。

そうすると今度は牢の中でうまく囚人を仕切って看守に重宝されるようになります。ここでもたらされたファラオの宮廷の役人との出会いによってヨセフに契機が訪れます。

　《給仕役の長はヨセフに自分の見た夢を話した。……ヨセフは言った。「……あなたは以前、給仕役であったときのように、ファラオに杯をささげる役目をするようになります。ついては、あなたがそのように幸せになられたときには、……ファラオにわたしの身の上を話し、この家から出られるように取り計らってください。」》創世記40：7－14

不思議な夢を見ていたヨセフでしたが、ここに来て彼は他人の見る夢の意味を解読できるようになっていました。牢に入っていたファラオの給仕役の夢を解読し、彼の現場復帰を予見したヨセフは、給仕役に「もし復帰できたら、私のことを思い出し、ここから出られるよう計らってほしい」と頼んでおきました。しかし給仕役は、その約束をすっかり忘れてしまうのでした。

　2年後、彼がその約束を思い出す事件が起きます。

　《二年の後、ファラオは夢を見た。ナイル川のほとりに立っていると、突然、

つややかな、よく肥えた七頭の雌牛が川から上がって来て、葦辺で草を食べ
始めた。すると、その後から、今度は醜い、やせ細った七頭の雌牛が川から
上がって来て、岸辺にいる雌牛のそばに立った。そして、醜い、やせ細った
雌牛が、つややかな、よく肥えた七頭の雌牛を食い尽くした。ファラオは、
そこで目が覚めた。……朝になって、ファラオはひどく心が騒ぎ、エジプト
中の魔術師と賢者をすべて呼び集めさせ、自分の見た夢を彼らに話した。し
かし、ファラオに解き明かすことができる者はいなかった。》創世記41：1－
8

　このことがもとでヨセフのことを思い出した給仕役は、彼を宮廷に招きファ
ラオの夢を解読させます。

《ヨセフはファラオに言った。「……七頭のよく育った雌牛は七年のことです。
……その後から上がって来た七頭のやせた、醜い雌牛も……七年の飢饉のこ
とです。……今から七年間、エジプトの国全体に大豊作が訪れます。しかし、
その後に七年間、飢饉が続き……豊作があったことなど、すっかり忘れられ
てしまうでしょう。」》創世記41：25－30

　夢の意味を解読したヨセフは、さらにその対処法までアドバイスしたことに
よりファラオの信頼を得、エジプトで大臣クラス、それもファラオに次ぐ地位
に就くことになります。

　やがてヨセフが解読したファラオの夢が現実となり、エジプトは大豊作の後、
飢饉に見舞われますが、ヨセフの助言と指導により、エジプトには十分な食糧
が蓄えられていました。
　飢饉はヨセフの家族が住むカナン地方も襲ったため、ヨセフの兄弟たちは食
糧を求めてエジプトにやってきます。そこでヨセフは兄弟たちと再会、かつて

▼

自身が見た夢を思い出すことになります。

　《ヨセフは一目で兄たちだと気づいたが、そしらぬ振りをして厳しい口調で、
　……問いかけた。彼らは答えた。「食糧を買うために、カナン地方からやって
　参りました。」ヨセフは兄たちだと気づいていたが、兄たちはヨセフとは気づ
　かなかった。ヨセフは……かつて兄たちについて見た夢を思い起こした。》創
　世記42：7－9

　兄たちはエジプトで食糧を手に入れて一度カナンに帰りますが、ある難題を
抱えることになります。ヨセフは自分のことにまだ気づいていない兄たちにス
パイ容疑をかけ、一人を人質にとり、この旅に同行していなかった末の弟を連
れてくればお前たちを信用してやると言ったのです。末の弟とは、ヤコブの12
番目の息子、ヨセフにとっては母親が同じ弟であるベニヤミンです。
　ヤコブはラケルの息子を二人とも失うのは嫌だと、ベニヤミンを兄たちに同
行させていませんでした。実はヤコブが愛したラケルはこのベニヤミンを産ん
だ際に亡くなっていたのです。
　帰ってきた兄たちの報告を聞いてもベニヤミンを行かせることを頑なに拒む
ヤコブでしたが、家族を養う食糧が足りなくなると、泣く泣くベニヤミンを行
かせることを許すのでした。

　ベニヤミンを伴い再びエジプトを訪れた兄たち……。そこで、ついに兄弟の
和解の時が訪れます。

　《ヨセフは……もはや平静を装っていることができなくなり、「みんな、ここ
　から出て行ってくれ」と叫んだ。だれもそばにいなくなってから、ヨセフは
　兄弟たちに自分の身を明かした。ヨセフは、声をあげて泣いた……。ヨセフ
　は、兄弟たちに言った。「わたしはヨセフです。お父さんはまだ生きておられ

▼

ますか。」兄弟たちはヨセフの前で驚きのあまり、答えることができなかった。ヨセフは兄弟たちに言った。「どうか、もっと近寄ってください。」兄弟たちがそばへ近づくと、ヨセフはまた言った。「わたしはあなたたちがエジプトへ売った弟のヨセフです。しかし、今は、わたしをここへ売ったことを悔やんだり、責め合ったりする必要はありません。命を救うために、神がわたしをあなたたちより先にお遣わしになったのです。」》創世記45：1－5

　ヨセフは自分の歩んできた旅路が「神の計画」のもとにあったのだと悟ります。それゆえに、互いに責め合ったりすることはないと兄たちを赦し、父親共々家族をエジプトに迎え入れました。そこでヤコブは、死んだと思っていた息子と再会します。

　《ヨセフは父を見るやいなや、父の首に抱きつき、その首にすがったまま、しばらく泣き続けた。イスラエルはヨセフに言った。「わたしはもう死んでもよい。お前がまだ生きていて、お前の顔を見ることができたのだから。」》創世記46：29－30

　エジプトにおいてゴシェン（44ページ、地図2：C2）の地に住むことを許されたヤコブたち一家は、そこで数を増やしていきます。やがて死期が近いことを悟ったヤコブは、エジプトで生まれたヨセフの息子マナセとエフライムを、ほかの子どもたちと同じに扱うと約束し、祝福を与えると共に、やがて訪れる未来について語るのでした。

　《イスラエルはヨセフに言った。「間もなく、わたしは死ぬ。だが、神がお前たちと共にいてくださり、きっとお前たちを先祖の国に導き帰らせてくださる。」》創世記48：21

▼

　ついにエジプトの地で息を引き取ったヤコブでしたが、家族によってカナンの地にある一族の墓に葬られます。この父親の死が、抑えていた恨みをヨセフの心に生じさせないか心配した兄たちでしたが、ヨセフは心配ないと言います。

《「恐れることはありません。……あなたがたはわたしに悪をたくらみましたが、神はそれを善に変え、多くの民の命を救うために、今日のようにしてくださったのです。」》創世記50：19−20

　ヤコブ物語とヨセフ物語を比べてみるのも面白いでしょう。神と繰り返し出会うヤコブは、ヨセフ物語の中でも神から語りかけられています。一方、直接には声もかけられないけれど、最後に神の計画を悟るヨセフ。同じ祝福を受け継ぐ者同士でも、神のスタンスは異なった描かれ方をしています。

　いずれにしても祝福を継ぐ者たちのそばに立ち、共にいる神の存在を語っています。そして、神は人間が行ってしまう悪を、善に変えることができるというのです。

　それからおよそ400年後、エジプトにはヨセフを知らない王が出ます。かつて国家の危機を救った男のことは忘れられて、数の増えたヤコブの子孫たちが、エジプトの人々から疎まれる時代がやってきます。

　そんなヤコブの子孫たちに、ファラオが何をしていったかというところから、次の物語、『出エジプト記』は始まっていくのです。

【参考文書編】
『創世記』192 ページ

地図2　エジプトとシナイ（前1400～1200年）

第3章
エジプト脱出

　旧約聖書2番目の書である『出エジプト記』は、前半はイスラエル民族のエジプト脱出の記録、後半は神から与えられた**律法**について主に書かれています。そして、脱出後の様子を記す『レビ記』『民数記』『申命記』へと物語はつながっていきます。

Ｉ．エジプトの王子

　『創世記』の最後でヤコブ、つまりイスラエルの一家はヨセフに招かれてエジプトに移住しました。それから400年後、エジプトにヨセフのことを知らない王が出ました（『創世記』の最後から『出エジプト記』の始まりに１ページめくる間に、実に400年が経っています！）。ヨセフのことを知らない世代になったというわけです。

　かつて国家滅亡の危機を救った外国人がいたということは忘れられてしまい、国内に存在する異民族にファラオ（エジプト王）は脅威を感じるようになっていました。反乱でも起こされたらたまったもんじゃないということで、イスラエルの人々に強制労働を課して虐待し始めるのですが、それでイスラエルの民は弱ったわけではなく、むしろ増えていったといいます。そして、ついにファラオは生まれてくる男児はすべて殺してしまえという政策を打ち出すのです。

　そんな中で、一人の男の子がレビ族（ヤコブの12人の息子の一人レビの子孫。このような家系に属する集団を〇〇族と呼び、レビの場合であればレビ族と呼びます）の家系に生まれてきます。彼を殺すことができなかった母親は、赤ん坊をパピルスの籠に入れてナイル川の葦の茂みに置き去ったところ、そこにファラオの娘がやって来て水浴びを始め、そこで籠の中の赤ん坊を見つけるという出来事が

▼

起こります。その様子を、赤ん坊のことを心配していた姉が見ており、王女に
その子にお乳を飲ませるヘブライ人の乳母を探してきましょうかと声をかけま
す（「ヘブライ人」という言葉が出てきますが、ここでは、イスラエル人を指す言葉と
して理解しておいてください）。子どもはモーセと名付けられ、赤ん坊の時期を産み
の母のもとで過ごした後、エジプトの王子の一人として成長します。
　成人した頃、同胞のイスラエル人がエジプト人に鞭打たれているのを目撃し
たモーセは、そのエジプト人を殺してしまいます。それを知ったファラオに命
を狙われるようになったモーセはエジプトから逃亡、シナイ半島のミディアン
という地に落ち着くことになります。そこで家庭を持つに至ったモーセでした
が、その人生はなお波乱に満ちたものとなっていきます。このまま、ここでそ
れなりに幸せに暮らしていくものと思っていたかもしれませんが、そうは問屋
が卸さず、彼にも神からの召命が与えられます。

　ある日、モーセは「燃えているのに燃え尽きない柴」というのを見たといい
ます。そこで、彼は神の声を聞くのです。「エジプトに戻り、イスラエルの同胞
を導き出せ」と。しかし、モーセはそれを拒み、「どうして私なんですか」と聞
きます。もし皆さんが何かを頼まれて、「どうして私なのですか？」と神に尋ね
るとします。どんな答えが返ってきたら納得するでしょう。
　神がモーセを選び、遣わす理由とは次のようなものでした。

　《わたしは必ずあなたと共にいる。このことこそ、わたしがあなたを遣わすし
　　るしである。》出エジプト3：12

　神は〝共にいる〟ことを約束するわけですが、モーセはなお自信なさげに召
命を拒みます。そんなモーセに軽く苛立ちながらも、神は彼を助ける仲間とし
て実の兄のアロンを指名し、彼がモーセの苦手を補ってくれると言って送り出
します。ほかに〝蛇に変わる杖〟というのも与えられ、いかにもパーティを組

んでの冒険が始まるという感じで、モーセはついにエジプトに戻ることになります。

《主はミディアンでモーセに言われた。「さあ、エジプトに帰るがよい、あなたの命をねらっていた者は皆、死んでしまった。」》出エジプト4：19

II．脱出

　ついにエジプトに戻ったモーセはファラオの前に立ち、神の意志を伝えます。しかし、ファラオは簡単にイスラエルの民を去らせようとはしません。警戒しながらも、労働力として貴重だと考えているのか、そもそも出て行けとも言いません。モーセの要求に対しては、イスラエルの神の言いなりというのも癪（しゃく）だと思ったのでしょうか。そうして最終的にエジプトに**「10の災い」**がもたらされることになります。

　その災いが、①血の災い（水が血に変わる）、②蛙の災い、③ぶよの災い、④あぶの災い、⑤疫病の災い（エジプトの家畜が疫病におかされる）、⑥はれ物の災い（エジプト人とその家畜に膿の出るはれ物が生じる）、⑦雹の災い（イスラエル人の居住地以外に雹が降り、人、家畜、草木に被害が出る）、⑧いなごの災い（雹の被害を免れた草木まで食い尽くされる）、⑨暗闇の災い（エジプト全土が3日間暗闇に包まれる）、⑩最後の災いです。

　序盤の災いはエジプトの魔術師も同じことができたといいます。そこからイスラエルの神の力が際立っていくように、もたらされる被害も大きくなっていきます。しかし、この間ファラオは、「喉元過ぎれば熱さ忘れる」といったように、災いが起こっては収まる度にイスラエルの人々を「行かせる」「やっぱり行かせない」といったことを繰り返します。そしてついに10番目の災いがやってきます。

▼

　最後の災いは、エジプト中の初子の死──人間も家畜も最初の子どもが死んでしまうというものでした。

　そこでモーセはイスラエルの人々に次のように命じます。

《「さあ、家族ごとに羊を取り、過越の犠牲を屠りなさい。そして……鴨居と入り口の二本の柱に鉢の中の血を塗りなさい。……主がエジプト人を撃つために巡るとき、鴨居と二本の柱に塗られた血を御覧になって、その入り口を過ぎ越される。」》出エジプト12：21−23

　羊の血を入り口に塗ったイスラエルの人々の家を最後の災いは過ぎ越して行きましたが、エジプト人たちの初子は死に絶えてしまいました。この災いで、ついにファラオはイスラエルの民を去らせる決心をするのです。

　「過越」という名称は災いがイスラエルの家を過ぎ越したということに由来します。イスラエル民族の子孫であるユダヤ人が祝う「過越の祭り」は、このような経緯で先祖がエジプトから救い出されたことを覚え続けるためのもので、「過越の食事」という決められたメニューの食事を家族で共にします。

①マツァー（種なしパン）
②マロール（苦菜。セイヨウワサビなどの苦い植物）
③ゼロア（羊の前足）
④ハロセット（果物のおろし汁とワインに、くるみや干しブドウを香辛料と一緒に混ぜたもの）
⑤ハゼレト（マロールと同じ苦菜）
⑥カルパス（パセリやセロリなどの野菜を塩水か酢に浸したもの）
⑦ペイツァー（ゆで卵）

　現代に至るまで、これをユダヤ人はずっと継承し、出エジプトの経験をイスラエル民族にとっての救いのモデルとして記憶しています。

　　《あなたたちはこのことを……永遠に守らねばならない。》出エジプト12：
　　24

　ユダヤ人であったイエスが十字架にかかる前のいわゆる「最後の晩餐」がこの食事だとされ、「イエスの死」もこの「過越（出エジプト）」の出来事と関係します（51ページ参照）。
　それにしても、特別な出来事を記念する食事ですから、どんな豪勢なものかと思いきやそうではありません。特に酵母を使わないパンというものは、膨らんでおらず、固くて美味しくないはずですが、先祖が急いでエジプトを出たということを象徴しています。イエスも、最後は大したものを食べていなかったようです。
　それはさておき、風雲急を告げるといった雰囲気の中、いよいよエジプト脱出です。

　　《神は民を、葦の海に通じる荒れ野の道に迂回させられた。……モーセはヨセ
　　フの骨を携えていた。……主は彼らに先立って進み、昼は雲の柱をもって導
　　き、夜は火の柱をもって彼らを照らされたので、彼らは昼も夜も行進するこ
　　とができた。》出エジプト13：18−21

　神は、エジプトを出ようとするイスラエルの民を昼は雲の柱、夜は火の柱によって導いたといいます。
　イスラエルの人々はこのとき、**ヨセフの骨**を携えていました。エジプト人とは対照的にイスラエルの人々はヨセフのことを400年忘れてはいませんでした。ヨセフは遺言として、いつか神があなたがたに故郷への帰還をお許しになった

▼

なら、その時には自分の骨を故郷の親族の墓に葬ってほしいと言い残していました。神はそのことを必ず実現してくださるだろうという約束と共に……。これを直接聞いた人は、このエジプト脱出の時点では一人も生き残ってはいないはずですが、このヨセフの遺言と骨は神の約束と共に受け継がれていったのです。

　さあ、その約束が、実現しようとしています。ところがしばらくして、イスラエルを去らせたことを後悔したファラオが軍を率いて後を追いかけてきました。眼前に立ちはだかる海原、背後に迫るエジプト軍。恐れにとらわれ、「エジプト人に仕える方がましだ！」と叫ぶイスラエルの民にモーセは言います。

　　《あなたたちは今日、エジプト人を見ているが、もう二度と、永久に彼らを見
　　ることはない。》出エジプト14：13

　そして……。

　　《モーセが手を海に向かって差し伸べると、……海は乾いた地に変わり、水は
　　分かれた。……水は彼らの右と左に壁のようになった。》出エジプト14：21
　　−22

　有名な**「海が割れる」**という奇跡が起こります。こうしてイスラエルの人々は、エジプトをひとまず脱出することができました。この出エジプトの出来事は、その後のイスラエル民族、更に新約時代のユダヤ人たちにも民族的経験として受け継がれていきました。

　ここで「出エジプト」という出来事がイエス・キリストとの関わりの中で、つまりはキリスト教の中で持っている意味についていったん整理してみたいと思います。

▼

過越と新しい契約

①ヨセフに招かれ、ヤコブと家族たちはエジプトに移住。
旧約『創世記』46 章

移住

②イスラエル民族の数がエジプトで増える。

④海が割れる等の奇跡によって成し遂げられたエジプト脱出は神による救いの体験としてイスラエル民族に代々記憶されることになる。

③迫害され始めたイスラエルを神は救おうとするが、エジプトの王がなかなか解放しないので災いを下す。10 番目の災いの後、王はイスラエルをエジプトから去らせる。
旧約『出エジプト記』11 章 – 12 章

脱出

⑤エジプト脱出後、この旅の間にシナイ山で神から "律法" を授かったイスラエルは、これを守り続けるという契約を結ぶ。
旧約『出エジプト記』20 章、24 章

荒れ野の旅　カナン定着　王国成立・滅亡　ローマ時代　イエス誕生

⑥イスラエルは、エジプトからの解放を記念する**過越**と呼ばれる祭りを継承していく。

過越＝ユダヤ人の三大祭の一つ。春の収穫期の祭りをエジプトからの解放と結び付けて祝うようになったものと思われる。「セデル」と呼ばれる食事（「種なしパン」等メニューが定められており、その一つ一つに意味がある）を通して、祖先が経験した神の救いを記念し続けている。神がエジプトにくだした 10 の災いの最後はエジプト全土の長子、初子が死ぬというものだったが、門に小羊の血でしるしを付けたイスラエルの家は、その前を災いが過越していった。その後、イスラエルはエジプトから出ることができた。

⑦イエスが**過越**の祭りの食事の際、「**新しい契約**」について語る。これによりイエスの死は新たな解放と救いをもたらすものと考えられた。

　エジプト脱出以降の旅は、おおよそ地図2のようなルートをたどったと言われています。なぜこのような道のりを歩んだのでしょうか。エジプトを出て、**約束の地カナン**へと向かうイスラエルの民の様子を見ていきましょう。

　　《イスラエルの人々の共同体全体は……荒れ野に入ると……モーセとアロンに
　　向かって不平を述べ立てた。……「我々はエジプトの国で……死んだ方がま
　　しだった。あのときは肉のたくさん入った鍋の前に座り、パンを腹いっぱい
　　食べられたのに。……」》出エジプト16：1−3

　エジプトを出たイスラエルの民はモーセとアロンにまたまた（?）不平を言うようになります。

　エジプトにいたときは「しんどい!」と言っていたのが、それが過ぎて別の問題が起こると「あの時はましだった」と言い出す。人間の真実の姿の一つかもしれません。海が割れる直前にもイスラエルの人々は早々と絶望して、「エジプト人に仕えた方がましだ」と言っていました。本当に助けがいがないというか、学習しない人々ですが、そんなイスラエルの民に対し、神は不思議な食べ物を与えました。

　　《主はモーセに言われた。「見よ、わたしはあなたたちのために、天からパン
　　を降らせる。民は出て行って、毎日必要な分だけ集める。」》出エジプト16：
　　4

　　《荒れ野の地表を覆って薄くて壊れやすいものが大地の霜のように薄く残って
　　いた。イスラエルの人々はそれを見て、これは一体何だろうと、口々に言っ
　　た。》出エジプト16：14−15

　　《イスラエルの家では、それをマナと名付けた。》出エジプト16：31

▼

　「天からパンを降らせる」と言った神が与えた食べ物を、イスラエルの人々は
「マナ」と名づけます。「これは何だ」といった意味の言葉からきたといいます。
どんな食べ物だったのか諸説ありますが、聖書の記述では、「蜜の入ったウェ
ファースのよう」だったということです。このマナが降り始めてからしばらく、
安息日以外には降パン確率（降マナ確率？）100％でイスラエルの民は養われま
した。まさしく神対応とでも言いましょうか。しかし、イスラエルの人々はこ
の後も「喉が渇いた」などと不平を漏らし、繰り返しモーセを悩ませるのでし
た。

Ⅲ．十戒

　やがて、イスラエルの人々は**シナイ**という場所に到着します。（このシナイは
ホレブとも呼ばれています。地図2：E4）
　そこで山に登ったモーセを通してイスラエル民族に**十戒**が与えられます。

> 《わたしは主、あなたの神、あなたをエジプトの国、奴隷の家から導き出した
> 神である。／あなたには、わたしをおいてほかに神があってはならない。／
> あなたはいかなる像も造ってはならない。……あなたの神、主の名をみだり
> に唱えてはならない。……安息日を心に留め、これを聖別せよ。……あなた
> の父母を敬え。……殺してはならない。／姦淫してはならない。／盗んでは
> ならない。／隣人に関して偽証してはならない。／隣人の家を欲してはなら
> ない。隣人の妻、男女の奴隷、牛、ろばなど隣人のものを一切欲してはなら
> ない。」》出エジプト20：2－17

　「十戒」というくらいですから、10個の戒めがあるわけですが、まず1〜4

▼
53

が神との関係における掟と言われます。

1．わたしをおいてほかに神があってはならない
2．あなたはいかなる像も造ってはならない
3．主の名をみだりに唱えてはならない
4．安息日を心に留め、これを聖別せよ

　この部分と関連するキーワードにいくつか触れておきますと、一つは**「偶像礼拝（崇拝）」**です。これは特に第2戒に関係することですが、この後のイスラエル民族の歴史において大きな問題になります。基本は、「イスラエルの神以外の神を神としてあがめる」ということですが、より広い意味では「神ではないものを神とする、神のように考える」のも偶像礼拝です。
　次に、「イスラエルの神の名」についてですが、第3戒との関連でお話ししますと、まず、この戒めは、「神の名前をやたらと口にしてはいけない」ということです。聖書の神には、名前があります。「ヤハウェ」と言いますが、ヘブライ語ではこんな風に書きます。

　יהוה　　（ヘブライ語のつづりで、右から左に読みます）

　これは長らく「エホバ」と呼ばれていたのですが、現在ではそれは間違いだろうと言われています。この名前の呼び方の勘違いが生じてしまったのは、本当の神の名前がわからなくなってしまったからなのです。上記のヘブライ語のつづりを音が対応する英語のアルファベットに変換すると「YHWH」（一番右の，がYです！）になります。これを**「神聖四文字（テトラグラマトン）」**と言うのですが、これをどう読むか、限られた人だけに伝わっていた正しい読み方は紀元70年頃に失われてしまいました。この背景が、十戒の第3戒です。めったに呼んではいけないと言われたので、呼ばないようにしていたら正しい読み方が

わからなくなってしまったということです。ややこしくなるので、これ以降もヤハウェのことは〝神〟と表記していきます。

　3つ目は「安息日」です。これは天地創造の章でも触れましたが、その後もユダヤ人の大切な習慣になっていきます。

　残りの6つが人間の間の掟と言われています。

　　5.　あなたの父母を敬え
　　6.　殺してはならない
　　7.　姦淫してはならない
　　8.　盗んではならない
　　9.　隣人に関して偽証してはならない
　　10.　隣人の家を欲してはならない

これが「十戒」です。

　この十戒については、「〜してはならない」という禁止命令の印象が強いものの、元来は神によって救われた者には「こんなことはできない／できないはずだ」ということを言うものであったと思われます。これらをはじめとする種々の掟を**「律法」**と呼びます。そして、これは神から与えられた掟としてイスラエル民族において伝承されました。それは、神とイスラエル民族との**契約の証**でもあり、神との契約関係にある者がいかに生きるべきかを示すものと言えます。

　山を降りてきたモーセが十戒をイスラエルの民に聞かせたところで、〝神との契約〟が強く意識された記述が出てきます。

　　《モーセは……イスラエルの人々の若者を遣わし、焼き尽くす献げ物をささ
　　げさせ、更に和解の献げ物として主に雄牛をささげさせた。モーセは血の半

分を取って鉢に入れて、残りの半分を祭壇に振りかけると、契約の書を取り、民に読んで聞かせた。彼らが、「わたしたちは主が語られたことをすべて行い、守ります」と言うと、モーセは血を取り、民に振りかけて言った。「見よ、これは主がこれらの言葉に基づいてあなたたちと結ばれた契約の血である。」》
出エジプト24：4−8

　神は改めてモーセに山に登るよう指示します。それは《教えと戒めを記した石の板》（出エジプト24：12）をモーセに授けるためでした。一般に「十戒の石板」として知られるもののことです。イスラエルの人々には、自分がいない間は何かあったらアロンに訴えよと言い残し、モーセは山に登っていくのでした。
　しかし山に登ったモーセがなかなか降りて来ません（40日40夜も！）。そこで心配になった人々は、アロンに「神々」として**金の子牛**の鋳造を造らせます。（モーセの身を案じたというより、リーダーがいなくなって不安になったということでしょう。）
　この行為を察知し怒る神を、状況のわからないモーセはなだめつつモーセは山を降りますが、そこで信じられない光景を目の当たりにします。

　　《宿営に近づくと、彼は若い雄牛の像と踊りを見た。モーセは激しく怒って、
　　手に持っていた板を投げつけ、山のふもとで砕いた。》出エジプト32：19

　早速、偶像を造って大騒ぎしている人々の様子にモーセは激しく怒ります。そしてなんと十戒の刻まれた石板を砕いてしまうのでした。その後、モーセの嘆願により神は再度、掟を授与し、イスラエルの民と契約を結びます。
　出エジプトの旅は本当に人間の弱さをいろいろな仕方でとことん描き出しているように感じます。
　この一連の出来事の中で確認された律法授与を伴う神とイスラエル民族との契約を、**「シナイ契約」**と呼びます。キリスト教が考える「旧約」は、主にこの

▼

ときの契約を意味します。

　　《主は言われた。「見よ、わたしは契約を結ぶ。わたしはあなたの民すべての
　　前で驚くべき業を行う。……わたしがあなたと共にあって行うことは恐るべ
　　きものである。……あなたはほかの神を拝んではならない。主はその名を熱
　　情といい、熱情の神である。》出エジプト34：10−14

　ここでイスラエルの神は**「熱情の神」**と言われていましたが、これは**「妬む
神」**とも訳されます。よその神を拝むと嫉妬するというわけで、それほどイス
ラエルの民に対する愛が深いという表現と考えてもらえばよいと思うのですが、
聖書の神の性質を表現する面白い言葉の一つと言えるかと思います。

　『出エジプト記』の前半は、エジプト脱出の冒険活劇といったように展開しま
すが、後半は律法に関する記述が続きます。最後に、**「幕屋」**建設と**「契約の
箱」**作製の指示が与えられて終わります。

一神教

拝一神教（たくさんある中の一つを常に拝する）
唯一神教（ほかの神々の存在を原理的に否定する）

　唯一の神を拝む一神教には、A「複数の神が存在することを認めた上で、そ
の中の一つを信じる」一神教と、B「神はただ一つであって、それ以外のもの
はそもそも神ではないとする」一神教があります。現状、ユダヤ教、キリスト教、
イスラームはBの立場であり、そこから「偶像礼拝」の発想も出てきます。ただ、
旧約聖書の中には、AからBへの移行が見られるとも言われます。いずれにし
ても、「自分たちの拝むべき神」以外のものは、ほかの宗教・民族の神であれ、
被造物であれ「偶像」なのだという考えです。

　幕屋というのは移動式の神殿といったもので、旅を続けるイスラエルの礼拝
の場になっていきます。

　契約の箱には、十戒の石板が納められていたといいます。

IV. 荒れ野の旅

　モーセたちの旅は続きます。『レビ記』『民数記』『申命記』にその後が描かれ
ますが、大まかな内容は「文書編」を見てください。

　その旅が40年もかかってしまった原因について『民数記』の13章から14章に
書かれています。シナイから北上し、カナンの南側のカデシュ・バルネア（地
図2：C4）まで来たモーセたちは12人の偵察隊を送り込むのですが、そのうちの
10人が「先住民は強そうで勝ち目はない」ということを主張します。それで臆
病になってしまい前進を躊躇する姿が「不信仰」であるとし、神はイスラエル
の民に荒れ野を40年さまよわせるのでした。その後、20章でまたイスラエルの
人々は「水がない！」と騒ぎ出します。

　『民数記』は、このように旅のエピソードを語りながら、最後はイスラエル民
族がカナンで手にする土地を12の部族で分け合う仕方について記して終わりま
す。

　ここで注意しておきたいのが、十二部族の構成についてです。カナンで土地
が分け与えられる際の〝十二部族〟は、37ページの家系図にある族長ヤコブの
息子たちの名から少し変わっています。2つ消えて、2つ増えた勘定になるの
ですが、まずレビとヨセフがありません。そして、マナセとエフライムという
名前が出てきます。レビ族は、イスラエル民族の中で祭司（神との仲介役として
祭儀を司る）の役割を果たす部族となり、その仕事をしてほかの部族に食わせて
もらうので、耕す土地を持たないということです。その代わりというと変です

▼

が、ヨセフがエジプトで設けた２人の子マナセとエフライムをカウントして12
になります。

　イスラエル民族の旅の結末を記すのが『申命記』です。それはまた、モーセ
の最期を伝えるものでもありました。

　　《モーセは全イスラエルの前に歩み出て……言った。「……主はわたしに対し
　　て、『あなたはこのヨルダン川を渡ることができない』と言われた。……強
　　く、また雄々しくあれ。恐れてはならない。……あなたの神、主は、あなた
　　と共に歩まれる。あなたを見放すことも、見捨てられることもない。」》申命
　　記31：1－6

　カナンの地に東側から入っていこうとしているイスラエルの民の前にはヨル
ダン川が流れています。そこを渡れば約束の地というところで、なんとモーセ
はそこに入っていくことができませんでした。それは、イスラエルの民の不信
仰に対する連帯責任ゆえと読めるところと、「水がない！」と言い出したイスラ
エルの民に水を与える際、神の指示通りにしなかった（具体的には、岩に水を出す
よう命じろと言われただけなのに岩を杖で打った）ためと読めるところがあります。
　ピスガ山（申命記32：49では、《ネボ山》と呼ばれています。地図2：B5）の頂から
約束の地を見渡すモーセに、神は言いました。

　　《あなたはしかし、そこに渡って行くことはできない》申命記34：4

　　そしてモーセの最期。

　　《モーセは、……モアブの地で死んだ。……だれも彼が葬られた場所を知らな
　　い。》申命記34：5－6

▼

　モーセは最終的にカナンの地を踏むことはできませんでした。目の前に約束の地を見ながら……。それは、ずっと手前で離脱するより、むしろ辛いかもしれません。イスラエルの人々に不平不満をぶつけられ、ある意味、神とイスラエルとの間で板ばさみになりながら旅を続けてきた彼は、目指してきた場所を目の前に見ながら、しかし、そこに入っていくことは許されませんでした。これが出エジプトの出来事、モーセの物語の結末です。

　約束の地を前にモーセの旅は終わりました。彼の人生とは果たしてむなしいものだったのでしょうか。

　私はモーセの人生はただ無駄だったとは思いません。次の世代のための働きということを思います。たとえば、今、私たちが戦争や貧困のない平和な世界のために祈り、動くということはもちろん一日も早くその実現を願ってのことではありますが、私たちが実際にその日を見ることはない、そこに生きることはないとしても、今、私たちができることをやる。それは決して意味のないことではないと思います。それを引き継いでくれる人もきっと現れるはずです。そんな大げさなものでなくても、私たちの生はどこかでつながっているものなのではないでしょうか。モーセの歩みには、そういうことを思わされます。

　彼の使命と信仰と志は**ヨシュア**へと受け継がれ、イスラエルの民は約束の地へとついに足を踏み入れます。そして、新たなイスラエル民族の歴史が幕を開けることになります。

【対応する文書編】

▼

地図3　カナンの分割（前1200～1030年）

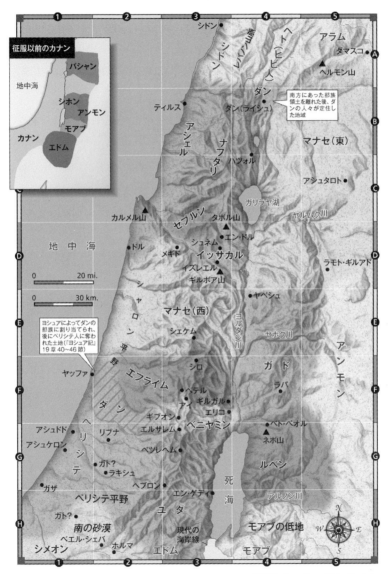

第4章
古代イスラエル王国の成立

　モーセの後継者ヨシュアに率いられ、イスラエルの民は約束の地カナンに侵入します。そこでイスラエル民族は十二部族の連合体＝**アンフィクティオニー**を形成したと言われます。この流れを描いているのが、『ヨシュア記』であり、『士師記』です。そこから、イスラエル民族にとっての重要な転機となる「王国の成立」とその後の歩みについて大きな流れを記すのが『サムエル記』『列王記』です。

Ⅰ．若き後継者ヨシュア

　《主の僕モーセの死後、主は……ヨシュアに言われた。「……わたしはモーセと共にいたように、あなたと共にいる。……強く、雄々しくあれ。あなたは、わたしが先祖たちに与えると誓った土地を、この民に継がせる者である。」》
　ヨシュア1：1－6

　神は、ヨシュアに対して「わたしはモーセと共にいたように、あなたと共にいる」と約束します。このヨシュアはもともとの名前が「ホシェア」でしたが、モーセが彼をヨシュアと呼んだようです。ちなみにヨシュアのギリシア語読みが、「イエス」です。エフライム族の出身で、しばらくはモーセの従者として登場してきます。彼に率いられて、イスラエルの民は最終的に約束の地カナンに入っていくことになります。その過程での重要なエピソードには以下のようなものがあります。

　① ヨルダン渡河（ヨシュア3：1－17）
　② エリコの占領（ヨシュア6：1－27）

▼

③ 土地の分配（ヨシュア13章−19章）

④ シケム契約（ヨシュア24章）

①は、ヨルダン川を東から西に向かって渡るところですが、そこに「契約の箱」というものが出てきます。これを携えながらイスラエルの民は移動していました。中には、十戒の石板が入っており、大切に扱われていましたが、カナン定着後のある時期から失われてしまったと言われています（その「箱」が見つかったというのが映画『インディ・ジョーンズ』シリーズの1作目のストーリーです）。また、この頃から、マナが降らなくなったということも報告されています。

②は、絵本の題材としても使われる有名なお話です。城塞都市エリコ（地図3：F3）に近づくヨシュアらに、神は不思議な指示を与えます。祭司に契約の箱を担がせて町の周りを回れというのです。角笛を吹き鳴らしつつ町の周りを一周することを6日間繰り返すと、7日目には7周せよとの指示があり、朝早くからその通りに実行したイスラエルの人々が、鬨（とき）の声を上げた途端、エリコの城壁は崩れ落ちるのでした。エリコには、ヨシュアが事前に送り込んだ斥候（せっこう）をかくまったラハブという女性がいました。彼女は異民族でしたが、この後に、イスラエルの民に加わり、『ルツ記』に登場するボアズという人物の母となります。

③は、カナン定着時の重要な出来事です。イスラエルの十二部族はそれぞれ部族ごとに定住地を与えられて暮らすようになっていきます。どんな風に分配されたかは地図3を見てください。

『ヨシュア記』の最後のところに描かれている出来事が、④の**「シケム契約」**です。シケム（地図3：E3シェケム）という場所において改めて神とイスラエル民族の契約がヨシュアを通して確認されます。アブラハム以来の神との関わりをふり返り、その上でヨシュアは、「仕えたいと思うものを、今日、自分で選びなさい」とイスラエルの人々に言います。そこでイスラエルの民は、「ヤハウェに仕える」と言うのですが、どうなることやら……。

ヨシュアの死と、そして、ヨセフの骨がカナンに埋葬されたことが報告され、

▼

荒れ野の旅は幕を閉じます。

II．士師たちの時代

　イスラエルの民はカナンに侵入した後、部族ごとに土地が割り当てられました。これを「嗣業の土地」と呼びましたが、「嗣業」というのはもともと遺産として相続する財産、特に土地のことを指す言葉です。カナンの地は、イスラエル民族にとって神から与えられた嗣業と理解されました。この土地にヤコブの息子たちから広がっていった12の部族が分かれて住んでいた状態が、「部族連合」と呼ばれます。「イスラエル」は一つの民族ではありますが、この時期からしばらくの間、普段は部族ごとにそれぞれの土地で生活していたということです。イスラエル民族が定着した領域全体の真ん中あたりにあるシロ（地図3：F3）と呼ばれる所に「契約の箱」が置かれ、当初はここが十二部族全体にとっての「聖なる場所（聖所）」になりました。この部族連合を形成している間に現れるリーダーたちが士師です。

　『士師記』の士師たちが現れる様子を記しているところを見ましょう。

　　《……ヨシュアは百十歳の生涯を閉じ……葬られた。……その後に、主を知ら
　　ず、主がイスラエルに行われた御業も知らない別の世代が興った。……彼ら
　　は主を捨て、バアルとアシュトレトに仕えたので、主はイスラエルに対して
　　怒りに燃え、彼らを……周りの敵の手に売り渡された。……彼らは苦境に立
　　たされた。主は士師たちを立てて、彼らを略奪者の手から救い出された。》士
　　師記2：8−16

　「バアル」と「アシュトレト」は、イスラエル民族が侵入する以前、カナンに住んでいた人々が信仰していた神で、カナン定着以降はこのバアル信仰（偶像礼

拝）との戦いがイスラエルの人々の課題の一つになります。

　バアルは気候を司る神、アシュトレトは豊穣の女神ということで、定住後、農耕生活を始めたイスラエルの民はこういった神々を信仰する誘惑と戦わないといけなかったようです。そのような誘惑に負けて偶像礼拝に陥るイスラエルの民は、神の怒りを買って外敵に苦しめられるようになるのですが、その民を外敵から救い、回心させるために神は士師を立てます。しかし士師の活躍で危険が去ると、また民は偶像礼拝をする。『士師記』は、民の背信→外敵の圧迫→民の悔悛→神による救済が繰り返されるというストーリーとなっています。有名なのは**ギデオン**や**サムソン**ですが、ギデオンは6章から8章に登場します。よく学校の前などで聖書を配布しているギデオン協会という団体がありますが、この団体名は士師の一人ギデオンから来ています。サムソンの登場は13章から16章で、「サムソンとデリラ」という男女の物語で一般にも知られています。また、4章から5章にかけては、**デボラ**という女性の士師も登場します。

III. 異邦人ルツの物語

　この士師たちの物語のサイドストーリーのように挿入されるのが『ルツ記』です。一見、本筋と直接関係ないように見えて実は……というお話です。

　ユダ族の町ベツレヘム（地図3：G3）からモアブ人の土地（地図3：H4）に移り住んでいたイスラエル人の一家（夫婦と二人の息子）がいました。子どもたちはそれぞれモアブ人の女性と結婚し3世帯のようになりますが、不幸なことにこの一家の男性がみんな死んでしまいます。それで残されたイスラエル人女性ナオミは故郷に戻ろうとし、息子たちの妻には、モアブの土地に残るように告げます。そこで一人はモアブに残るのですが、もう一人はナオミから離れず異邦の土地までついていきます。それが**ルツ**です。このどん底に落ちた二人の女性

▼

たちの命運を描いた物語が『ルツ記』です。

　最終的にルツは、ナオミの夫エリメレクの親戚の一人ボアズと結ばれます。彼の母親については、『ヨシュア記』のところで触れています。そして、このルツのひ孫がイスラエル史上最も重要な人物となっていくのです。

　さて、『士師記』は次のような記述で終わります。

　　《そのころ、イスラエルには王がなく、それぞれ自分の目に正しいとすること
　　を行っていた。》士師記21：25

　この状況を踏まえて、『サムエル記』を見ていきましょう。

Ⅳ．預言者サムエルとイスラエル王国

　『サムエル記』のタイトルになっている**サムエル**は、士師の時代が終わる頃、イスラエル民族の仕切りを任されていたような人です。最後の士師と考えてもいいかもしれません。また、神の言葉を取り次ぐ**預言者**でもありました。

　サムエルは、いわゆる不妊の女性ハンナを母として生まれてきます。当時は子どもを授からない女性というのは、かなりのプレッシャーに苦しんでいたようですが、待望の男子を授かったハンナは、息子を神にささげます（いけにえにしたわけではありません。シロの聖所に仕える祭司エリのもとに預けられ、そこで成長していきます）。

　『サムエル記』において重要な出来事は、イスラエルの民が王を求め始めたということです。

　　《サムエルは王を要求する民に、主の言葉を……伝えた。……「……あなたた

ちは王の奴隷となる。その日あなたたちは、自分が選んだ王のゆえに、泣き叫ぶ。……」民は……言い張った。「いいえ。我々にはどうしても王が必要なのです。我々もまた、他のすべての国民と同じように……」》サムエル上8：10-20

当時、周辺諸民族が国家の形態をとっている中、イスラエル民族は部族連合の形を維持していました。イスラエルを治めるのは神であるという考えが強かったためと思われます。しかし、**ペリシテ人**の侵攻などにより、危機的状況においてその都度立てられる士師と民兵では外敵に十分対抗できないと考え始めた人々は（人間の）王を求めるようになります。

サムエルはイスラエル民族の王制移行に反対でした。それを神に相談したところ、神は民の好きにさせてよいと言います。ただ、将来どうなるかは知らせておくようにと、王制に伴う民の負担などのデメリットを告げるのですが、それを聞いてもイスラエルの人々は、〝自分たちもほかの国と同じようにならないとやっていけない〟と引きません。こうしてついにイスラエル民族は王制をとるようになるのでした。

イスラエル民族が王国の成立へと向かう中、最初に王として選ばれサムエルから〝油を注がれた〟のはサウルという人物で、ベニヤミン族のとても美しい若者だったということです。

「油注ぎ」というイスラエル民族の習慣は、対象となる人に特別な使命や祝福を与えるという意味を持っており、王の即位や祭司の任命の際に行われました。

サウルの死後、次の王となったのがユダ族でベツレヘム出身の**ダビデ**です。周辺民族を制圧した軍事的な王という印象が強いですが、竪琴の名手であり詩人として芸術の才能もあったと言われています。後代の人々からは理想的な王と見られており、彼の曾祖父母が……『ルツ記』に登場したボアズとルツです。サイドストーリーかと思いきや、がっつりメインの流れにつながってくる大胆

▼

な構成（？）に感服します。

Ⅴ．英雄王ダビデ

　ダビデは、最初サウルに仕える立場でした。神から送り込まれてくる悪霊に悩まされるようになったサウルを、竪琴の音色で慰めるために召し抱えられたのです。

　　《神の霊がサウルを襲うたびに、ダビデが傍らで竪琴を奏でると、サウルは心
　　　が安まって気分が良くなり、悪霊は彼を離れた。》サムエル上16：23

　そのダビデの活躍で一番有名なのがペリシテ人の巨人ゴリアトを倒した話でしょう。まだまだ少年だったダビデが、羊飼いの仕事をしていた際に狼や熊を追い払うのに使っていた投石器で巨人に立ち向かった話です。

　やがてダビデが戦士として活躍し始めるとサウルはだんだん彼のことを妬むようになり、ついには命を奪うことを考え始めます。このとき、神はサウルを離れダビデと共にいたというのですが、そのこともあってサウルはダビデへの恐れを募らせていきます。そのサウルの魔の手からダビデを逃がすのに立ち回ったのが、なんとサウルの息子ヨナタンでした。

　　《翌朝、取り決めた時刻に、ヨナタンは年若い従者を連れて野に出た。……ヨ
　　　ナタンは彼を越えるように矢を射た。……ヨナタンは従者の後ろから、「早く
　　　しろ、急げ、立ち止まるな」と声をかけた。……従者は何も知らなかったが、
　　　ダビデとヨナタンはその意味を知っていた。……従者が帰って行くと、ダビ
　　　デは南側から出て来て地にひれ伏し、三度礼をした。彼らは互いに口づけし、
　　　共に泣いた。ダビデはいっそう激しく泣いた。ヨナタンは言った。「安らかに

▼

行ってくれ。わたしとあなたの間にも、わたしの子孫とあなたの子孫の間にも、主がとこしえにおられる、と主の御名によって誓い合ったのだから。』》サムエル上20：35-42

このダビデとヨナタンの友情物語は美しい文学作品としても知られています。

ヨナタンの手引きで逃亡生活に入ったダビデでしたが、食糧も武器も持っていない彼は祭司の町ノブ（ベニヤミン領にある町でエルサレムの近く）に住んでいたアヒメレクという人物を訪ね、そこで一息つくと同時に、彼がかつて倒したゴリアトの剣を入手します。その後、彼を慕う人々がやって来て、ダビデは400人ほどの集団の統領になるのでした。そして、ある日、サウルの命を奪う絶好の機会が巡ってきます。

《サウルはイスラエルの全軍からえりすぐった三千の兵を率い、ダビデとその兵を追って「山羊の岩」の付近に向かった。途中、羊の囲い場の辺りにさしかかると、そこに洞窟があったので、サウルは用を足すために入ったが、その奥にはダビデとその兵たちが座っていた。……ダビデは立って行き、サウルの上着の端をひそかに切り取った。しかしダビデは、サウルの上着の端を切ったことを後悔し、兵に言った。「わたしの主君であり、主が油を注がれた方に、わたしが手をかけ、このようなことをするのを、主は決して許されない。彼は主が油を注がれた方なのだ。」ダビデはこう言って兵を説得し、サウルを襲うことを許さなかった。》サムエル上24：3-8

驚いたことに彼は、またとないチャンスであったにもかかわらずサウルを手にかけることはしなかったのです。あくまでサウルは「油を注がれた方」だからという理由からでした。

こうして、しばらく続くことになる逃亡生活では、ペリシテ人の傭兵になる

など思いがけぬ苦労もありました。そして、その終盤、サムエルが死に、サウルと、ヨナタンを含む4人の息子のうち3人がペリシテ人との戦闘で命を落としたことが伝えられ、『サムエル記上』は終わります。

　『下』に入って間もなく、ダビデはまずユダの人々からヘブロン（地図3：G3）で油を注がれ、「ユダの王」になります。当時ユダ族の土地を中心としたカナンの南部地域をユダと呼んでいました。一方、北部地域はイスラエルと呼ばれましたが、その地域の住民はサウルの死後、サウルの息子の生き残りイシュ・ボシェトを「イスラエルの王」としました。イスラエルの十二部族は、この時点では南北に分かれ、それぞれに王を立てたことになりますが、イシュ・ボシェトが暗殺されると、ダビデがイスラエルとユダの全土を一人で治めるようになります。実際のところ、イスラエル民族の統一国家を樹立したのはダビデでした。その後、エブス人の町エルサレム（地図3：G3）を占領すると、そこを王国の都とし、契約の箱を置きました（サムエル下6章。ここでは、「神の箱」とも「主の箱」と呼ばれていますが、同じものを指しています）。

　そのダビデと神との約束について見てみましょう。

　　《わたしの僕ダビデに告げよ。……わたしは……あなたを取って、わたしの民
　　イスラエルの指導者にした。……あなたが生涯を終え、先祖と共に眠るとき、
　　あなたの身から出る子孫に跡を継がせ、その王国を揺るぎないものとする。》
　　サムエル下7：8-12

　神は、ダビデの王座を堅く据えると約束します。**ダビデ契約**と呼ばれるこの約束は、後に「救い主はダビデの子孫に生まれる」という信仰の根拠となりました。

　こうして、ダビデはイスラエル民族の歴史の中で特別な位置を占める人物となるのですが、「理想的かつ、英雄的な王」として見られる彼もやはり人間——

▼

〝罪人〟たる人間でした。

　ある日、ダビデはエルサレムの王宮から、水浴びをしている一人の女性に目を留めます。彼女の名は**バト・シェバ**。ダビデの後を継ぐことになる**ソロモン**の母です。彼女にはウリヤという夫がいましたが、彼は戦争に行っていて不在でした。そこでダビデはバト・シェバを王宮に招き関係を持ったところ、バト・シェバはダビデの子を宿します。それを何とか隠ぺいしようと努めるダビデでしたがなかなかうまくいかず、ついにウリヤを戦死させる計画を立てます。

　　《翌朝、ダビデはヨアブにあてて書状をしたため、ウリヤに託した。書状には、
　　「ウリヤを激しい戦いの最前線に出し、彼を残して退却し、戦死させよ」と書
　　かれていた。》サムエル下11：14-15

　戦場からいったん呼び戻されていたウリヤは、なんと自分を殺すよう指示された書状を自分で上官に届けたことになります。こうして未亡人になったバト・シェバをダビデは王宮に迎えるのですが、この一連の出来事は預言者ナタンによって厳しく批判されます。そしてダビデも自らの行いを悔い改めるのですが、神の裁きはバト・シェバの産んだ子に臨みます。弱っていく我が子の生存を願うダビデですが、ついにこの子どもは死んでしまうのでした。このとき、ダビデは「死んでしまった者は、もう帰ってはこない」と、周囲も驚く切り替えの早さを見せます。

　ダビデにはバト・シェバのほかにも複数の妻がいて、たくさんの子どもがいましたが、長男に当たるアムノンは兄弟間のトラブルで死んでしまいます。そのトラブルに関わっていたアブサロムは、父の王位を狙って反乱を起こしますが失敗します。その後、年老いたダビデの姿を描くところから『列王記上』が始まります。

　老いさらばえた父の姿を見てか、思い上がって「王になる！」と言い出した

アドニヤの動きを受け、バト・シェバはナタンの協力のもとダビデに「私の子を王にすると約束しました」というありもしない約束を思い起こさせようとします。その言葉を事実と思い込んだダビデは、ソロモンを跡継ぎとして認めるのでした。

VI. ソロモンの栄華

　イスラエル王国は３代目の王ソロモンの時代、著しい経済発展を遂げます。ダビデが戦場で活躍した〝強い王〟だとするなら、ソロモンは〝賢い王〟として知られています。そのソロモンの賢さの秘密は彼が見た夢にありました。

　　《その夜、主はギブオンでソロモンの夢枕に立ち、「何事でも願うがよい。……」と言われた。……ソロモンは答えた。「……どうか、あなたの民を正しく裁き、善と悪を判断することができるように、この僕に聞き分ける心をお与えください。……」主はソロモンのこの願いをお喜びになった。》列王記上３：５−１０

　エルサレム近郊の当時重要な祭壇があった場所ギブオン（地図3：F3）で犠牲をささげた日の夜、ソロモンは夢で神から何でも欲しいものをあげようと言われたといいます。そこでソロモンが求めたのは、「知恵」でした。長寿や、富や、敵の命といったものではなく、民を裁くための知恵を求めた。これが神の目に良しと映ったようで、神はソロモンに優れた知恵を与えたというのです。
　これがソロモンの賢さの秘密です。その知恵を用いてソロモンは民衆の訴えを裁くのですが、有名なのは二人の遊女のお話です。

　　《そのころ、遊女が二人王のもとに来て……一人はこう言った。「……わた

したちは一緒に家にいて、ほかにだれもいず、わたしたちは二人きりでした。ある晩のこと、この人は寝ているときに赤ん坊に寄りかかったため、この人の赤ん坊が死んでしまいました。そこで夜中に起きて、わたしの眠っている間にわたしの赤ん坊を取って自分のふところに寝かせ、死んだ子をわたしのふところに寝かせたのです。」……もう一人の女が言った。「いいえ、生きているのがわたしの子で、死んだのがあなたの子です。」……二人は王の前で言い争った。……王は、「剣を持って来るように」と命じた。王の前に剣が持って来られると、王は命じた。「生きている子を二つに裂き、一人に半分を、もう一人に他の半分を与えよ。」生きている子の母親は、その子を哀れに思うあまり、「王様、お願いです。この子を生かしたままこの人にあげてください。この子を絶対に殺さないでください」と言った。……王はそれに答えて宣言した。「……この子を殺してはならない。その女がこの子の母である。」王の下した裁きを聞いて、イスラエルの人々は皆、王を畏れ敬うようになった。神の知恵が王のうちにあって、正しい裁きを行うのを見たからである。》列王記下3：16−28

　日本の時代劇によく似た話があるのですが、このような〝ソロモン裁き〟に見られる彼の賢さは評判となり、それを聞きつけた人がはるばる遠くからやってきました。その一人が、**シェバの女王**です（シェバは、現在のアラビア半島の南の端の地域とされます）。この出来事は、新約でイエスも引用しています。

　このソロモンの時代に行われたそのほかの出来事としては、「文学作品」が生み出されたということが一つ（文書編《旧約》文学の項参照）。もう一つは**エルサレム神殿**の建設です。ソロモンはエルサレムに20年の歳月をかけて神殿と王宮を建てましたが、それは父ダビデの志を継ぐものでした。神殿とは、十戒を納めた「契約の箱」を安置する建物が考えられていたようですが、そもそもそういったものを建てようと最初に考えたのはダビデでした。ところが神は、「それ

はお前ではなく、お前の息子の仕事である」とダビデに告げたため、ソロモンの代に実現することとなりました。しかし、ダビデも「お前の仕事ではない」と言われので、すべて任せて何もしなかったというわけではないようです。ダビデは息子が建てることになる神殿に置く祭具を用意しました。それ以上に、周辺諸民族との戦いにおいて数々の勝利を治め、ある程度の平和を王国にもたらしていたということも一つの準備になったと考えられます。このおかげでソロモンは神殿建設に専念できたということがあったのではないでしょうか。〝お前の仕事ではない〟と言われたにしても、それは〝自分にできることはない〟という意味ではないとダビデは理解したということでしょう。完成した神殿はイスラエル王国の最盛期に建てられたということもあり、たいへん立派なものだったようです。しかし、その繁栄の背後で、たくさんの民衆が苦しんだという状況もあったようで、それは後に大きな出来事につながっていくものでした。

　ソロモンがどれほど有名だったか（そして彼の時代が栄えていたか）、新約で名前が出てくるところを見てみましょう。

　　《「だから、言っておく。自分の命のことで何を食べようか何を飲もうかと、
　　また自分の体のことで何を着ようかと思い悩むな。命は食べ物よりも大切で
　　あり、体は衣服よりも大切ではないか……なぜ、衣服のことで思い悩むのか。
　　野の花がどのように育つのか、注意して見なさい。働きもせず、紡ぎもしな
　　い。しかし、言っておく。栄華を極めたソロモンでさえ、この花の一つほど
　　にも着飾ってはいなかった。今日は生えていて、明日は炉に投げ込まれる野
　　の草でさえ、神はこのように装ってくださる。」》マタイ6：25-30

　「栄華を極めたソロモンでさえ、この花の一つほどにも着飾っていなかった」というのは、ソロモンが質素な生活をしていたという意味ではなく、人間が自分で自分を飾ろうとする、そのときの美しさやきらびやかさというのは、神が

▼

野の花に与えた美しさに勝ることはないという意味ではないでしょうか。

　約900年後のイエスの時代においても、〝栄華を極めたときのソロモン〟というのは、多くの人の中に固まったイメージがあったことがうかがえます。そのくらい浸透していた存在だったということでしょう。

　さて、ではソロモン以後の王国の様子を見ていきましょう。

【対応する文書編】

『ヨシュア記』 198 ページ

『士師記』 199 ページ

『ルツ記』 199 ページ

『サムエル記 上・下』 200 ページ

『列王記 上・下』 200 ページ

地図4　イスラエル王国とユダ王国（前924〜722年）

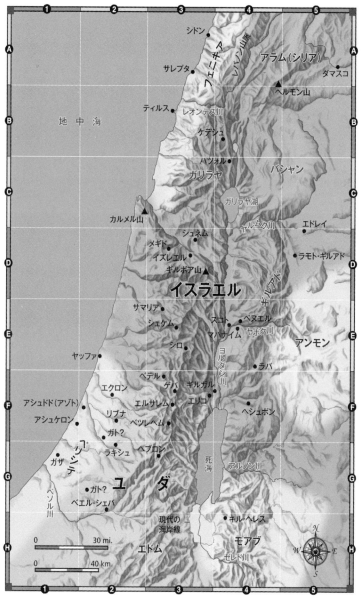

シドン

サレプタ

アラム（シリア）

ダマスコ

ヘルモン山 ▲

ティルス●　レオンテス川

ケデシュ

地中海

ハツォル●

ガリラヤ

バシャン

ガリラヤ湖

カルメル山 ▲

エドレイ ●

ヤルムク川

シュネム ●

メギド ●

ラモト・ギルアド ●

イズレエル ●

ギルボア山 ▲

イスラエル

サマリア ●

シェケム ●

スコト　ペヌエル ●

マハナイム　ヤボク川

シロ ●

アンモン

ヨルダン川

ラバ ●

ベテル ●

エクロン ●　ゲバ ●　ギルガル ●

アシュドド（アゾト）●

エルサレム ●　エリコ ●

ヤッファ ●

リブナ ●

アシュケロン ●

ベツレヘム ●

ヘシュボン ●

ガト? ●

ガザ ●

ラキシュ ●　ヘブロン ●

死海

アルノン川

ユ　ダ

ガト? ●

ベエル・シェバ ●

ベソル川

現代の
海岸線

キル・ヘレス ●

0　　30 mi.

0　　40 km.

エドム

モアブ

セレド川

N
W　　E
S

地図5　アッシリア帝国と新バビロニア帝国（前9〜6世紀）

©2000, American Bible Society

第5章
王国滅亡と回復の希望──旧約から新約へ

　〝栄華を極めた〟ソロモンが死ぬと、その息子である**レハブアム**が後継者とし
て立てられます。ソロモンの時代、確かに国は豊かになっていましたが、その
発展には影の部分がありました。大土木工事に民衆は重労働を強いられ、格差
も生じ、発展の影で苦しんだ人々は、レハブアムが王になるとき、先代と同じ
ようにはしないでくれと訴えます。その訴えについてレハブアムはどう対応す
べきか周囲の人たちに意見を求めるのですが、年長者のグループは、「少し負担
を軽くしてやったらどうでしょう」と奨めます。一方、同年代の若者のグルー
プは、「同じ路線でいけばよい。なんならもう少しきつくしてもよいのでは？」
と言います。その両者の意見に対して、レハブアムは若者の意見を採用します。
そこで、もうついていけないと思った人々は、自分たちの王を立てることにし
ました。こうしてレハブアムが属するユダ族とユダに隣接するベニヤミン族以
外の北部の10部族が**北イスラエル王国**を形成することになりました。一方、南
部は**南ユダ王国**と呼ばれるようになり、こうしてイスラエルの王国は南北に分
裂してしまうのでした（紀元前926年、地図4参照）。聖書の本文では、この南
北王国時代のことを記しているところで、北イスラエル王国のことを「イスラ
エル」、あるいは北部10部族のうち最大勢力であったのがエフライム族であっ
たことから「エフライム」と表記していることがあります。同様に、南ユダ王
国のことが「ユダ」と呼ばれます。

　北王国は、クーデターのようなことが頻繁に起こったため、王位が子孫へ受
け継がれていく状態〈王朝〉が長くは続きません。一方、南の方はダビデ王家
がある時期の例外を除いてずっと続くということになります。この時代はまた
多くの**預言者**たちが活躍した時期でもあります。

　二つの王国の末路を記した『列王記下』の後、『歴代誌』『エズラ記』『ネヘミ
ヤ記』は、「バビロン捕囚」と呼ばれる重大事件を経たイスラエル民族の新たな
歩みを描きます。

王と預言者

左寄りに記されているのが王の名前（在位期間）、【 】はその時期に現れた預言者の名（活動期間）

紀元前 1020 年 サウル即位 イスラエルに王制成立

1000 年 ダビデの治世 エルサレム遷都

961 年 ソロモンの治世 神殿建設

分裂王国時代

〈北イスラエル王国〉　　　　　　　　　　　　　〈南ユダ王国〉

〈北イスラエル王国〉		〈南ユダ王国〉	
ヤロブアム (926 − 907)		レハブアム (926 − 910)	
ナダブ (907 − 906)		アビヤム (910 − 908)	
バシャ (906 − 883)		アサ (908 − 868)	
エラ (883 − 882)			
ジムリ (882、7 日間)			
オムリ (878 − 871) サマリア遷都			
アハブ (871 − 852)	【エリヤ】	ヨシャファト (868 − 847)	
アハズヤ (852 − 851)			
ヨラム (851 − 845)	【エリシャ】	ヨラム (847 − 845)	
イエフ (845 − 818)		アハズヤ (845)	
ヨアハズ (818 − 802)		アタルヤ (845 − 840)	
ヨアシュ (802 − 787)		ヨアシュ (840 − 801)	
ヤロブアム 2 世 (787 − 747)	【アモス (753)】	アマツヤ (801 − 787)	
ゼカルヤ (747、6 か月)	【ホセア（750 − 720)】	ウジヤ / アザルヤ (787 − 736)	
シャルム (747、1 か月)		ヨタム (759 − 744)	【イザヤ (739 − 700)】
メナヘム (747 − 738)			
ペカフヤ (737 − 736)			
ペカ (735 − 732) シリア・エフライム戦争		アハズ (744 − 729)	
ホシェア (731 − 723)			
ーサマリア陥落 イスラエル滅亡 (720) −			
		ヒゼキヤ (728 − 700)	【ミカ】
		マナセ (696 − 642)	
		アモン (641 − 640)	【ゼファニヤ】
		ヨシヤ (639 − 609) 宗教改革	【エレミヤ (626 − ?)】
			【ハバクク】【ナホム】
		ヨアハズ (ファラオ・ネコにより 3 ヶ月で廃位)	
		ヨヤキム (←エルヤキム 608 − 598)	
		ヨヤキン (←エコンヤ 598 − 597)	【エゼキエル】
		ゼデキヤ (←マタンヤ 597 − 586)	
		ーエルサレム陥落 ユダ滅亡 (587) −	
		バビロン捕囚	

I. 北王国と金の子牛

　北イスラエルの最初の王となったのはヤロブアム（同じ名前の王が後から出て
くるので、こちらを１世と呼ぶことがあります）ですが、いきなり問題のある行動
をとります。シケムを首都と定めた彼は、その後、北王国の最南端のベテルと
最北端のダンに聖所を設け、そこに金の子牛の像を置きました（地図3：F3、B3、
地図4：F3、B4）。王国は分裂しましたが、イスラエル民族としての聖所は変わら
ず南ユダの首都**エルサレム**の神殿だったため、北の住民が神を礼拝するには南
北の国境を越えて南側に行かないといけません。そうすると国民の気持ちが南
に引っ張られてしまうのではないかと恐れたヤロブアムは、北でも礼拝ができ
るようにと北王国の領内に聖所を設けたわけです。

　『出エジプト記』のときに見たように、子牛の像はイスラエルの民にとって
偶像礼拝を象徴する危険な代物なのですが、実は、こちらの方が本家だった
という説もあります。つまり、ヤロブアム１世がベテルとダンに置いた子牛の像
が北イスラエルの人々の心を迷わせたということがイスラエル民族の歴史の中
の大きな事件として取り扱われ、後に『出エジプト記』が文書として今の形に
なっていく過程で、このヤロブアムの牛の像を元にした偶像礼拝のエピソード
が作られたのではないかという話です。そのくらい人々に、「あれはまずかっ
た」と思わせた出来事だったようです。しかし、そもそもヤロブアムは〝偶
像〟として子牛の像を置いたかどうかは定かではありません。「神の足台」と
いうイメージだったのではないかとも言われます。その上に神が立たれるとい
う意味なのですが、ヤロブアムは要するに「この牛の上に見えない神がおられ
る」というイメージで礼拝をしたかったのだけれども、人々はその見えている
牛を神とみなすようになってしまったのではないかというわけです。

　しかしながら、これはヤロブアムの大きな過ちと評価されてしまい、これを
きっかけに北王国は偶像礼拝に陥る傾向をずっと持っていると聖書を記した歴

史家たちからは見られてしまいます。『列王記』は、この歴史家の思想が反映された、南北の王たちの事績でもあります。その中に現れた王と預言者を何人か紹介していきましょう。

Ⅱ．ヤハウェの預言者対バアルの預言者

　まずは、**エリヤ**という預言者です。この人は、北王国の王が**アハブ**のときに現れた預言者ですが、このアハブ王というのは、歴代の王の中でも特に悪い王と言われる人です。彼はフェニキア（地図4：A3）人の王の娘である**イゼベル**という女性を妃に迎えるのですが、この外国人女性が北王国に持ち込んだ**バアル信仰**に彼自身なびいてしまいました。

　誤った道に逸れていくアハブに警鐘を鳴らすべくエリヤが現れ、彼はたった一人で450人のバアルの預言者との勝負に臨みます。

> 《エリヤは……言った。「わたしはただ一人、主の預言者として残った。バアルの預言者は四百五十人もいる。……彼らに一頭の雄牛を選ばせて、裂いて薪の上に載せ、火をつけずにおかせなさい。わたしも一頭の雄牛を同じようにして、薪の上に載せ、火をつけずにおく。……火をもって答える神こそ神であるはずだ。」》列王記上18：22-24

　この勝負に勝ったエリヤでしたが、そのせいでイゼベルから命を狙われることになります。その魔の手から逃れたエリヤは神の山**ホレブ**（モーセが十戒を授かったとされる場所で、シナイとも呼ばれます）へとたどり着き、そこで神の声を聞きます。それはアハブの王朝（彼の父以来のオムリ王朝）の根絶に関わる人物に油を注げという指示、そして**エリシャ**を弟子にせよというものでした。

　このエリヤは旧約を代表する預言者の一人になりますが、彼についてある言

い伝えが生まれます。彼は死なずに生きたまま天に上げられたというのです。その昇天の様子を目撃したのが、弟子のエリシャでした。

> 《彼らが……歩き続けていると、見よ、火の戦車が火の馬に引かれて現れ……た。エリヤは嵐の中を天に上って行った。……エリヤの着ていた外套が落ちて来たので、彼はそれを拾い、ヨルダンの岸辺に引き返して立ち……それで水を打ち、「エリヤの神、主はどこにおられますか」と言った。エリシャが水を打つと、水は左右に分かれ、彼は渡ることができた。》列王記下2：11－14

　エリヤが与えられていた力（霊）の一部を弟子のエリシャが受け継いで、エリヤは地上を去っていったのです。この出来事はエリヤが再び現れるという信仰をイスラエルの人々の中に芽生えさせることになります。「エリヤは死なずに天に上げられた、そして、また帰ってくる。救い主がもう間もなく現れるということを告げるために」と信じられるようになるのですが、実際にイエスが現れたとき、その登場を前もって告げる人がいたのです。**洗礼者ヨハネ**という人です。この人がエリヤの再来だと、新約の側からは信じられています。
　エリヤの命を狙っていた王たちについては、アハブは実に〝不運〟とも言える形で戦死。イゼベルは夫の死後しばらくして、エリシャの弟子によって油を注がれた人物に追いつめられ、無残な死を遂げます。

Ⅲ．静かにしていなさい

　南ユダの王がアハズのとき、北王国がアラムという民族（地図4：A5）と組んで**アッシリア**（古代オリエントの大国の一つで、ダビデ、ソロモンの時代には弱まっていた勢力を、この時期には取り戻しつつありました。地図5：C4）に抵抗しようとした

際、南ユダにも加われと言って迫ってきたことがありました。このときの〈北
王国&アラム〉対〈南王国〉の衝突を「シリア・エフライム戦争」と言います。
このとき預言者**イザヤ**が現れ、アハズ王に「静かにしていなさい」と助言しま
す。

> 《ユダの王……アハズの治世のことである。アラムの王レツィンと……イス
> ラエルの王ペカが、エルサレムを攻めるため上って来た……アラムがエフラ
> イムと同盟したという知らせは、ダビデの家に伝えられ、王の心も民の心も
> ……動揺した。主はイザヤに言われた。「あなたは……行って……アハズに会
> い、彼に言いなさい。落ち着いて、静かにしていなさい。恐れることはない。
> ……》イザヤ7：1−4

　近隣の国に援助を求めようとしていたアハズ王に対して、イザヤは神への信
頼を脇に置いて外交でその場を切り抜けようとする姿勢を戒めたのです。しか
し、そのイザヤの警告をアハズは聞かず、なんとアッシリアに助けを求めます。
その結果、南王国に対する北王国とアラムの脅威は去るのですが、代わりに
アッシリアの強い影響を受けるようになってしまいます。

> 《アハズはアッシリアの王……に使者を遣わして言わせた。「わたしはあなた
> の僕、あなたの子です。どうか上って来て、わたしに立ち向かうアラムの王
> とイスラエルの王の手から、わたしを救い出してください。」……アッシリア
> の王はその願いを聞き入れた。アッシリアの王はダマスコに攻め上ってこれ
> を占領し、その住民を捕虜としてキルに移し、レツィンを殺した。》列王記下
> 16：7−9

　ここは旧約の「歴史書」と「預言書」の内容がリンクしていることがわかる
面白いところです。『列王記』に記された〝歴史〟の中に登場する預言者イザヤ

の言行に焦点を当てたのが、三大預言書の一つ『イザヤ書』の第1部に当たります（文書編《旧約》三大預言書『イザヤ書』の項参照）。

　アハズの次の代のヒゼキヤはアッシリアの影響をはねのけようとしますが、これまた外国の力を借りようとするので、またもやイザヤは警告します。

　そうこうしているうちに北王国はアッシリアによって滅ぼされてしまうのでした（紀元前720年）。

　　《アッシリアの王はこの国のすべての地に攻め上って来た。彼はサマリアに攻
　　め上って来て、三年間これを包囲し、ホシェアの治世第九年にサマリアを占
　　領した。彼はイスラエル人を捕らえてアッシリアに連れて行き、ヘラ、ハボ
　　ル、ゴザン川、メディアの町々に住ませた。》列王記下17：5－6

　北王国の領土を属州としたアッシリアは支配下にあるほかの地域から異民族を旧北王国領に移住させました（これはアッシリアの基本的な政策だったようです）。これによって北部地域のイスラエルの信仰に異民族の宗教が混ざり始め、以降、北部は民族的純潔を失ったと、南ユダの住民から蔑まれるようになっていきます。このことが新約で登場する「サマリア人」と「ユダヤ人」の確執の背景にあると言われます（サマリアとは北王国が滅亡した頃の都があった場所です。地図4：E3）。

　北王国の滅亡後、勢いに乗ったアッシリアに南王国も攻め入れられ、都エルサレムが包囲される事態となります。この時、ヒゼキヤ王はアッシリアの王センナケリブに相当な額の貢ぎ物をしますが、なお危機は去りません。心穏やかでない王は、預言者イザヤのもとに家臣を遣わすのですが、その間にも迫りくる脅威に神殿で神に祈ったところ、イザヤに神の言葉が臨みます。

　　《彼がこの都に入城することはない。またそこに矢を射ることも、盾を持って
　　向かって来ることも、都に対して土塁を築くこともない。彼は来た道を引き

返し、この都に入城することはない、と主は言われる。わたしはこの都を守り抜いて救う。わたし自らのために、わが僕ダビデのために。》列王記下19：32−34

このことがヒゼキヤに伝えられたその日の夜、不思議なことが起こります。

《その夜、主の御使いが現れ、アッシリアの陣営で十八万五千人を撃った。朝早く起きてみると、彼らは皆死体となっていた。アッシリアの王センナケリブは、そこをたって帰って行き、ニネベに落ち着いた。》列王記下19：35−36

こうしてイザヤの預言の通り、センナケリブはニネベ（地図5：C4）に引き返したということです。センナケリブの突然の撤退は史実のようで、部隊が疫病に見舞われたか、あるいは本国で何らかの事件が起こったためではないかと考えられています。

IV. 最も善き王

ヒゼキヤの次の王であるマナセは親アッシリア政策をとり、アッシリアの宗教・文化を受け容れました。これが孫の**ヨシヤ**が行なった宗教改革につながります。

ヨシヤは南王国の王の一人で、『列王記』に出てくる王の中でも特に評価の高い人物です。彼の治世中に行われた「宗教改革」は、エルサレム神殿の改修中に見つかったという「律法の書」に基づくものでした（この「律法の書」が『申命記』の原型になったと言われています）。

▼

《そのとき大祭司ヒルキヤは書記官シャファンに、「わたしは主の神殿で律法
の書を見つけました」と言った。ヒルキヤがその書をシャファンに渡したの
で、彼はそれを読んだ。書記官シャファンは王のもとに来て、王に報告した。
……更に書記官シャファンは……王の前でその書を読み上げた。王はその律
法の書の言葉を聞くと、衣を裂いた。王は……こう命じた。「この見つかった
書の言葉について……主の御旨を尋ねに行け。我々の先祖が……そこに記さ
れたとおりにすべての事を行わなかったために、我々に向かって燃え上がっ
た主の怒りは激しいからだ。」》列王記下22：8－13

　ヨシヤの宗教改革は、祖父のマナセが発端となった南王国の宗教的腐敗を正
していったようでしたが、人々の心の深いところまでは改革することはできな
かったようです。
　ヨシヤ王の時代、アッシリアは急速に弱体化し南王国は独立を回復しますが、
アッシリアを助けようとするエジプトとの戦いでヨシヤは戦死。以後、南王国
の滅亡への歩みは加速していくことになります。
　ヨシヤ王の時代に現れたのが**エレミヤ**です。「三大預言書」に名を残す人物の
一人で、ヨシヤ王の宗教改革に期待を寄せていましたが、最終的にその改革に
も限界があることを感じざるを得なかった彼の預言は、南王国の滅亡を告げる
ものになっていきます。ただ、一方で「新しい契約」に言及したのも彼でした。
（エレミヤ31：31）

Ⅴ．王国滅亡

　ヨシヤの４代後、ゼデキヤ王の時代に台頭していたのは**新バビロニア帝国**で
した。新バビロニアの傀儡（かいらい）であったゼデキヤが、バビロニアに反旗を翻すと、

▼

その動きはエレミヤ、そして**エゼキエル**から神の御心に適わぬものと非難されます。エゼキエルは元エルサレム神殿の祭司で、「三大預言書」の一つ『エゼキエル書』は彼の活動を伝えています。彼は南ユダ王国の滅亡こそが神の御心であるというのです。しかし、王国はただ滅びるのではなく、未来に希望があるということを彼らは語るのでした（文書編《旧約》「三大預言書」参照）。

　紀元前586年、南ユダ王国の都エルサレムが陥落すると、ユダの主だった人々がバビロニアの都バビロン（地図5：D4）に連行されます。これが有名な**「バビロン捕囚」**という出来事です。

　　《第五の月の七日、バビロンの王ネブカドネツァルの第十九年のこと、バビロンの王の家臣、親衛隊の長ネブザルアダンがエルサレムに来て、主の神殿、王宮、エルサレムの家屋をすべて焼き払った。……民のうち都に残っていたほかの者、バビロンの王に投降した者、その他の民衆は、……捕囚とされ、連れ去られた。》列王記下25：8－11

　こうして北、南の順にイスラエルの2つの王国は滅びてしまうのでした。

　祖国の滅亡と異民族の支配下に置かれるバビロン捕囚という経験を通して、イスラエルの人々（実質的にはユダ王国の生き残り）は何を考えるようになっていったのでしょうか。

　バビロンに移された人々は比較的自由が保障された生活を送ることができていたようですが、故郷を遠く離れた土地で望郷の念を募らせていました。そんな異邦人に囲まれての生活の中で改めて意識されるようになったのが、イスラエルと神との特別な関係＝**契約**でした。とはいえ、外国に連れてこられたイスラエルの人々は、神殿がないために礼拝もできません。そのため「割礼」や「安息日」といった日常生活における掟の遵守を通して神との結びつきを意識しつつ民族的アイデンティティの確立と維持に努めるようになります。こうして、

いわゆる**「ユダヤ教」**が生まれていくのです。

　ここまでの時代、イスラエルが信仰していたのは、言ってみれば「イスラエルの宗教」とでも言うべきものでしょう。伝承に基づくヤハウェ信仰が共有されているというような状態であったと思います。それが、一つの宗教としての形を新たに整え始めたのがこの「捕囚」の時期であったようです。またこの頃、イスラエルに伝えられてきた伝承の編集が行われ始めたと言われています。

　では、このときのイスラエルの人々の思いを歌った詩を読んでみましょう。『詩編』137編です。

《バビロンの流れのほとりに座り
シオンを思って、わたしたちは泣いた。
竪琴は、ほとりの柳の木々に掛けた。
わたしたちを捕囚にした民が
　　歌をうたえと言うから
わたしたちを嘲る民が、楽しもうとして
「歌って聞かせよ、シオンの歌を」と言うから。
どうして歌うことができようか
主のための歌を、異教の地で。
エルサレムよ
もしも、わたしがあなたを忘れるなら
　　わたしの右手はなえるがよい。
わたしの舌は上顎にはり付くがよい
もしも、あなたを思わぬときがあるなら
もしも、エルサレムを
　　わたしの最大の喜びとしないなら。
主よ、覚えていてください

▼

88

　　　エドムの子らを
　　　エルサレムのあの日を
　　　彼らがこう言ったのを
　　　「裸にせよ、裸にせよ、この都の基まで。」
　　娘バビロンよ、破壊者よ
　　いかに幸いなことか
　　お前がわたしたちにした仕打ちを
　　　お前に仕返す者
　　お前の幼子を捕えて岩にたたきつける者は。》詩編137編

　このような思いの中で、イスラエルの人々の中に芽生えたものがありました。

　捕囚の辛い経験は、「なぜ神に選ばれた民族である自分たちが、異民族の支配下に置かれねばならないのか」という問いをイスラエルの人々にもたらしました。預言者たちは、それが**罪の結果**であると説き、**悔い改め**を促すと共に**回復の希望**を示すのでした。
　これが、イスラエルの民がたどり着いた結論でした。そして、悔い改める者を神は赦し、必ずエルサレムへの帰還を実現してくださるだろうと預言者は告げ始めます。

　「バビロン捕囚」はイスラエル民族にとって非常に大きな経験となります。この経験の中で語られる回復の希望と結びついていったのが、**メシア**という存在でした。メシアとは、ヘブライ語で「油を注がれた者」という意味ですが、これまで登場してきたイスラエル民族の王たちは油を注がれて祝福を受けると共に特別な使命に就けられてきました。そのような習慣を背景とし、イスラエル民族を解放するために神に遣わされてやってくる人物としての「メシア（救い主）」が待ち望まれるようになります（「油を注がれた者」を意味するギリシア語が

▼

「クリストス」、すなわち、「キリスト」です)。

　このようにして生まれてきたユダヤ教が、キリスト教につながっていきます。ここまで旧約聖書の〝大枠〟というのをキリスト教の文脈を意識しながら見てきましたが、旧約聖書について大まかなところをつかんでもらえたでしょうか。

　それでは、ユダヤ教の正典である「旧約」の内容がいかに「新約」に、そしてキリスト教につながるのかを見ていきたいと思います。バビロン捕囚以後の出来事になります。

VI.「主の民」の帰還

　エルサレムの陥落から約50年後、バビロニアに代わって台頭したペルシアの**王キュロス**によって捕囚の民となっていた人々は解放されます。

> 《ペルシアの王キュロスの第一年のことである。主はかつてエレミヤの口を通して約束されたことを成就するため、ペルシアの王キュロスの心を動かされた。……「ペルシアの王キュロスはこう言う。……主がユダのエルサレムに御自分の神殿を建てることをわたしに命じられた。あなたたちの中で主の民に属する者はだれでも、上って行くがよい。神なる主がその者と共にいてくださるように。」》歴代誌下36：22-23

　『列王記』の次に置かれている『歴代誌』の最後の部分ですが、そこにあるように紀元前538年、キュロス王によってカナンへの帰還を許可された人々がイスラエル再興を目指しまず取りかかったのが**神殿の再建**でした。しかし、その事業は様々な妨害などに遭ったこともあり容易には進まず、およそ20年間頓挫することになります。その時代の様子を描いているのが『エズラ記』『ネヘミヤ記』です。この頃現れた預言者**ハガイ**の叱咤激励もあり、遂に紀元前515年、

いわゆる**第二神殿**が完成します。ただ、その出来栄えは〝栄華を極めた〟ソロ
モンによるものとは比べるべくもありませんでした。それでも新しい歩みを始
めたイスラエルは、神殿を中心に祭司制度、律法を整備しつつ、国家と言うよ
りは宗教共同体（教団）としての「イスラエル」を形成していきます。そこで
は、異民族との過度な接触が王国滅亡につながったという反省から、イスラエ
ルの純潔性を追求しようという姿勢も強く見らます（それに対する批判も旧約の中
にすでに見られたりもするのが、聖書の面白いところです）。「旧約聖書」に記録され
た、カナンの地でのイスラエルの人々の姿は、次のような場面で締めくくられ
ます（第二神殿以降の細かいポイントや、預言書については文書編で解説します）。

《第七の月になり、イスラエルの人々は自分たちの町にいたが、民は皆、水の
門の前にある広場に集まって一人の人のようになった。彼らは書記官エズラ
に主がイスラエルに授けられたモーセの律法の書を持って来るように求めた。
祭司エズラは律法を会衆の前に持って来た。そこには、男も女も、聞いて理
解することのできる年齢に達した者は皆いた。第七の月の一日のことであっ
た。彼は水の門の前にある広場に居並ぶ男女、理解することのできる年齢に
達した者に向かって、夜明けから正午までそれを読み上げた。民は皆、その
律法の書に耳を傾けた。》ネヘミヤ7：72b－8：3

《総督ネヘミヤと、祭司であり書記官であるエズラは、律法の説明に当たった
レビ人と共に、民全員に言った。「今日は、あなたたちの神、主にささげられ
た聖なる日だ。嘆いたり、泣いたりしてはならない。」民は皆、律法の言葉を
聞いて泣いていた。彼らは更に言った。「行って良い肉を食べ、甘い飲み物を
飲みなさい。その備えのない者には、それを分け与えてやりなさい。今日は、
我らの主にささげられた聖なる日だ。悲しんではならない。主を喜び祝うこ
とこそ、あなたたちの力の源である。」》ネヘミヤ8：9－10

▼

　神の律法に忠実な民。神を喜び祝うことを力の源に生きる人々。そんな新たなイスラエルの誕生を思わせますが、彼らの歩みは決してまっすぐではなく、再び道を逸れていきます。それは偶像礼拝にふける律法違反から、過度な律法遵守を説く律法主義へと形を変えていくわけですが、そこに新たに生じる〝分断〟の根っこには、なお解消されない神との関係の歪み、人の持つ〝罪〟の問題が横たわっていました。

　そして、時が満ちて訪れたその時。イスラエルという一民族に示された回復の希望の実現が、全人類の救いであったことが告げられていきます。

VII.「大いなる挑戦」は続く──「旧約」から「新約」へ

　イスラエルの民は王国の滅亡を〝罪の結果〟と考えました。「何でそうなる？」と、その発想に違和感を覚える人もいるでしょう。でも、「旧約聖書」の始まりの物語に戻って少し考えてみたいと思うのです。

　アダムとエバが〝禁断の果実〟に手を伸ばした後、彼らがしたことは何だったでしょう。

「俺は悪くない」
「私は悪くない」
そう言ったのでした。

「悪いのはあいつだ」。そうやって分断された、人と人、人と神。そこに生じた関係性の歪みを思うとき、「私たちが悪かった」というところからイスラエルが出直そうとしたことには、大きな意味があるのではないかと、私には思えるのです。この〝一歩〟にどれだけの時間がかかったか。天地創造の時代からと言うのですから、途方もない時間ということになるのかもしれません。それは

▼

92

あくまで象徴的なものですが、でもこんな風に「聖書」を読んでいくとき、「人は変わっていける」という希望がここにあるのではないか……そんなことを思うわけです。

　人は、個人としても、人類としても、きっと良い方へ変わっていける。神というのは、そんな人間の生きる世界と共にいて、付き合ってくれる存在である。「聖書」は、そういうことを言っているように思います。

　アダムとエバの過ちによって、人類と世界は、罪の闇に囚われました。その罪を引きずる弱くて愚かな人間の歩みが「旧約」に記されたイスラエル民族の歴史には凝縮されています。しかし、そんな罪の闇に覆われた人間を、それでも神は救おうとします。そのために世界に与えた〝光〟がキリストであるイエスだったのです。……ということで「新約」につながっていきます。人の悪を受け止めながら「分断」に抗う神の歩み——人を忍耐強く導こうとする神の「大いなる挑戦」は続きます。

　完璧な者など一人もなく、誰もが〝弱さ〟や〝醜さ〟を持った〝罪人〟たる人間と、その人間の生きる世界を神は愛しました。その神の〝愛〟を示す「**救い主の物語**」が、始まります。

《神は、その独り子をお与えになったほどに、世を愛された。》
ヨハネによる福音書3：16

【対応する文書編】
『列王記　上・下』 200 ページ
『歴代誌　上・下』 200 ページ
『エズラ記』『ネヘミヤ記』 202 ページ

▼

アブラハムの選び─イスラエルの祖
（創世記 11 章）

ヤコブの改名─ヤコブからイスラエルへ
（創世記 32 章）

ヨセフとイスラエルのエジプト移住
（創世記 37 章─50 章）

400 年ほど経過

エジプトでの虐待
（出エジプト記 1 章）

モーセと出エジプト
（出エジプト記 2 章─14 章）

律法授与
（出エジプト記 19 章─31 章ほか）

カナン定着─約束の地
（ヨシュア記 12 章─24 章）

士師の時代を経て、王国建設へ
（士師記─サムエル記上 10 章）

統一王国時代
（サムエル記上 13 章─サムエル記下
─列王記上 11 章）

王国分裂─南北王国時代
（列王記上 12 章─列王記下 25 章）

王国滅亡─バビロン捕囚
（イザヤ書、エレミヤ書、ダニエル書ほか）

捕囚からの帰還─エルサレム神殿の再建
（エズラ記、ネヘミヤ記ほか）

新約時代

旧約時代のイスラエル民族史

舞台はメソポタミアからエジプト周辺にかけて。神がアブラハムに子孫繁栄を約束。その祝福は息子イサク、孫のヤコブへと受け継がれる。ヤコブには 12 人の息子が生まれ、彼らがイスラエル 十二部族の祖となる。12 人の一人ヨセフがエジプトで成功。家族間の確執があったものの和解、飢饉に見舞われたカナン（パレスチナ）から家族を呼び寄せる。やがてエジプトにイスラエル人が増えていく。

増え過ぎたイスラエルの民を脅威に感じ始めたエジプト王（ファラオ）が虐待を始める。ファラオの娘に拾われたイスラエル人モーセを神は選び、エジプト脱出を導く。この経験は、神による救いの象徴的出来事として語り継がれることになる。イスラエルの民はエジプトを出てシナイ半島を南下後、死海方面に北上。途中、シナイ山で律法を授かる。モーセの後を継いでリーダーとなったヨシュアに率いられたイスラエルの民は神の約束の地カナンに侵入。部族ごとに居住地の分配を受け、定住生活を始める。

イスラエルの民はしばらく部族間で連携をとる部族連合の形をとり外敵に対処していたが、一人の王が全体を統治する国家を目指すようになる。サウル、ダビデ、ソロモンと続いた統一王国はダビデによりエルサレムが都に。ソロモンの死後、王国は南北に分裂。北イスラエルはアッシリアに、南ユダはバビロニアに滅ぼされる。南の住人がバビロニアの都に連行された事件を「バビロン捕囚」と言う。この頃、神に選ばれた民族である自分たちが異民族の支配を受けるのは神に背いた罪の結果であるという自覚が芽生え、やがて民族再興を実現する救世主＝メシアが現れるという信仰が生まれる。バビロニアを破ったペルシア王キュロスによってイスラエルの民は帰還を許される。

ペルシアはアレクサンドロスにより滅亡。イスラエルの民の居住地はローマ帝国が支配。**イエスの誕生**へ。

地図6　イエス時代のパレスチナ（後6〜30年）

ガリラヤのイエス

コラジン
カファルナウム
カナ　マガダン（マグダラ）
ガリラヤ湖
ティベリアス
ヒッポス
ナザレ
タボル山
ナイン
モレの丘
ガダラ
ヤルムク川
ヨルダン川

シドン
アビラ
アビレネ
ダマスコ
アンティ
レバノン山脈
サレプタ
シリア
レオンテス川
ヘルモン山
イトラヤ
ティルス
フィリポ・カイサリア
バタネア
プトレマイス（アッコ）
カファルナウム
ガリラヤ
ガリラヤ湖
詳細図
ラファナ（カピトリアス）
アウラニティス
カルメル山 ▲
ティベリアス
ヒッポス
ディオン
アビラ
ナザレ
ヤルムク川
ガダラ
地中海
ドル
タボル山 ▲
デカポリス
カイサリア
サマリア
スキトポリス
サリム
アイノン
ペラ
サマリア
エバル山 ▲
ゲリジム山 ▲　シカル
ヤボク川
ゲラサ
ヨルダン川
ペ
レ
ア
ヤッファ
リダ
アリマタヤ？
エフライム
ヤブネ（ヤムニア）
アマウス（エマオ）
エリコ
フィラデルフィア
アシュドド（アゾト）
エルサレム
ベタニア
ベツレヘム
クムラン
アスカロン
ユダヤ
ヘブロン
死海
アルノン川
ガザ
イドマヤ
ラフィア
ベエル・シェバ
ナバテア
現代の海岸線
ゼレド川

0　　　30 mi.
0　　　40 km.

N
W　E
S

第6章
イエスの誕生──「救い主の物語」の始まり

　ここから新約聖書の内容を見ていきますが、新約の〝物語〟は、4つ（4種）の『福音書』に記された「イエス・キリストの物語」と『使徒言行録』に記された「使徒（教会）の物語」によって主に構成されます。

　『福音書』は、新約聖書の最初に置かれている文書で、キリスト教において救い主とされ、信仰の対象となっているイエス・キリストの生涯が記されます（「福音」とは、「良い知らせ」という意味で、イエスを通してもたらされた救いの訪れを指します）。それらは厳密な〝イエス伝〟とは言えません。そもそも4つもある時点で、「どういうこと？」と思われるかもしれませんが、これらの文書の説明は文書編を見てください。本書ではこの4つの福音書から『マタイによる福音書』を軸に様々なエピソードを抜き出しながら、古代ローマ帝国の支配下にあるパレスチナに暮らすユダヤ人の中に現れた救い主、イエス・キリストの歩みを描いていくことにします。

Ｉ．約束のメシア（マタイ1：1─17、ルカ3：23−38）

　まず新約の最初に置かれている『マタイによる福音書』の冒頭部分を見てみましょう。

　《アブラハムの子ダビデの子、イエス・キリストの系図。アブラハムはイサクをもうけ、イサクはヤコブを、ヤコブはユダとその兄弟たちを、ユダはタマルによってペレツとゼラを、ペレツはヘツロンを、ヘツロンはアラムを、アラムはアミナダブを、アミナダブはナフションを、ナフションはサルモンを、サルモンはラハブによってボアズを、ボアズはルツによってオベドを、オベドはエッサイを、エッサイはダビデ王をもうけた。ダビデはウリヤの妻によってソロモンをもうけ、ソロモンはレハブアムを、レハブアムはアビヤを、ア

ビヤはアサを、アサはヨシャファトを、ヨシャファトはヨラムを、ヨラムは
ウジヤを、ウジヤはヨタムを、ヨタムはアハズを、アハズはヒゼキヤを、ヒ
ゼキヤはマナセを、マナセはアモスを、アモスはヨシヤを、ヨシヤは、バビ
ロンへ移住させられたころ、エコンヤとその兄弟たちをもうけた。バビロン
へ移住させられた後、エコンヤはシャルティエルをもうけ、シャルティエル
はゼルバベルを、ゼルバベルはアビウドを、アビウドはエリアキムを、エリ
アキムはアゾルを、アゾルはサドクを、サドクはアキムを、アキムはエリウ
ドを、エリウドはエレアザルを、エレアザルはマタンを、マタンはヤコブを、
ヤコブはマリアの夫ヨセフをもうけた。このマリアからメシアと呼ばれるイ
エスがお生まれになった。こうして、全部合わせると、アブラハムからダビ
デまで十四代、ダビデからバビロンへの移住まで十四代、バビロンへ移され
てからキリストまでが十四代である。》マタイ1：1－17

　新約聖書から『聖書』を読み始めて最初に触れるのが、この「系図」です。
なんの予備知識もなしにこれを読んで、この先どんな言葉と出会えるのか胸が
高鳴るという人は、まずいないのではないでしょうか。実際、この箇所を読ん
で挫折したという話も聞きます。著者マタイにとっては意味のあるものだった
のでしょうし、悪いのはマタイというよりは新約の順番を決めた人なのかもし
れません。

　この本を新約のブロックから読み始めた方もおられると思いますが、旧約の
ブロックでは、この「系図」を面白くするというのを目標の一つに置いていま
す。この系図には、旧約聖書に記されたユダヤ人の先祖**イスラエル民族**の歴史
に登場してくる人々の名が散りばめられているのです。系図の起点にある**アブ
ラハム**は、神に選ばれ、イスラエル民族の祖となった人です（物語編2章I参照）。
そして途中、ダビデという人（古代イスラエル王国の伝説的、英雄的王。物語編4章
V参照）が現れ、救い主（メシア）はこの王の家系に生まれてくるという伝承（言
い伝え）が生まれます。

▼

　このアブラハムに始まり、ダビデを経由するイスラエル民族の歴史の中に救い主は生まれてきたという系図は、言ってみればユダヤ人にとっての「救い主の血統書」のようなものと言えるわけです。そして、そのイスラエル民族に約束されたメシアの登場（物語編5章Ⅴ参照）が、イエスを通して実現したことをこの系図は告げています。『ルカによる福音書』は、さらに旧約において人類の祖とされるアダムにまでさかのぼる系図を残しています。(ルカ3:23-38)

　旧約の内容を知ることで、もしかしたら新約の最初に『マタイによる福音書』が置かれている意味というのが感じられるかもしれません。

Ⅱ．天使の告知 (マタイ1：18-25、ルカ1：26-38)

　続いて、『マタイによる福音書』はイエス誕生の次第について、次のように記しています。

　《イエス・キリストの誕生の次第は次のようであった。母マリアはヨセフと婚約していたが、二人が一緒になる前に、聖霊によって身ごもっていることが明らかになった。夫ヨセフは正しい人であったので、マリアのことを表ざたにするのを望まず、ひそかに縁を切ろうと決心した。このように考えていると、主の天使が夢に現れて言った。「ダビデの子ヨセフ、恐れず妻マリアを迎え入れなさい。マリアの胎の子は聖霊によって宿ったのである。マリアは男の子を産む。その子をイエスと名付けなさい。この子は自分の民を罪から救うからである。」このすべてのことが起こったのは、主が預言者を通して言われていたことが実現するためであった。「見よ、おとめが身ごもって男の子を産む。その名はインマヌエルと呼ばれる。」この名は、「神は我々と共におられる」という意味である。ヨセフは眠りから覚めると、主の天使が命じたとおり、妻を迎え入れ、男の子が生まれるまでマリアと関係することはなかっ

た。そして、その子をイエスと名付けた。》マタイ1：18―25

　天使が**ヨセフ**というユダヤ人男性に語りかけます。彼は、「ダビデの子」と呼ばれています。最初の系図では、イエス・キリストも「ダビデの子」と呼ばれていましたが、これはいずれも〝ダビデの子孫〟という意味です。イエスの父親に当たるヨセフが**ダビデ王**の血筋の人間であるということが重要な意味を持っていました。先に述べたように、メシア（救い主）はダビデ王の末裔（まつえい）ということが重要で、そのためイエスの父親に当たるヨセフがダビデ家の人間だということが強調されます。マタイはこのことを示す系図を福音書の最初に置いて、イエスの出自というのを重視しています。

　この「イエス誕生の次第」について語るマタイ福音書の記述には、単にその〝出来事〟を伝えるだけではないメッセージが秘められています。天使の言葉には旧約聖書からの引用が含まれていて、それによると「救い主は〝インマヌエル〟という名で呼ばれる」ということです。〝インマヌエル〟というのは、「神は我々と共におられる」という意味ですが、ここでは救い主の〝呼び名〟（異名？称号？）という風に考えられます。聖書の文化では〝名前〟というのは単なる記号ではなく、そのものの本質を表すものと考えられていて、そういう意味では〝インマヌエル〟という呼び名は救い主の本質を表すということになります。救い主というのは〝神が共におられる〟ことを人々に示す存在なのだということでしょう。この世界と共におられる、私たち人間と共におられる、そんな神の愛が救い主の名前には表れているというわけです。

　イエスの誕生は、旧約の預言者がかつて言っていたことの成就とされます。具体的には、『イザヤ書』にある**「インマヌエル預言」**（イザヤ7：14）と呼ばれる箇所が背景にあります（預言者とは、言わば「神から**預**かった**言葉**を人々に伝える**者**」で、旧約には数多く登場し、旧約聖書の後半にはその言行を伝える「預言書」が集められています）。イザヤは紀元前8世紀の人ですから、この救い主の名というのは700年の間イスラエルの中で受け継がれていたものでした。

▼

　ヨセフはマリアという女性（実際は〝少女〟といった方がふさわしい年齢だったと考えられます）と婚約していました。この時代のユダヤ人の婚約はほぼ結婚に等しいものだったようですが、二人が正式な夫婦になる前に、なんとマリアが妊娠していることが明らかになったというのです。婚前交渉など考えられない時代の話です。マタイ福音書は唐突に《聖霊によって身ごもっていることが明らかになった》と伝えていますが、『ルカによる福音書』には、マリアの方が自分の身に起こることについて天使から告げられるシーンがあります。そこを見てみましょう。

　《天使ガブリエルは……言った。「マリア、恐れることはない。あなたは神から恵みをいただいた。あなたは身ごもって男の子を産むが、その子をイエスと名付けなさい。その子は偉大な人になり、いと高き方の子と言われる。神である主は、彼に父ダビデの王座をくださる。……」マリアは天使に言った。「どうして、そのようなことがありえましょうか。わたしは男の人を知りませんのに。」天使は答えた。「聖霊があなたに降り、いと高き方の力があなたを包む。だから、生まれる子は聖なる者、神の子と呼ばれる。……神にできないことは何一つない。」マリアは言った。「わたしは主のはしためです。お言葉どおり、この身に成りますように。」そこで、天使は去って行った。》ルカ1：26−38

　マリアは、自分がお腹に子どもを宿すはずなどないと言います。当然です。しかし天使ガブリエルは、あなたは《いと高き方の子》＝「神の子」の母となると告げました。このイエスの誕生を予告する天使のお告げを**「受胎告知」**と言い、よく絵画のモチーフになっています。
　マタイの記事に戻りましょう。
　婚約者マリアの妊娠は自分には身に覚えのないことだったヨセフは、大変苦しんだはずです。当時の〝普通〟で考えればマリアは大きな過ちを犯した女性

▼

とみなされるわけで、このまま夫婦となって良いものか苦悩した挙句、彼はひそかに縁を切ろうと決心するのですが、天使が夢に現れ、マリアと、そしてお腹の子を受け入れるよう促します。こうして救い主イエスは、マリアを母、ヨセフを父として生まれてくることになります。

III. 招かれた人々 （マタイ2：1-12、ルカ2：1-21）

　その救い主の誕生について知り、会いに来た人たちがいました。マタイ福音書では、はるか東の方からやって来た**占星術の学者**が登場します。

　　《イエスは、ヘロデ王の時代にユダヤのベツレヘムでお生まれになった。そのとき、占星術の学者たちが東の方からエルサレムに来て、言った。「ユダヤ人の王としてお生まれになった方は、どこにおられますか。わたしたちは東方でその方の星を見たので、拝みに来たのです。」》マタイ2：1-2

　マタイ福音書は、ユダヤ人の救い主の誕生を最初に知ったのは**異邦人**（聖書においてユダヤ人以外の異民族を指す言葉）である東方の学者たちだとしています。これはイエスがユダヤ人だけではなく、すべての人のための救い主であること、そのことが世界中に宣べ伝えられていくことを暗示しています。ユダヤ人の歴史の中に生まれてきたメシア（救い主）を通して、神はすべての人を救いに招いているということです。このとき、占星術の学者たちは救い主が生まれたのがベツレヘムという町（地図6：F3）であるということまでわからなかったようです。そのため、まずユダヤ人の都であるエルサレム（地図6：F3）を訪れます。

　さて一方、ルカ福音書の方では、違った人々がやってきます。
　　《その地方で羊飼いたちが野宿をしながら、夜通し羊の群れの番をしていた。

▼

すると、主の天使が近づき、主の栄光が周りを照らしたので、彼らは非常に恐れた。天使は言った。「恐れるな。わたしは、民全体に与えられる大きな喜びを告げる。今日ダビデの町で、あなたがたのために救い主がお生まれになった。この方こそ主メシアである。あなたがたは、布にくるまって飼い葉桶の中に寝ている乳飲み子を見つけるであろう。これがあなたがたへのしるしである。」》ルカ2：8—12

　ルカ福音書には、ローマ皇帝が支配下に置いている地域の人口調査をしたということが書かれています。誰でも出身の町に行って登録しろというのですが、イエスの父ヨセフはパレスチナ（福音書の主な舞台で、地中海東岸の南寄りの地域、聖書では「カナンの地」と呼ばれます）南部、ユダヤ地方のベツレヘムの出身だったということでマリアを連れて、普段生活をしている北部のガリラヤ地方の村ナザレ（地図6：D3）からベツレヘムに赴きます。このときにはもう親戚もなかったのか泊まるところがないかれらは宿屋をはしごしますが、同じように登録に来た人々でいっぱいだったようです。最終的に身重のマリアが体を休めることができたのは、どこかの家の家畜小屋でした。そこでイエスは生まれたというのです。

　そこに導かれたのは**羊飼い**たちでした。かれらは夜通し羊の番をしていたということなのですが、住民登録に行かなくてよかったのでしょうか。どうやらかれらは人間の数に数えられていない存在だったようです。ところが、そういう人々に対して一番にイエスの誕生が告げられます。救い主は、そんな風に存在価値を認められないような貧しく、小さくされた人々のために生まれてきた、神はそのような人々を招いておられるとルカ福音書は言いたいようです。マタイとルカの福音書に描かれたこれらの場面は、キリストの誕生をお祝いするクリスマスの時期にページェントと言われる**降誕劇**でよく演じられる場面です。

　イエスの誕生についてマタイ福音書とルカ福音書は別の記事で伝えていますが、おそらく上述のようなそれぞれの意図があったものと思われます。それぞ

▼

れのイエスという人物（存在）についての考え方があったのでしょう。「福音書」というのはそういうもので、「どっちに書いてあることが本当なの？」という視点で読むべきものではないと言えます。

『マタイによる福音書』のイエス誕生の記事には続きがあります。

《ヘロデは……ベツレヘムとその周辺一帯にいた二歳以下の男の子を、一人残らず殺させた。》マタイ2：16

占星術の学者がユダヤの地を訪れたとき、当時その地方を治めていたヘロデ大王のもとを訪れます（その地位は地中海周辺一帯を支配していたローマ帝国から与えられていたものでしたが）。そこで学者たちが「ユダヤ人の王はどこにお生まれになりましたか？」と聞いたことからヘロデ大王は危機感を覚え、学者たちが生まれてきた子どもの居場所を突き止めたら、後から行って亡き者にしようと考えます。しかし、学者たちはイエスを見つけ出した後、「ヘロデのもとに帰るな」というお告げを受けたため、そのまま自分たちの国に帰ってしまいました。そこで怒ったヘロデ大王は、どの子かは特定できないものの、ベツレヘムという生まれた場所までは突き止めることができたため、その周辺一帯の男児たちを皆殺しにしたということです（イエスと両親は、天使のお告げによりエジプトに避難します）。

救い主の命と引き換えに、たくさんの子どもの命が犠牲になったと読める記事なのですが、これを皆さんどのように受け止められるでしょうか。「聖書」なのに、ひどい？　むしろ、これが「聖書」なのだと思います。「聖書」は単なる「きれい事」が書いてある書物ではありません。人間の汚いところ、弱いところがたくさん書いてある。その中で展開される物語は、「神が正しい人を探して救うお話」ではなく、「正しくない人間を神が何とかして救おうとするお話」です。そのために生まれてきたのが、イエス・キリストでした。そのイエスによって、

▼

あなたも救いに招かれていると聖書は告げています。

東方の博士たち──マギ

　少し前の翻訳では「博士」だったものが、『新共同訳』では「学者」と訳され、また最新の『聖書協会共同訳』では、再び「博士」と訳されています。この人たちを指す英語の単語が Magi（méɪdʒaɪ メイジャイ）ですが、この人たちが何人でやって来たかは聖書には書かれていません。ところが、いつしか3人と言われるようになり、更に伝承の中で名前を持つようになります。それが、**メルキオール**、**バルタザール**、**カスパール**です。これは『新世紀エヴァンゲリオン』というアニメに出てくる3台のスーパーコンピューターの名前ですが、その3台のコンピューターをセットで「マギ」と劇中では呼んでいます。

　また、オー・ヘンリーの短編小説「賢者の贈り物」の原題は「The Gift of the Magi.」で、この博士たちがモチーフになっています。

Ⅳ．活動の始まり

（マタイ3：1−17、マル1：1−11、ルカ3：1−22、ヨハネ1：19−34）

　こうして生まれてきた救い主は、やがて成人してユダヤの人々の前に姿を現します。『マルコによる福音書』には誕生物語はなく、ここから始まっていきます。

> 《神の子イエス・キリストの福音の初め。預言者イザヤの書にこう書いてある。
> 「見よ、わたしはあなたより先に使者を遣わし、／あなたの道を準備させよう。
> 荒れ野で叫ぶ者の声がする。『主の道を整え、／その道筋をまっすぐにせよ。』」
> そのとおり、洗礼者ヨハネが荒れ野に現れて、罪の赦しを得させるために悔い改めの洗礼を宣べ伝えた。》マルコ1：1−4

　イエスに先立って活動を始めたという洗礼者ヨハネに関する記事ですが、『マタイによる福音書』では3章1−12節、『マルコによる福音書』では1章1−

▼

8節、『ルカによる福音書』では3章1－9節、15－17節、『ヨハネによる福音書』では1章19－28節に同じような内容の記事があります。これを「並行箇所（記事）」と言い、『新共同訳聖書』では小見出しの下に該当する箇所が記載されます（何も書いてない場合は、その箇所はその福音書にしか書いてないエピソードということになります）。

　4つの福音書はすべてイエスに先んじて人々の前に姿を現したヨハネという人物について共通して語っています（ルカなどは、そのヨハネの誕生の次第から記しています）。彼は、"**悔い改めの洗礼（バプテスマ）**"を授けていたということなのですが、その出現は〝救い主の到来を告げる存在〟に関する預言の成就とみなされました。ヨハネは「救い主の登場を準備する者」であったのですが、そういう存在が救い主より前に現れるという預言がありました（旧約のブロックから続けて読んでいただいている方はおわかりですよね）。

　関連する旧約の箇所を挙げておきましょう。

　《呼びかける声がある。／主のために、荒れ野に道を備え／わたしたちの神のために、荒れ地に広い道を通せ。》イザヤ40：3

　《見よ、わたしは大いなる恐るべき主の日が来る前に預言者エリヤをあなたたちに遣わす。》マラキ3：23

　救い主の前に預言者**エリヤ**が現れるという旧約の預言があったというわけですが、このエリヤという人物については旧約の列王記上16章の終わりから列王記下2章の初めにかけて記されています（物語編5章Ⅱ参照）。この人は死なずに天に上げられたと、『列王記』の記事が解釈され、やがて救い主がやって来るとき、そのことを告げに先に姿を現すと言われるようになりました。新約ではこの預言が洗礼者ヨハネによって成就したと考えるわけです。

　ユダヤの荒れ野に現れ、ヨルダン川（地図9：E3）で人々に洗礼（バプテスマ）

▼

を授けていたというヨハネでしたが、彼のことをメシア（救い主）ではないかと考えた人々に対し、ヨハネは《わたしよりも優れた方が、後から来られる。わたしは、かがんでその方の履物のひもを解く値打ちもない。》（マルコ1：7）と言いました。

　そこにイエスが現れます。イエスが求めるままに、ヨハネがイエスに洗礼（バプテスマ）を授けると……。

> 《水の中から上がるとすぐ、天が裂けて〝霊〟が鳩のように御自分に降って来るのを、御覧になった。すると、「あなたはわたしの愛する子、わたしの心に適う者」という声が、天から聞こえた。》マルコ1：10−11

　これがイエスに対して神の子の認証がなされたと言われる出来事です。神が遣わしたメシアは「神の子」とも位置付けられる存在でした。そして、ここからイエスのメシアとしての活動が始まっていきます。（このイエスの洗礼については、ヨハネ福音書は触れていません。四福音書の中でやや独自の視点で記されたヨハネを除く3つ、マタイ、マルコ、ルカの福音書を**共観福音書**と呼びます。文書編《新約》四福音書の項参照）

洗礼（バプテスマ）

　「洗礼（バプテスマ）」は、現在、キリスト教の入信の儀式として知られており、「水に浸す」という意味のギリシア語「バプティゾー」に由来します。ユダヤ教でも改宗者に対し行われていたということですが、ヨハネはそれに〝悔い改め〟の意味を強く持たせ、ユダヤ人も含むすべての人を対象に呼びかけました。それは、「差し迫った神の怒り（マタイ3：7）」を前に、生き方を変えることを促すもので、緊迫感を伴った倫理的勧告であり、多くの人々に感化を与えます。イエスもこのヨハネの発想を共有し、自らも洗礼（バプテスマ）を受けると、しばらくは共に活動していたと見られます。

V．荒れ野の誘惑 （マタイ4：1-11、マルコ1：12-13、ルカ4：1-13）

　ヨハネから洗礼を受けたイエスはいよいよメシア（救い主）として歩みだしますが、その初めに〝荒れ野で悪魔から誘惑を受けた〟とマタイ、マルコ、ルカの福音書はこぞって告げています。一体どんな出来事だったのでしょう。

　　《さて、イエスは悪魔から誘惑を受けるため、〝霊〟に導かれて荒れ野に行かれた。そして四十日間、昼も夜も断食した後、空腹を覚えられた。すると、誘惑する者が来て、イエスに言った。「神の子なら、これらの石がパンになるように命じたらどうだ。」イエスはお答えになった。「『人はパンだけで生きるものではない。神の口から出る一つ一つの言葉で生きる』／と書いてある。」》マタイ4：1-4

　イエスは荒れ野で悪魔の誘惑を受け、それを退けるのですが、そこでイエスの武器となったのは〝神の言葉（聖書の言葉）〟でした。上記の箇所でイエスが引用しているのは、旧約聖書の『申命記』の言葉ですが、同じような形でさらに2つの誘惑にもイエスは打ち勝つのでした。

　　《次に、悪魔はイエスを聖なる都に連れて行き、神殿の屋根の端に立たせて、言った。「神の子なら、飛び降りたらどうだ。『神があなたのために天使たちに命じると、／あなたの足が石に打ち当たることのないように、／天使たちは手であなたを支える』／と書いてある。」イエスは、「『あなたの神である主を試してはならない』とも書いてある」と言われた。更に、悪魔はイエスを非常に高い山に連れて行き、世のすべての国々とその繁栄ぶりを見せて、「もし、ひれ伏してわたしを拝むなら、これをみんな与えよう」と言った。すると、イエスは言われた。「退け、サタン。『あなたの神である主を拝み、／ただ主に仕えよ』／と書いてある。」そこで、悪魔は離れ去った。》マタイ4：5-11

▼

　イエスはヨハネから洗礼を受け、ヨルダン川で神の子の認証を受けましたが、この悪魔の誘惑もメシアとしての通過儀礼のようなものであったようです。ユダヤ人の先祖イスラエル民族は、エジプト脱出後、荒れ野を40年旅しました（物語編3章参照）が、その間、決して神に従順ではありませんでした。それに対し、メシアであるイエスは神の言葉に対する従順さをもって悪魔を退けた……という解釈が考えられます。あるいは、人間が地上で出会う様々な誘惑を味わったということであり、神の子がその活動のはじめに知るべきであったものは、人間の弱さとそれに付け込む悪しき力の存在であったということなのかもしれません。

　この箇所は、後の出来事の布石になっているのですが、それはずっと先のお話です。

　この後、領主ヘロデ（ヘロデ大王の子、領主ヘロデ・アンティパス：以下ヘロデ）による洗礼者ヨハネの逮捕という出来事も関連して、イエスはユダヤの中心地エルサレムから遠く離れた、自身の出身地でもあるガリラヤを舞台に、ヨハネの活動を引き継ぐようにして、ついに公の活動を開始していくのです（マタイ4：12－17ほか）。

　《そのときから、イエスは、「悔い改めよ。天の国は近づいた」と言って、宣べ伝え始められた。》マタイ4：17

【対応する文書編】

▼

人物相関図
イエスの周辺（主にルカによる福音書の記述に基づく）　◆＝男性　◇＝女性

◆ダビデ
古代イスラエル王国の王。メシアはこの人の家系に生まれてくると信じられた。

子孫

◆ヨセフ
イエスの父にあたる。ダビデ王家の末裔とされ、ガリラヤ地方のナザレという町で大工をして生計を立てていた。

聖霊による妊娠

◇マリア
イエスの母。天使ガブリエルから男児を身ごもることを告げられる。エリサベトとは親戚にあたる。

親戚

◆ザカリア
洗礼者ヨハネの父。祭司の名門の家の出で、神殿での執務中に天使から妻の妊娠を告げられる。自分たち夫婦は高齢なのでありえないと言ったところ、不信仰を戒められ、ヨハネが産まれるまで口を利けなくされた。

◇エリサベト
洗礼者ヨハネの母。アロン家の女性で、かなり高齢になってからヨハネを身ごもった。これは夫であるザカリアに天使が告げたことであった。イエスの母マリアの親戚。

◆イエス
両親がベツレヘム滞在中に家畜小屋で誕生する。母マリアの胎内に聖霊によって宿った。幼少期や青年期についてはほとんど語られず、30歳を過ぎた頃、人々の前に姿を現し、「福音」を宣べ伝え始めた。

洗礼（バプテスマ）

◆洗礼者ヨハネ
イエスが現れる少し前、ヨルダン川で人々に「悔い改めの洗礼」を授け始める。多くの人の尊敬を集め、彼に従い弟子になる者も現れたが、自分の後からやってくる人こそ貴い方であり、自分は「その方の履物のひもを解く値打ちもない」と言った。

選任

◆十二使徒＝自分に従ってきた者の中からイエスが選んだ12人の弟子
①シモン（ペトロ）　②アンデレ　③ヤコブ（ゼベダイの子）　④ヨハネ　⑤フィリポ
⑥バルトロマイ　⑦マタイ（徴税人）　⑧トマス　⑨ヤコブ（アルファイの子）
⑩シモン（熱心党の）　⑪ユダ（ヤコブの子）、或いはタダイ　⑫ユダ（イスカリオテの）
※①と②が兄弟、③と④が兄弟（こちらはボアネルゲス「雷の子ら」という異名を持つ）

殺害を画策

◆ヘロデ大王
イエスが誕生した頃、ユダヤを統治していた人物。生粋のユダヤ人ではない。東方から訪れた占星術の学者が「ユダヤ人の王」の誕生を告げたことから生まれてくる子どもを殺そうとする。

第7章
イエスの宣教──神の国の福音

　　イエスのメシア（救い主）としての活動は、一人きりでなされたわけではありません。多くの人が〝弟子〟として、その後に従いました。一方で、すべての人にすんなりと受け入れられたわけでもありませんでした。イエスを慕う人、嫌う人──そんなイエスを取り巻く人々との出会いを、イエスの様々な言動と共に見ていきましょう。

Ｉ．最初の弟子たち

（マタイ4：18−22、マルコ1：16−20、ルカ5：1−11、ヨハネ1：35−42）

　　《イエスは、ガリラヤ湖のほとりを歩いておられたとき、二人の兄弟、ペトロと呼ばれるシモンとその兄弟アンデレが、湖で網を打っているのを御覧になった。彼らは漁師だった。イエスは、「わたしについて来なさい。人間をとる漁師にしよう」と言われた。》マタイ4：18−19

　　イエスの最初の弟子たちは**ガリラヤ湖**（地図6：C4）のほとりで出会った漁師たち──シモン（**シモン・ペトロ**という呼ばれ方で有名な人）と彼の兄弟アンデレ、そして別の兄弟ヤコブとヨハネでした。彼らはイエスに招かれるとすぐさま仕事を捨て、家族を残してイエスに従ったといいます。イエスのカリスマ性が際立つ記事ですが、この後、イエスには様々な職業や立場の人々が従うようになり、数々のエピソードを生んでいきます。

　　『ヨハネによる福音書』ではシモンとの出会いが違った形で記されています。

▼

《その翌日、また、ヨハネは二人の弟子と一緒にいた。そして、歩いておられるイエスを見つめて、「見よ、神の小羊だ」と言った。二人の弟子はそれを聞いて、イエスに従った。……二人のうちの一人は、シモン・ペトロの兄弟アンデレであった。彼は、まず自分の兄弟シモンに会って、「わたしたちはメシア——『油を注がれた者』という意味——に出会った」と言った。そして、シモンをイエスのところに連れて行った。イエスは彼を見つめて、「あなたはヨハネの子シモンであるが、ケファ——『岩』という意味——と呼ぶことにする」と言われた。》ヨハネ1：35−42

ずいぶんと違います。このようにヨハネ福音書はほかの3つと比べて記述も展開も独特です。シモンと「岩」とが結びつくエピソードはマタイ福音書にもありますが、それはもっと後で、重要な場面でもありますので、改めて触れます。

イエスが活動を始めて間もなくの様子が、次のように伝えられます。

《イエスはガリラヤ中を回って、諸会堂で教え、御国の福音を宣べ伝え、また、民衆のありとあらゆる病気や患いをいやされた。そこで、イエスの評判がシリア中に広まった。人々がイエスのところへ、いろいろな病気や苦しみに悩む者、悪霊に取りつかれた者、てんかんの者、中風の者など、あらゆる病人を連れて来たので、これらの人々をいやされた。こうして、ガリラヤ、デカポリス、エルサレム、ユダヤ、ヨルダン川の向こう側から、大勢の群衆が来てイエスに従った。》マタイ4：23−25

パレスチナ北部のガリラヤはイエスのホームグラウンドのように位置づけられるところで、ユダヤ人の都であるエルサレムから見れば、いわゆる〝地方〟に当たる土地でした。この地域から「神の国の福音」は広がっていきます。

▼

神の国の福音

　「神の国」は、イエスの活動の重要なキーワードでしたが、この言葉はもともと洗礼者ヨハネの活動と結びついていたようです。それを継承するようにして、イエスは《時は満ち、神の国は近づいた。悔い改めて福音を信じなさい》（マルコ1：15）と言って、自身の活動を始めます。

　「神の国」の接近は、ヨハネが主張した「差し迫った神の怒り」とも関係していました。これは、神が間もなく「世界の終わり」をもたらそうとしておられるということを意味していました。実にメシア（救い主）とは、この時を前に現れるべき存在でした。イエスたちユダヤ人の先祖、古代イスラエル民族は、異民族の支配を受ける中で民族の解放を実現する神のメシアの登場を待ち望むようになります（その過程が旧約聖書には描かれており、本書の「物語編《旧約》」ではその流れを追っています）。そこにはイスラエルの神の支配の確立、神の王国の樹立といったイメージがあったようですが、それに一部の預言者たちが見たという、神による〝裁きの日〟には世界の様相が変わるといった幻が絡み合い、メシア──神の国──世界の終わり（終末）が絶妙に（？）リンクした発想が生まれていったようです。そして、その待ち望んだ〝時〟が、いよいよやって来たという「良い知らせ（福音）」がイエスによってもたらされたと新約では信じるのです。

　このような背景を持ちながら語られたヨハネとイエスの「神の国」でしたが、共に「世界の終わり」が近いということを前提としつつも、必ずしも一致しないところがありました。それは、ヨハネが神の〝裁き〟を強調したとするなら、イエスは神の〝救い〟を語ったということであったと思います。そしてイエスは、当時のユダヤ人の間で救いから排除されているとみなされていた人々に近づきながら、それらの人々との間に、やがて来る「神の国」の先取りがあることを示していったのです。そこに、「分断」に抗う神の子の歩みがあったと言えるでしょう。

　そこではイエスの「教え」と「奇跡」が大きな意味を持っていました。イエスの語る言葉に胸を打たれた人。奇跡の力によって病気や障がいをいやされた人。そのような人々がイエスに従うようになり、その評判はパレスチナ各地に広まっていきます。

▼

「神の国」を宣べ伝えつつ、民衆を教えたイエスの活動（しばしば**「福音の宣教」**と呼ばれます）において重要な部分を占めていたイエスの「説教」は、それを聞いた人々に大変な衝撃を与えました。当時のユダヤ人たちの価値観を覆す〝革命的〟とも言えるその教えは、時代や文化を超えて私たちに語りかけてくる、一種の普遍性を持っています。

Ⅱ．汝の敵を愛せ （マタイ5：38−48、ルカ6：27−36）

《「あなたがたも聞いているとおり、『目には目を、歯には歯を』と命じられている。しかし、わたしは言っておく。悪人に手向かってはならない。だれかがあなたの右の頬を打つなら、左の頬をも向けなさい。》マタイ5：38−39

　イエスの教えの中でも、特に有名なものの一つです。

　「目には目を、歯には歯を」という言葉もご存じの方は多いと思います。これは旧約聖書の『出エジプト記』などにも書かれている言葉で、「同害報復」と呼ばれる古代オリエントに見られる価値観に基づく掟です。一般には「やられたらやり返せ！」という意味にとられることが多いのかもしれませんが、実際には「許されている報復（復讐）の程度」について定めたもので、「目を傷つけられたら相手の目を傷つけるところまではやり返してもいい。それ以上のことはしないように」ということです。これは、ユダヤ人たちが先祖から受け継いできた掟である「律法」にも定められていたことでした。「律法」は、旧約『出エジプト記』の主人公モーセを通じてイスラエル民族が神から授かったものですが（物語編3章Ⅲ参照）、ただ、イエスはその許されていることも放棄しなさいと言うのです。「律法で、ここまではしてもいいと言われているが、それもしないでおこうじゃないか」と。しかも、そこで終わりません。

▼

《「あなたがたも聞いているとおり、『隣人を愛し、敵を憎め』と命じられている。しかし、わたしは言っておく。敵を愛し、自分を迫害する者のために祈りなさい。あなたがたの天の父の子となるためである。父は悪人にも善人にも太陽を昇らせ、正しい者にも正しくない者にも雨を降らせてくださるからである。自分を愛してくれる人を愛したところで、あなたがたにどんな報いがあろうか。》マタイ5：43－46

　自分を傷つけた相手への報復を放棄するにとどまらず、「敵を愛せ」と言うのです。〝与えられた損害の分だけ、相手に損害を与えてもいい〟、というのと同じように、〝あなたが示してくれる愛の分だけ、私もあなたに愛を示します〟、ということが一般的なのだろうけれども、それに何の意味があるだろうかというイエスの問題提起です。旧約の律法を通じて神が人に求めていることにさらに一歩踏み込んだ教えであり、かなり極端に感じられるかもしれませんが、これもまた、人の間にある様々な「分断」に抗う神の子の挑戦を象徴するものでした。

　上記のエピソードを含む『マタイによる福音書』の5章から7章は、イエスの特徴的な教えの数々を集めた「説教集」のようなものです。3章にわたる長い説教という形をとるこの箇所は、宣教活動の初期に山の上から民衆に語られたものとされ、一般に「山上の説教（山上の垂訓）」と呼ばれます。
　このような「教師」としての一面も持っていたイエスの活動でしたが、その立ち位置は、常に民衆に近いところにあったと言えます。

　《イエスは町や村を残らず回って、会堂で教え、御国の福音を宣べ伝え、ありとあらゆる病気や患いをいやされた。また、群衆が飼い主のいない羊のように弱り果て、打ちひしがれているのを見て、深く憐れまれた。》マタイ9：35－36

　一方で、当時のユダヤ教の指導者たちにはイエスの教えはユダヤの伝統を破

壊するものとしか思えず、さらには自分たちの立場を危うくするものと映った
こともあり、イエスに対する反感を募らせていくのでした。

Ⅲ. 休ませてあげよう （マタイ11：25−30、ルカ10：21−22）

《疲れた者、重荷を負う者は、だれでもわたしのもとに来なさい。休ませてあ
げよう。》マタイ11：28

　これも有名なイエスの言葉ですが、もともとはユダヤ人の掟である「律法」
が民衆にとって重荷となっていたことを指しています。イエスは、先のエピ
ソードのように律法の背後にある、神が人間に求めていることを追求する一方、
当時のユダヤ人たちの宗教的指導者たちが形式ばかりを重んじ、その遵守を
人々に強いることで、律法を〝重荷〟にしてしまっている状況を批判したので
す。神から授かったものさえ人を苦しめるものにしてしまえる人間の〝罪〟を
思わざるを得ませんが、その状況に苦しむ人々をイエスは招き、解放を告げる
のでした。ただ、そこには律法遵守を重んじる人々との深刻な衝突が生じてい
きます。それはある意味、人が真に解放されることを目指していく過程で、神
の子が敢えて引き受けた「分断」であったように思えます。

Ⅳ. 安息日論争 （マタイ12：1−8、9−14、マルコ3：1−6、ルカ6：6−11）

　イエスと律法遵守を重んじる人々とが衝突したきっかけの一つに「安息日」
をめぐる論争がありました。ユダヤ人は週の7日目を**「安息日」**と呼び、一切
の労働をやめ、休息する日としています。旧約『創世記』冒頭の天地創造の記
事において神が6日で世界を創造した後、7日目に休んだことに由来していま

すが（物語編１章Ⅰ参照）、この習慣は **「バビロン捕囚」** 以後、ユダヤ人の民族的
アイデンティティにとって重要な要素となりました（物語編５章Ⅴ参照）。その安
息日の出来事です。

《そのころ、ある安息日にイエスは麦畑を通られた。弟子たちは空腹になった
ので、麦の穂を摘んで食べ始めた。ファリサイ派の人々がこれを見て、イエ
スに、「御覧なさい。あなたの弟子たちは、安息日にしてはならないことをし
ている」と言った。》マタイ12：1−2

　イエスと弟子たちは移動中でした。その途中、他人の畑で麦の穂を摘んで食
べ……。それは窃盗では？　と、そちらを問題にされるかも知れませんが、こ
れは合法です。ユダヤの律法では、畑を通っている間にお腹が空いていれば、
手で麦の穂を取って食べるのは問題ないとされていました。では、何が問題な
のかと言いますと、ファリサイ派の人々（詳細は後述）が問題視したのは、「麦
の穂を手で揉んで、殻をとる」という行為だったようです。これは〝脱穀〟で
あり労働だから、安息日にはしてはいけないというわけです。
　それに対してイエスは旧約に記されたダビデのエピソードをとり上げて、ダ
ビデも空腹のときには厳密には律法を守ってはおらず、いついかなるときも律
法を厳守することより、人の命の方が大事だろうということを言いました。

《そこで、イエスは言われた。「ダビデが自分も供の者たちも空腹だったとき
に何をしたか、読んだことがないのか。神の家に入り、ただ祭司のほかには、
自分も供の者たちも食べてはならない供えのパンを食べたではないか。》マタ
イ12：3−4

　この出来事に関するマルコ福音書の並行箇所は、面白い言葉を残しています。

▼

《安息日は、人のために定められた。人が安息日のためにあるのではない。》
マルコ2：27

正論だと思います。

ユダヤ人たちの先祖、イスラエル民族の王国が新バビロニア帝国という大国に滅ぼされて、王様をはじめとする主だった人々がバビロニアの都バビロンに強制連行されたという世界史上の出来事を「バビロン捕囚」と言います。世界史の教科書にも出ている出来事ですが、旧約のブロックでは、この捕囚の経緯についても扱っています。この期間に捕囚にあったイスラエル民族の生き残りの人々は、いわゆるユダヤ教の基礎を作っていきます。それは、自分たちの祖国が滅びたのは、神から授かった貴い掟である律法をないがしろにしてしまったことへの神の裁きだったのだという深い反省に基づくものでした。その反省──〝悔い改め〟──から生じた〝律法を大事にしよう〟という姿勢が、これ以降のユダヤ人の民族的アイデンティティの構築と維持に大きな影響を与えていきます。しかし、その姿勢は良かったと思えるものの、時代が経つに連れて、過激な方向に〝行き過ぎ〟てしまったことから、神から授かったはずの律法が、かえって人を苦しめるものとなってしまっていました。

安息日には、「会堂（シナゴーグ）」で集会をすることが捕囚を経験して以降のユダヤ人の習慣で、イエスもそれは重んじました。ある安息日、そこに手の不自由な人がいました。

《イエスはそこを去って、会堂にお入りになった。すると、片手の萎えた人がいた。人々はイエスを訴えようと思って、「安息日に病気を治すのは、律法で許されていますか」と尋ねた。》マタイ12：9－10

▼
117

　イエスと対立していた人々は悪意を持ってイエスに近づいたようです。訴え
ようと思っていたということですから、イエスはその人を見たら手を治してし
まうだろうと予想していたのでしょう。それで予想どおりのことが起こったら、
「それは医療行為で、労働だ」とイエスを訴えようという作戦でした。そういう
中で、イエスは言います。

　　《「あなたたちのうち、だれか羊を一匹持っていて、それが安息日に穴に落ち
　　た場合、手で引き上げてやらない者がいるだろうか。人間は羊よりもはるか
　　に大切なものだ。だから、安息日に善いことをするのは許されている。」》マ
　　タイ12：11－12

　こうしてイエスは手の不自由な人をいやしてしまいます。この場面のマルコ
福音書の並行箇所を見ますと、《安息日に律法で許されているのは、善を行うこ
とか、悪を行うことか》（マルコ3：4）と、これが本来の律法に込められている
神の意思ではないかと言います。そういう意味で、この人を苦しみから解放す
るのは〝安息日にこそ〟なされるべきことであるとイエスは教えます。

V．悪霊の仲間イエス

（マタイ12：22－32、マルコ3：20－30、ルカ11：14－23、12：10）

　　《そのとき、悪霊に取りつかれて目が見えず口の利けない人が、イエスのとこ
　　ろに連れられて来て、イエスがいやされると、ものが言え、目が見えるよう
　　になった。群衆は皆驚いて、「この人はダビデの子ではないだろうか」と言っ
　　た。しかし、ファリサイ派の人々はこれを聞き、「悪霊の頭ベルゼブルの力に
　　よらなければ、この者は悪霊を追い出せはしない」と言った。イエスは、彼
　　らの考えを見抜いて言われた。「どんな国でも内輪で争えば、荒れ果ててし

▼

まい、どんな町でも家でも、内輪で争えば成り立って行かない。サタンがサ
タンを追い出せば、それは内輪もめだ。そんなふうでは、どうしてその国が
成り立って行くだろうか。わたしがベルゼブルの力で悪霊を追い出すのなら、
あなたたちの仲間は何の力で追い出すのか。だから、彼ら自身があなたたち
を裁く者となる。しかし、わたしが神の霊で悪霊を追い出しているのであれ
ば、神の国はあなたたちのところに来ているのだ。》マタイ12：22−28

　このように、イエスの奇跡は「悪霊の頭」の力によるとすらみなされました。
「ファリサイ派の人々」がイエスのことを悪霊の仲間であるかのようにみなして
いますが、仮にそうであるならイエスの悪霊追放は内輪もめではないかとイエ
スは言います（これも正論ですね）。このような論理が破綻していると言わざるを
得ない批判を述べてまでも、頑なにイエスを受け入れようとしない人々とイエ
スは繰り返し衝突します。

　福音書には、主に次のような人々とイエスとの対立が描かれます。

ファリサイ派

　もとは下層民により形成されたグループでしたが、後に貴族、祭司などの上
層階級にも進出し、ユダヤ教の主流になりました。成文化された律法だけでな
く、口伝えの教えにも同等の価値を認め、それらをすべて守るよう教えたとい
います。安息日のほか、割礼、食物規定などの律法を重んじました。このファ
リサイ派とセットになって出てくるのが〝**律法学者**〟ですが、律法を生活に適
用させていくための解釈を施した人々です。「安息日を守りなさい。働いてはな
らない」という掟があったとして、何が労働なのかというのを決めるのがこの
学者たちの仕事であったようです。していいこと、悪いこと、それに一日に歩
いていい距離など、そういうところまで決まっていたと言います。

▼

サドカイ派

　神殿に仕える祭司が中心の貴族階級的なユダヤ教の一派で、ファリサイ派とは主導権を争っていました。口伝律法の権威を認めないという立場です。これは、書かれているものしか律法ではないという言い方なのですが、特にユダヤ人たちが「律法（トーラー）」と呼ぶ文書、つまり旧約聖書の最初の５巻（「モーセ五書」）の内容から読み取れることだけが律法であり、信じるに値するという考え方をします。そこでは、ファリサイ派と立場が違うところもあります。代表的なのは、サドカイ派は〝死者の復活〟を信じないということです。モーセ五書には、死者が復活することがあり得ると解釈できる記述がないというわけです。ファリサイ派は復活を信じるのですが、そのようなかみ合わないところがありながらも、イエスを排除すべしという点に関しては一致していきます。

　イエスはこれらの人々の形式主義に陥っているような信仰のあり方や、自分たちの既得権益を守るのに熱心であったりする態度を**「偽善」**と痛烈に批判するのでした。

　この「ベルゼブル論争」と呼ばれるエピソードのマルコ版の冒頭には、興味深い記述があります。

　　《身内の人たちはイエスのことを聞いて取り押さえに来た。「あの男は気が変になっている」と言われていたからである。》マルコ3：21

　このような身内の動きもあったということです。また、イエスの近しい人々のこんな発言も残っています。

　　《この人は大工の息子ではないか。母親はマリアといい、兄弟はヤコブ、ヨセフ、シモン、ユダではないか。》マタイ13：55

▼

　イエスのことを子どもの頃からよく知っている人々は、メシア（救い主）としての活動を始めたイエスに戸惑いを禁じ得ないという場面です。

　メシアとして歩むイエスに対する無理解というのは、このように様々な形で表れていました。

　そんな中、イエスが近づき共に生きたのは、この世で虐げられている人や差別されている人、いろいろな生きづらさを背負わされている人々でした。「律法を守って生きる」ということは大切であったとしても、「生きる」ということのために律法を守ることができない人もいる。けれど、そのような人々は**「罪人」**と呼ばれました。それはいくつかの職業にも適用されたと言います（例えば、羊飼い！）。また、病気の人や障がいを持った人についても、それは神の罰を受けているとの理解から、やはり「罪人」とみなされることもあったようです。そのような人々を生み出し、周辺に追いやりながら成立している当時のユダヤ社会の歪みのようなものにイエスは挑戦していると言えます。そんなイエスの姿に、この世で弱くされた人々と、〝神は共におられる〟ということを感じ取った人々がいました。そして、彼をメシアと信じた。一方で、それが神の御心であるということを理解できない人々もいました。古い価値観、古い体制に縛られている、あるいはしがみついている人々、特にその中で恩恵を受けている人々などがイエスを邪魔に思い始めるのでした。

Ⅵ. 選ばれし者たち （マタイ10：1−4、マルコ3：13−19、ルカ6：12−16）

　イエスに対し敵意、そして殺意を募らせていく人々がいる中、イエスを支持し、従う人々も多くいました。その中からイエス自身が選んだ12人の選抜メンバーがいたというのです。そのイエスが選んだ12人のことを**「使徒」**と呼びます。

《イエスは十二人の弟子を呼び寄せ、汚れた霊に対する権能をお授けになった。汚れた霊を追い出し、あらゆる病気や患いをいやすためであった。十二使徒の名は次のとおりである。まずペトロと呼ばれるシモンとその兄弟アンデレ、ゼベダイの子ヤコブとその兄弟ヨハネ、フィリポとバルトロマイ、トマスと徴税人のマタイ、アルファイの子ヤコブとタダイ、熱心党のシモン、それにイエスを裏切ったイスカリオテのユダである。》マタイ10：1－4

　この時点ですでに当たり前のことのように記されている情報が、その中に「裏切り者」がいたということです。マルコ福音書、ルカ福音書の並行箇所にも12人の名簿があるのですが、一度見比べてみていただければと思います。109ページの【人物相関図】にも書いておきましたが、若干の違いがあります。人物相関図の方はルカがベースです。
　使徒たちの背景について、何人か補足しておきましょう。
　一人は、「徴税人マタイ」です。彼の職業である「徴税人」は、関税を取り立て、ローマ帝国に納めた人たちのことです。規定の額以上に集められた分は自分のものになったので、うまくやって私腹を肥やす人もいたといいます。それに、異邦人との接触を嫌うユダヤ人の間ではローマに協力している汚れた者とみなされ、軽蔑されたそうです。このような「嫌われ者の輩」とイエスは仲良くしたということが伝えられており、マタイを弟子にしたところでもその付き合いを批判する人がいたことが描かれています。
　次に、「熱心党のシモン」。熱心党というのは、唯一神ヤハウェ（旧約聖書におけるイスラエル民族の神の名とされるもので、いわゆる「聖書の神」のことです。物語編3章III参照）以外の主権を認めない立場からローマの支配に反抗した一派とされます。ユダヤ人の反ローマ闘争において中心となった急進派の一つであり、使徒にはなかなか過激な人もいたと言えます。
　しかし、今、紹介した2人が弟子として一緒に、しかも特別近い関係の中にいることは考えてみると不思議です。かたやローマと結びついて生活してきた

人間。かたや反ローマに燃える武闘派であったというわけですから。本来、一緒に何かをやれる間柄ではないように思えます。でも、このような立場の違う者を共にいさせることのできる求心力のようなものがイエスという人にはあったのでしょう。

この12人たちと共に行われた、ある有名な奇跡があります。

《イエスは……舟に乗ってそこを去り、ひとり人里離れた所に退かれた。しかし、群衆はそのことを聞き、方々の町から歩いて後を追った。イエスは舟から上がり、大勢の群衆を見て深く憐れみ、その中の病人をいやされた。夕暮れになったので、弟子たちがイエスのそばに来て言った。「ここは人里離れた所で、もう時間もたちました。群衆を解散させてください。そうすれば、自分で村へ食べ物を買いに行くでしょう。」イエスは言われた。「行かせることはない。あなたがたが彼らに食べる物を与えなさい。」弟子たちは言った。「ここにはパン五つと魚二匹しかありません。」イエスは、「それをここに持って来なさい」と言い、群衆には草の上に座るようにお命じになった。そして、五つのパンと二匹の魚を取り、天を仰いで賛美の祈りを唱え、パンを裂いて弟子たちにお渡しになった。弟子たちはそのパンを群衆に与えた。すべての人が食べて満腹した。そして、残ったパンの屑を集めると、十二の籠いっぱいになった。食べた人は、女と子供を別にして、男が五千人ほどであった。》
マタ14：13－21

俗に「五千人の給食」と呼ばれる奇跡で、マルコ6章30－44節、ルカ9章10－17節、ヨハネ6章1－14節に並行記事があります。パン5つと魚2匹で5000人以上の人が満腹し、しかも、残ったパンくずを集めると12籠もあったというお話です。

イエスが分け与えるものを皆で受けたとき、わずかなものでも誰もが満腹で

きたというのです。こういう風に言うと、心理的なことを言っているような感じもしてしまいます。本当に〝満腹〟したのか、それとも〝満足〟しただけなのでしょうか。聖書には〝満腹〟したとあります。そしてさらに驚いたことに、残ったパンくずが12籠あったというのです。どんな大きさの籠だったかはわかりませんが、もともとの五つよりは増えているのでしょう。イエスの呼びかけに12人の弟子たちが参加すると、それがさらに大きな実りをもたらすというように解釈できます。

　この奇跡について興味深いのは、四福音書のすべてに記されているということです（こういう記事は案外少ないのです）。それだけこの出来事に大きな意味が見出されていたということでしょう。誰もがお腹一杯食べられるということに、「神の国」が実感されたということではないでしょうか。

　さて、続く大きな出来事は、その12人の一人ペトロによる信仰告白です。

VII. 〝天の国〟の鍵 (マタイ16：13−20)

《イエスは、フィリポ・カイサリア地方に行ったとき、弟子たちに、「人々は、人の子のことを何者だと言っているか」とお尋ねになった。弟子たちは言った。「『洗礼者ヨハネだ』と言う人も、『エリヤだ』と言う人もいます。ほかに、『エレミヤだ』とか、『預言者の一人だ』と言う人もいます。」イエスが言われた。「それでは、あなたがたはわたしを何者だと言うのか。」シモン・ペトロが、「あなたはメシア、生ける神の子です」と答えた。すると、イエスはお答えになった。「シモン・バルヨナ、あなたは幸いだ。あなたにこのことを現したのは、人間ではなく、わたしの天の父なのだ。わたしも言っておく。あなたはペトロ。わたしはこの岩の上にわたしの教会を建てる。陰府の力もこれに対抗できない。わたしはあなたに天の国の鍵を授ける。あなたが地上でつ

▼

なぐことは、天上でもつながれる。あなたが地上で解くことは、天上でも解かれる。」それから、イエスは、御自分がメシアであることをだれにも話さないように、と弟子たちに命じられた。》マタイ16：13−20

　「人々は、わたしを何者と言っているか」というイエスの問いへの返答という形をとりますが、多くの人がイエスをヨハネだ、エリヤだ、エレミヤだと、つまりは人間の預言者の再来だとみなしているところにペトロは、「あなたはメシア、生ける神の子です」と答えます。これはイエスについての真実をとらえた言葉であり、メシア（救い主）であり、神の子であるイエスに対する信仰がペトロの中に生じていることの証でした。ペトロは、彼の信仰の告白をイエスによって引き出されたと言えます。また、この出来事の舞台となった町が、ローマ皇帝やギリシア神話の神々のための神殿があったところであることも大きな意味がありそうです（地図6：B4）。

　「ペトロ」は、ギリシア語で「岩」を意味する言葉「ペトロス」に由来する呼び名ですが、これはイエスが彼につけた〝あだ名〟のようなものです。本名のように思われているところもありますが、本名はシモン（ヘブライ語でシメオンと呼ばれるところもあります。シモンはギリシア語読み）です。イエスたちの日常語であったと思われるアラム語で「岩」は**「ケファ」**と言いますが、ペトロがそのように呼ばれているところもあります（先に出てきたヨハネ福音書1章の記事のほか、ガラテヤの信徒への手紙2章など）。そのペトロの信仰告白に対するイエスの応答が、《あなたはペトロ。わたしはこの岩の上にわたしの教会を建てる。……わたしはあなたに天の国の鍵を授ける》（マタイ16：18−19）というものでした。

　ここでペトロは**「天の国（神の国）の鍵」**を授かったというわけですが、イエスはかつてファリサイ派の信仰のあり様に対して、《あなたたち偽善者は不幸だ。人々の前で天の国を閉ざすからだ。自分が入らないばかりか、入ろうとする人をも入らせない》（マタイ23：13）と言ったとマタイ福音書は伝えています。ファリサイ派が天の国の扉の開け閉めを担っている、すなわち救われるか否かを判

▼

断できるのはかれらであると思われていたことがうかがえる言葉です。しかし、本当の天の国の鍵は、ファリサイ派ではなくイエスの教えにあったとマタイ福音書は言いたいのでしょう。

　このイエスの言葉はマタイ福音書だけが伝えているのですが、実際にペトロは後の教会の中心人物となりました（彼の殉教の地であるローマの司教が**教皇**と呼ばれ、ペトロの後継者にしてカトリック教会の最高指導者となります）。ペトロが特別視されていたことがうかがえる場面ですが、しかし彼はこの後、とんでもないことをしでかしてしまいます。

　このペトロの信仰告白を契機とするように、イエスがあることを言い出します。

VIII. 死と復活の予告 （マタイ16：21−28、マルコ8：3−9：1、ルカ9：22−27）

　　《イエスは、御自分が必ずエルサレムに行って、……多くの苦しみを受けて殺
　　され、三日目に復活することになっている、と弟子たちに打ち明け始められ
　　た。》マタイ16：21

　エルサレムで自分は必ずユダヤの宗教的指導者たちに殺されるというのですが、その言葉を理解できないペトロはイエスをいさめ、《主よ、とんでもないことです。そんなことがあってはなりません》（マタイ16：22）と言います。その一見、イエスを思っているような言葉の中に、果たすべき神の子の使命から自分を遠ざけようとする者の存在をイエスは見ていました。かつて出会った「誘惑する者」＝サタンがそこにいたというわけです。

　　《イエスは振り向いてペトロに言われた。「サタン、引き下がれ。あなたはわたし
　　の邪魔をする者。神のことを思わず、人間のことを思っている。」》マタイ16：23

　この直前、ペトロはその信仰告白をイエスから認められ、天の国の鍵を預けられもしたわけですが、ここでは悪魔呼ばわりされてしまいます。ここはペトロや彼の上に建てられるという教会がどんなに神や神の子に近いものであっても、地上に存在する限り常に悪をはらむ可能性を持っているということを示唆しているように思います。そのようなことを踏まえつつイエスは、《わたしについて来たい者は、自分を捨て、自分の十字架を背負って、わたしに従いなさい》（マタイ16：24）と言います。

　天の国の鍵を授けられたペトロに加え、さらにもう２人、特別イエスの近くにいることを許された弟子たちがいました。先の出来事から６日後、その３人は、不思議な光景を目撃することになります。

IX. 変容 （マタイ17：1-13、マルコ9：2-13、ルカ9：28-36）

《六日の後、イエスは、ペトロ、それにヤコブとその兄弟ヨハネだけを連れて、高い山に登られた。イエスの姿が彼らの目の前で変わり、顔は太陽のように輝き、服は光のように白くなった。見ると、モーセとエリヤが現れ、イエスと語り合っていた。ペトロが口をはさんでイエスに言った。「主よ、わたしたちがここにいるのは、すばらしいことです。お望みでしたら、わたしがここに仮小屋を三つ建てましょう。一つはあなたのため、一つはモーセのため、もう一つはエリヤのためです。」ペトロがこう話しているうちに、光り輝く雲が彼らを覆った。すると、「これはわたしの愛する子、わたしの心に適う者。これに聞け」という声が雲の中から聞こえた。弟子たちはこれを聞いてひれ伏し、非常に恐れた。》マタイ17：1-6

▼

　ペトロ、ヤコブ、ヨハネだけを連れてイエスは山に登ります。そこでイエスの姿が変わります（「イエスの変容」「イエスの変貌」と言われます）。そのとき、2人の人物が現れました。モーセとエリヤです。モーセは旧約の**律法**を、エリヤは**預言者**を象徴する存在です。〝律法と預言者〟という言い方で〝旧約聖書全体〟を表すことがあるのですが、イエスはそれらを超えた〝神の子〟であり、その語ることを聞くべきであることが示されたという場面です。そして、洗礼者ヨハネがエリヤの再来であること、つまりはイエスが旧約で預言されていた約束のメシア（救い主）であることを弟子たちは悟らされました（物語編6章参照）。

　《「……言っておくが、エリヤは既に来たのだ。人々は彼を認めず、好きなようにあしらったのである。人の子も、そのように人々から苦しめられることになる。」そのとき、弟子たちは、イエスが洗礼者ヨハネのことを言われたのだと悟った。》マタイ17：12－13

　ガリラヤに始まった、「神の国の福音」を宣べ伝えるイエスと弟子たちの旅は、4つの福音書で四者四様の描かれ方をしますが、いずれも最終的にはユダヤ人の都**エルサレム**を目指します。共観福音書では、その前に2度目、3度目の死と復活の予告がなされます。

　《イエスはエルサレムへ上って行く途中、十二人の弟子だけを呼び寄せて言われた。「今、わたしたちはエルサレムへ上って行く。人の子は、祭司長たちや律法学者たちに引き渡される。彼らは死刑を宣告して、異邦人に引き渡す。人の子を侮辱し、鞭打ち、十字架につけるためである。そして、人の子は三日目に復活する。」》マタイ20：17－19（マルコ10：32－34、ルカ18：31－34）

　イエスの覚悟のようなものに触れる使徒たちでしたが、それが十分に理解されているとは言い難い状況が続けて描かれます。

▼

Ⅹ．いちばん偉いのは （マタイ20：20-28、マルコ10：35-45）

《そのとき、ゼベダイの息子たちの母が、その二人の息子と一緒にイエスのところに来て、ひれ伏し、何かを願おうとした。イエスが、「何が望みか」と言われると、彼女は言った。「王座にお着きになるとき、この二人の息子が、一人はあなたの右に、もう一人は左に座れるとおっしゃってください。」イエスはお答えになった。「あなたがたは、自分が何を願っているか、分かっていない。このわたしが飲もうとしている杯を飲むことができるか。」二人が、「できます」と言うと、イエスは言われた。「確かに、あなたがたはわたしの杯を飲むことになる。しかし、わたしの右と左にだれが座るかは、わたしの決めることではない。それは、わたしの父によって定められた人々に許されるのだ。」ほかの十人の者はこれを聞いて、この二人の兄弟のことで腹を立てた。》
マタイ20：26-27

　マルコ福音書の並行箇所では、ゼベダイの子たち自身の願いとして描かれますが、マタイは後の教会の柱として活躍したヤコブとヨハネに気を遣って母親を登場させたのではないかと言われています。いずれにしても、イエスが地上の王様になるという〝誤解〟があったというのがポイントです。ユダヤ人のメシア（救い主）が、民族解放の英雄としてとらえられていたことが背景にありますが、十字架を目の前にした状況にあって使徒の中にも（12人、皆！）、「イエスは〝王様〟になるのだ、そうしたら自分たちはその側近として引き立ててもらおう」という思いがあったようです。
　弟子たちの的外れな期待とは裏腹に、イエスの前には大きな苦しみが待ち受けているということが言われています。「杯」というのは〝避けようのない苦難〟といった意味で使われる言葉ですが、それを弟子たちが「飲めます」と言っているのは、やはり安易というか、本当のことがわかっていないという感じがしてしまいます。その言葉にイエスは「確かに」と言いますが、確かにヤ

▼
129

コブたちもいずれ教会が受ける迫害の中で苦難の杯を飲むことになります。しかし、彼ら（と、その母）がこのときに願っていたことは、まったく見当違いのことでした。そこで結局、二人だけではなく、ほかの10人も「抜け駆けはズルい！」という感じで騒ぎ出したので、イエスは弟子たちを諭したということです。イエスが成し遂げようとしていることをまだ理解できない使徒に対し、イエスは次のように教えます。

《そこで、イエスは一同を呼び寄せて言われた。「あなたがたも知っているように、異邦人の間では支配者たちが民を支配し、偉い人たちが権力を振るっている。しかし、あなたがたの間では、そうであってはならない。あなたがたの中で偉くなりたい者は、皆に仕える者になり、いちばん上になりたい者は、皆の僕（しもべ）になりなさい。」》マタイ20：25－27

この教えに続け、イエスは自分がやって来た意味について語るのでした。

《人の子が、仕えられるためではなく仕えるために、また、多くの人の身代金として自分の命を献げるために来たのと同じように。》マタイ20：28

なお近しい弟子たちの間にも悟りと無理解が共存しています。傍目には準備万端整ったとは見えませんが、〝時〟は来ました。イエスは目指す場所に近づいていきます。

【対応する文書編】

『マタイによる福音書』 235 ページ
『マルコによる福音書』 234 ページ
『ルカによる福音書』 237 ページ
『ヨハネによる福音書』 238 ページ

▼

地図7　イエス時代のエルサレム（後30年頃）

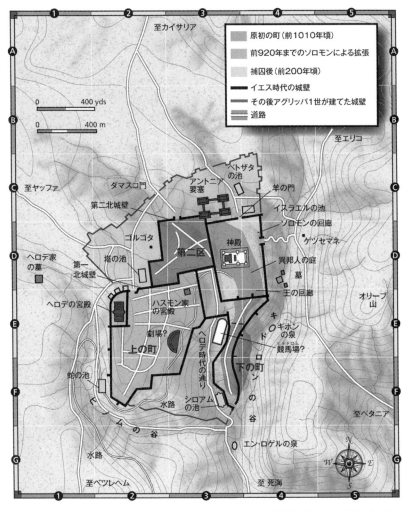

凡例：
- 原初の町（前1010年頃）
- 前920年までのソロモンによる拡張
- 捕囚後（前200年頃）
- イエス時代の城壁
- その後アグリッパ1世が建てた城壁
- 道路

至カイサリア
至エリコ
至ヤッファ
ダマスコ門
アントニア要塞
ベトザタの池
羊の門
イスラエルの池
第二北城壁
ソロモンの回廊
ゴルゴタ
神殿
ゲツセマネ
塔の池
第二区
異邦人の庭
墓
ヘロデ家の墓
第一北城壁
王の回廊
オリーブ山
ヘロデの宮殿
ハスモン家の宮殿
キドロンの谷
ギホンの泉
劇場?
ヘロデ時代の通り
競馬場?
上の町
蛇の池
下の町
水路
シロアムの池
至ベタニア
水路
エン・ロゲルの泉
至ベツレヘム
至死海

0　400 yds
0　400 m

第8章
イエスの受難──新しい契約

　この章のテーマは「イエスの受難」です。イエスが十字架の死を迎えるに際し受けた苦しみを**「受難」**と言いますが、英語でPassionと言います。様々な芸術作品の主題となっていますが、このままのタイトルの映画もあります。イエスの生涯を描いたものですが、イエスが十字架にかけられるシーンの生々しさが話題になりました。少なくとも作り手の中には、そこまでして表現したい何かがあったのだろうと思います（これから読んでいただくところで、その気持ちが少しわかっていただけるかもしれません）。音楽では『マタイ受難曲』といった作品があります。バッハのものなどが有名です。

　4つの福音書はすべて、この「受難」というテーマを含んでいます。福音書ではイエスがどんな生まれ方をしたかに興味を持っているのはマタイとルカだけですが、どんな死に方をしたかは4つの福音書全部で語られています。初期の教会においては、「イエスの死」に強い関心が寄せられていたということがわかります。

Ⅰ．エルサレム入城
（マタイ21：1−11、マルコ11：1−11、ルカ19：28−40、ヨハネ12：12−19）

《ろばと子ろばを引いて来て、その上に服をかけると、イエスはそれにお乗りになった。……群衆は、イエスの前を行く者も後に従う者も叫んだ。「ダビデの子にホサナ。主の名によって来られる方に、祝福があるように。いと高きところにホサナ。」》マタイ21：7−9

　イエスと弟子たちは、ガリラヤから始まって、ユダヤ地方の各地、時には異邦人の土地に入ったりもしながら「神の国」について宣べ伝えてきました。そのルートというのは福音書によって違うのですが、旅の最終目的地がユダヤ人

の都、エルサレムであったという点では共通しています。そして、そのエルサレムで何が起こるかをイエスはあらかじめ知っていたと福音書記者たちは言います。

　イエスのエルサレムへの歩みは、その地上の生涯を終える場所へと向かう旅路であったわけですが、**エルサレム入城**と呼ばれるイエスがエルサレムに入ったときの様子は、王の凱旋のようにも見えるものでした。ただ、そのときイエスは**ろば**に乗っていたといいます。これは旧約の**ゼカリヤ書9章9節から10節**の預言の成就とみなされます。

　《娘シオンよ、大いに踊れ。娘エルサレムよ、歓呼の声をあげよ。見よ、あなたの王が来る。彼は神に従い、勝利を与えられた者／高ぶることなく、ろばに乗って来る／雌ろばの子であるろばに乗って。わたしはエフライムから戦車を／エルサレムから軍馬を絶つ。戦いの弓は絶たれ／諸国の民に平和が告げられる。彼の支配は海から海へ／大河から地の果てにまで及ぶ。》ゼカリヤ
　9：9−10

　ここには「平和の王の到来」というイメージが見られます。「馬」ではなく「ろば」に乗っていたというのが面白いと思うのですが、これがメシア（救い主）のイメージの一つとして伝承されていたのです。〝強さ〟ではなく〝弱さ〟を帯びた救い主とでも言うべき神秘的なイメージを感じます。ところが、当時イエスに対して〝強い王〟を期待した人にとってはイエスのこのような姿や、そもそもイエスの語る「神の国」には失望を禁じ得ないものがあったとも考えられます。ただ、少なくともイエスがエルサレムに入ったその時点では、人々は大変な熱狂に包まれていました。このときエルサレムには、「過越」という重要なお祭りのために各地から大勢のユダヤ人が集まっていたのです。（過越とイエスの受難の関係は51ページ参照）

　ここから十字架の死に向かうイエスの一週間が始まりますが、その間の主な

▼
133

出来事は、宮きよめ（マタイ21：12－17ほか）、終末に関する教え（マタイ24：1－
25：46ほか）、そして、**最後の晩餐**（マタイ26：17－30ほか）です。

　現在、エルサレム入城を週の初め（日曜日）とし、エルサレムでのイエスの足
跡を覚える一週間は「聖週間」や「受難週」と呼ばれており、教会では今でも
このイエスが十字架に向かう一週間のことを思い起こすようにしています。こ
の一週間の始まりの日曜日がイエスのエルサレム入城を記念する日で、歓呼を
もってイエスを迎えた人々が棕梠というヤシ科の植物の枝を手にしていたとい
う伝承から、**棕梠の主日**と呼ばれています。

II．宮きよめ

（マタイ21：12－17、マルコ11：15－19、ルカ19：45－48、ヨハネ2：13－22）

《「『わたしの家は、祈りの家と呼ばれるべきである。』ところが、あなたたち
は、それを強盗の巣にしている。」》マタイ21：13

　エルサレムに入って間もなく、イエスは神殿の境内（恐らく、「異邦人の庭」と
呼ばれる領域。地図7：D4）で犠牲の動物を売り買いする人々や、両替商たちを追
い出すという行動に出るのですが、その真意はなかなか測りがたいものがあり
ます。というのも、一般に「宮きよめ」と呼ばれるこの出来事の背景にあるイ
エスの意図が、〝神殿を正しく用いるように〟というものであったのか、それと
も〝神殿はもういらない〟というものであったのか、いずれともとれるからで
す。マタイ福音書はこの行為の後も神殿を「神の住まうところ」と位置付けて
いるイエスの言葉を記しています（マタイ23：16－22）が、この神殿での出来事
を活動の終盤のエルサレムではなく、初期の頃のこととしているヨハネ福音書
（2：13－22。ヨハネは、イエスが何度かエルサレムに行ったと記しています）は、イエ
ス自身が復活後に新しい神殿になると言ったと取れるような言葉を残していま

す。ちなみに、ここでイエスが言っている「祈りの家」というのは旧約の『イザヤ書』からの引用で、「強盗の巣」というのは同じく『エレミヤ書』からの引用です。それらの預言者の活動がイエスの思想的背景にはあったと考えられます。

　神殿に仕える祭司たちの利権が見え隠れする形式主義に陥った祭儀を批判したのか、ユダヤ社会に格差や不平等を生み出している諸悪の根源として神殿制度そのものを否定したのか。いずれにしても、神殿の崩壊は避けようのないことであるとイエスは告げます。このことは、エルサレム神殿の祭司たちのイエスに対する敵意（殺意）を強めることとなりました。

エルサレム神殿

　イエスの時代のエルサレムの神殿は、ヘロデ大王によって修築工事がなされたもので、壮麗な姿で知られていました。

　エルサレムに最初に神殿を建てたのはソロモンで（物語編4章Ⅵ参照）、これも相当立派だったと言われますが、バビロニア軍によってそれは破壊されます。そして、エルサレムの住民がバビロンに強制連行されるバビロン捕囚のあと、帰ってきた人々によって神殿は一応再建されます。しかし、それは以前のものとは比べるべくもないものでした。

　それを立派に建て直したのがあのヘロデ大王（物語編6章Ⅲ参照）だったのですが、これもローマ軍によって破壊されます。紀元70年のことです。これは、当時の教会の人々にはイエスの言葉が実現したと見えたようです。

　《イエスは言われた。「……一つの石もここで崩されずに他の石の上に残ることはない。」》マタイ24：2

　それはイエスをメシアとして受け入れなかった報いだと考えられたようです。
　このヘロデの神殿の一部が現在も残っており、「嘆きの壁」と呼ばれています。

▼

Ⅲ．終末に関する教え

（マタイ24：3－25：46、マルコ13：3－37、ルカ12：35－48、17：20－37、21：7－38 ほか）

《そのとき、人の子の徴が天に現れる。そして、そのとき、地上のすべての民族は悲しみ、人の子が大いなる力と栄光を帯びて天の雲に乗って来るのを見る。》マタイ24：30

《目を覚ましていなさい。いつの日、自分の主が帰って来られるのか、あなたがたには分からないからである。》マタイ24：42

　イエスは弟子たちにやがて来る「終末」について教えます。イエスと、イエスに先立つ洗礼者ヨハネの活動は、「終末が近い」という切迫感が深く関係していました（112ページ「神の国の福音」参照）が、ここでイエスが教えていることは、終末（世の終わり）は必ず来るものの、それがいつなのかは誰にもわからないということです。また、関連するたとえ話（イエスは人々を教える際、「たとえ」を多用したことで知られます）では、「花婿の到着」「旅に出た主人の帰還」といったモチーフが用いられ、〝将来やってくる（帰ってくる）誰か〟と、それを待つ人々が描かれます。これらのイエスの言葉と復活後の出来事（物語編10章Ⅰ参照）から〝地上を去ったイエスが再び地上に戻ってくる〟という**再臨信仰**が生まれますが、このキリスト再臨の日こそ世界の終わりの日であると弟子たち（教会）は信じるようになります。
　「終末」を主題としたイエスの説教やたとえ話の内容には、ユダヤ教の**黙示文学**（220ページ参照）の影響が見られます。

　イエスは、自分の死を前にして弟子たちに「世界の終わり」が来るということを教え、そのときに備えているようにと言います。それはまた、後の教会へ

▼

のメッセージでもありました。「タラントンのたとえ」（マタイ25：14−30）など
は、人は与えられた才能（タラントン＝〝才能〟を意味する〝タレント〟の語源）を
生かして一生を過ごすようにとの教えのようにも読めますが、本来は弟子たち
（教会）に終末を見すえての活動を奨めたものでしょう。

　お祭りがピークを迎える頃、イエスに反対する人々の殺意はいよいよ高まっ
ていきますが、民衆の反応を気にして、まだ決定的な行動は起こしません。

　《イエスはこれらの言葉をすべて語り終えると、弟子たちに言われた。「あな
　たがたも知っているとおり、二日後は過越祭である。人の子は、十字架につ
　けられるために引き渡される。」そのころ、祭司長たちや民の長老たちは、カ
　イアファという大祭司の屋敷に集まり、計略を用いてイエスを捕らえ、殺そ
　うと相談した。しかし彼らは、「民衆の中に騒ぎが起こるといけないから、祭
　りの間はやめておこう」と言っていた。》マタイ26：1−5

IV. 油を注がれた者（マタイ26：6−13、マルコ14：3−9、ヨハネ12：1−8）

　《この人はわたしの体に香油を注いで、わたしを葬る準備をしてくれた。》マ
　タイ26：12

　イエス殺害計画が具体化しつつある中、エルサレムに近いベタニアという村
で一人の女性がイエスの頭に香油を注ぎかけるという出来事が起こりました。
しかし、その油は大変高価なものであったため、「無駄遣いだ」と弟子たちは非
難しました。売って貧しい人に施すこともできたではないかと言うのです。し
かし、イエスは彼らをいさめ、その行為の意味について語ります。女性がした

▼

ことは、〝イエスを葬る準備〟だというのです。

　この女性の真意も、実際のところはわからないと言わざるを得ませんが、イエスはこの女性の行為をこれから迎える自分の死と結びつけて受け止めました。さらに「油を注がれた者」が、ヘブライ語でのメシアの意味であるわけですが、ここでイエスはまさに油を注がれたのです。ここには、イエスがメシア＝救い主であるということが、その死と大いに関わっているということが表れていると言えるでしょう。

　そのイエスの死という出来事において重要な役割を果たす人物が、ここで動き出します。12人の一人であったという**イスカリオテのユダ**です。彼はイエスに対して殺意を募らせる祭司長たちのもとを訪れ、イエスを引き渡すことを約束します。先述のように「祭りの間はやめておこう」と考えていた彼らでしたが、思いがけない協力者の出現に小躍りしたことでしょう。ユダに相応の報酬を支払うことを約束します。ルカ福音書は、このユダの行動の背後に蠢く悪しき者──サタンの存在を描きます。実は、祭司長たちはこのサタンに踊らされているようにも見えてしまいます。

　　《祭司長たちや律法学者たちは、イエスを殺すにはどうしたらよいかと考えていた。彼らは民衆を恐れていたのである。しかし、十二人の中の一人で、イスカリオテと呼ばれるユダの中に、サタンが入った。ユダは祭司長たちや神殿守衛長たちのもとに行き、どのようにしてイエスを引き渡そうかと相談をもちかけた。彼らは喜び、ユダに金を与えることに決めた。》ルカ22：2−5

V. 最後の晩餐

（マタイ26：17−30、マルコ14：12−26、ルカ22：7−23、ヨハネ13：1−30）

▼

《夕方になると、イエスは十二人と一緒に食事の席に着かれた。一同が食事を
しているとき、イエスは言われた。「はっきり言っておくが、あなたがたのう
ちの一人がわたしを裏切ろうとしている。」》マタイ26：20−21

　いわゆる「最後の晩餐」の場面です。ここでイエスが最後に弟子たちと囲ん
だ食卓は**過越**の食事でした（過越については、51ページ参照）。イエスはこの重要
なお祭りの食事を弟子たちと共にしたいと切に望んでいたようですが、そこで
イエスは、弟子たちの中に裏切り者がいることを告げるのでした。
　イエスには、ユダが自分を反対者たちに売り渡そうとしていることがわかっ
ていたようです。ただ、ほかの弟子たちの前でそのことを明言はしません。そ
のため、誰もが「自分のことだろうか」とうろたえるほどです。そのような中、
イエスが口にした《人の子は、聖書に書いてあるとおりに、去って行く。だが、
人の子を裏切るその者は不幸だ。生まれなかった方が、その者のためによかっ
た》（マタイ26：24）という言葉から、イエスの死は、〝聖書に書いてあるとおり
のことが起こった〟、つまりは「預言の成就」であるということがうかがえます。
そして、その実現のためにユダの裏切りは必要な要素であったと思われ、期せ
ずしてそのような役割を担うことになってしまったユダに対する複雑な思いを
吐露しているようでもあります。
　誰が裏切り者であるのか明らかにされぬまま食事は進みます。やがて、イエ
スは弟子たちに裂いたパンと杯とを差し出しながら、〝**新しい契約**〟について語
るのでした。

《一同が食事をしているとき、イエスはパンを取り、賛美の祈りを唱えて、そ
れを裂き、弟子たちに与えながら言われた。「取って食べなさい。これはわた
しの体である。」また、杯を取り、感謝の祈りを唱え、彼らに渡して言われた。
「皆、この杯から飲みなさい。これは、罪が赦されるように、多くの人のため
に流されるわたしの血、契約の血である。」》マタイ26：26−28

▼

　かつてイスラエルの民がエジプトの支配から救い出された後、モーセを通して結ばれた神とイスラエルの契約の際、雄牛が犠牲としてささげられ、その血が人々に振りかけられました。今、イエスは新しい救いの出来事に際し、新しい契約の仲介者として弟子たちの前に立ち、更には自らを犠牲としてささげようとしています。

　キリスト教では、このイエスの死を記念する儀式を守り行っています。それが**「聖餐」**と呼ばれるもので、この儀式の際に読まれる聖書の箇所の一つがコリントの信徒への手紙一11章23−26節です。

　　《わたしがあなたがたに伝えたことは、わたし自身、主から受けたものです。すなわち、主イエスは、引き渡される夜、パンを取り、感謝の祈りをささげてそれを裂き、「これは、あなたがたのためのわたしの体である。わたしの記念としてこのように行いなさい」と言われました。また、食事の後で、杯も同じようにして、「この杯は、わたしの血によって立てられる新しい契約である。飲む度に、わたしの記念としてこのように行いなさい」と言われました。だから、あなたがたは、このパンを食べこの杯を飲むごとに、主が来られるときまで、主の死を告げ知らせるのです。》Ⅰコリント11：23−26

　これを書いたパウロは「主の晩餐」の記念ということに言及していますが、それは「イエスの死を告げ知らせる」ものだと言っています。教会の初期の時代からイエスの死の意味というのが重要視されていることがうかがえます。

　最後の晩餐について、ヨハネ福音書はほかの福音書とちょっと違ったことを記しています。

　　《さて、過越祭の前のことである。イエスは、この世から父のもとへ移る御自

▼

分の時が来たことを悟り、世にいる弟子たちを愛して、この上なく愛し抜かれ
た。イエスは……食事の席から立ち上がって上着を脱ぎ、手ぬぐいを取って
腰にまとわれた。それから、たらいに水をくんで弟子たちの足を洗い、腰にま
とった手ぬぐいでふき始められた。……ペトロは、「主よ、あなたがわたしの
足を洗ってくださるのですか……わたしの足など、決して洗わないでください」
と言うと、イエスは、「もしわたしがあなたを洗わないなら、あなたはわたし
と何のかかわりもないことになる」と答えられた。》ヨハネ13：1−8

「洗足」と呼ばれるイエスが弟子の足を洗ったという出来事ですが、当時、足
を洗うというのは奴隷の仕事でした。そのためイエスの弟子たちにとって、師
匠である人が自分たちの足を洗うというのはかなり衝撃的なことであったよう
です。ただ、イエスにはその行為をもって教えたいことがありました。この行
為とともにイエスはこう言います。

《あなたがたに新しい掟を与える。互いに愛し合いなさい。わたしがあなたが
たを愛したように、あなたがたも互いに愛し合いなさい。》ヨハネ13：34

これがイエスの残した掟──〝愛の掟〟でした。この掟を弟子たちが守ってい
くために、十字架の死を前にしたイエスが自ら示した模範が「洗足」という行
為であったのです。

「最後の晩餐」の席で、イエスが裏切り者の存在を指摘した後、その裏切り者
であるユダが、どのタイミングでイエスの下を去ったか明確に記しているのは
ヨハネ福音書のみです（ヨハネ13：30）。上記の「洗足」の直後に、彼は一同の
いた部屋を出ていっています。共観福音書では、この後に紹介します「ゲツセ
マネ」という場所に移動するあたりで夜の闇に紛れて一行から離脱したと考え
るのが自然であると思います。いずれにしても、彼はほかの使徒たちと同じ経

▼

験をしていたはずです。イエスに足を洗ってもらい、イエスの差し出したパン
と杯を受けています。〝にもかかわらず〟ユダはイエスを裏切った……というよ
うな評価は、必ずしも正当であるとは私には思われません。ほかの使徒たちも
また、この後、様々な〝弱さ〟を露呈していきます。

　この最後の晩餐の場面では、もう一つ、ペトロにまつわるある出来事が記さ
れるのですが、それは関連する別の出来事と合わせて後ほど紹介します。

VI.　ゲツセマネ
（マタイ26：36－46、マルコ14：32－42、ルカ22：39－46）

　最後の晩餐の後、イエスと弟子たちはゲツセマネ（地図7：D4）という〝園〟
（ヨハネ福音書は、このように呼んでいます）に移動します。ここはどうやらイエス
たち一行がよく足を運んでいたところのようです。ルカ福音書の並行箇所には、
「いつものように」とか「いつもの場所に来ると」といった記述があります。こ
こは弟子たちがみんな知っていた場所、つまりは、〝あの男〟もということで
しょう。あの男――イスカリオテのユダはこの時点で離脱し、裏切りを実行に
移しています。そのことを知りつつ、イエスは祈り始めます。

　　《「父よ、できることなら、この杯をわたしから過ぎ去らせてください。しか
　　し、わたしの願いどおりではなく、御心のままに。」》マタイ26：39

　「杯」というのは、前にも出てきたように避けようのない苦しみを意味する言
葉ですが、イエスは自分を待ち受けている苦しみをできることなら過ぎ去らせ
てほしいと願います。激しい葛藤がうかがえる場面ですが、そのとき弟子たち
はなんと、寝ていたというのです。そこでイエスは弟子たちに、《誘惑に陥らぬ

▼
142

よう、目を覚まして祈っていなさい。心は燃えても、肉体は弱い》（マタイ26：
41）と、少し意味深なことを言います。恐らく、今のことだけを問題にした言
葉ではないでしょう。

　イエスは同じように三度、苦悩の祈りをささげますが、やはり弟子たちは
眠っています。イエスの孤独が際立っていくように感じられる場面です。そこ
に12人の一人イスカリオテのユダが大祭司の手下を引き連れて現れます。

　《立て、行こう。見よ、わたしを裏切る者が来た。》マタイ26：46

　《ユダはすぐイエスに近寄り、「先生、こんばんは」と言って接吻した。イエ
　スは、「友よ、しようとしていることをするがよい」と言われた。》マタイ
　26：49−50

ついにイエスは逮捕されます。

　この出来事の背後にユダという弟子がいたとされるわけですが、彼の裏切り
についてマタイ26章14−16節によれば、彼は金を欲していたということです。
ヨハネ福音書は、12章6節で、ユダはイエス一行の財布を預かっていながら
中身をごまかしていたと言います。そのヨハネと、ルカ福音書は「サタンが彼
の中に入った」と言います。ルカ福音書は逮捕の場面で「闇が力を振るってい
る」という印象的なイエスの言葉を記していますが、これと関わるユダの裏切
りというのは、やはりミステリアスな出来事だと思います。

　さて、そのユダがイエスを反対者たちに売り渡しました。なんとかイエス逮
捕を阻止しようと剣を抜いて大祭司の手下に切りかかった弟子もいましたが、
むしろその行動をイエスはいさめ、言いました。

　《「剣をさやに納めなさい。剣を取る者は皆、剣で滅びる。わたしが父にお願
　いできないとでも思うのか。しかしそれでは……聖書の言葉がどうして実現

されよう。》マタイ26：52－54

　イエスは、自らの逮捕とその先に待ち受けているものが〝起こらねばならないこと〟だと言います。その逮捕に際し、終始堂々としているイエスですが、《このとき、弟子たちは皆、イエスを見捨てて逃げてしまった》（マタイ25：56）というのです。マタイとマルコの福音書は、このように逃げる弟子たちを描きますが、ヨハネ福音書はちょっと違って、むしろイエスが彼らを守り、逃がしたような雰囲気を漂わせています。

　ユダの裏切りによってイエスは逮捕されます。裁判にかけられるために連行されていくイエスですが、その後を密かに追う人影がありました。

Ⅶ.　裁判
（マタイ26：57－68、マルコ14：53－65、ルカ22：54－55、63－71、ヨハネ18：13－14、19－24）

　　《祭司長たちと最高法院の全員は、死刑にしようとしてイエスにとって不利な
　　偽証を求めた。》マタイ26：59

　　《大祭司は言った。「生ける神に誓って我々に答えよ。お前は神の子、メシア
　　なのか。」イエスは言われた。「それは、あなたが言ったことです。しかし、
　　わたしは言っておく。あなたたちはやがて、人の子が全能の神の右に座り、
　　天の雲に乗って来るのを見る。」》マタイ26：63－64

　このイエスの裁判は有罪の結論ありきのものでイエスに不利な偽証がなされましたが、その証言にも食い違いが見られ、なかなか決定打になるものがありませんでした。イエスを裁いたのは**最高法院（サンヘドリン）**というユダヤの

▼

議会ですが、主な構成員はファリサイ派やサドカイ派の人々でした。そこでの裁判がどんなにひどかったかよくわかると思います。最終的にイエスは自分が神の子だと言ったということになり、それが神への**冒瀆**の言葉とされ、有罪判決を受けます。その後、最高法院はイエスをローマ帝国に引き渡します。当時、ローマ帝国の支配下にあるユダヤ人には死刑を執行する権限がなく、ローマ帝国にイエスの死刑を執行してもらうためです。

Ⅷ. ペトロの否認

（マタイ26：69−75、マルコ14：66−72、ルカ22：56−62、ヨハネ18：15−18、25−27）

　逮捕、連行されていくイエスの後を追う人影がありました。ペトロです。弟子の筆頭であった彼は、完全にイエスを見捨てたわけではなかったと、一瞬読者は期待するのかもしれません。しかし、そこにはむしろ人間の弱さを強烈に描き出す出来事が待っていました。

　　《一人の女中が近寄って来て、「あなたもガリラヤのイエスと一緒にいた」と
　　言った。ペトロは……「何のことを言っているのか、わたしには分からない」
　　と言った。》マタイ26：69−70

　裁判が行われていた屋敷の中庭で女中に見とがめられ、「イエスと一緒にいた」と言われてしまったペトロは、イエスとの関係を否定します。その場を離れたものの、もう一人、またもう一人と「お前はイエスの仲間だろ」と言う人が現れるとついに──。

　　《ペトロは呪いの言葉さえ口にしながら、「そんな人は知らない」と誓い始め

た。するとすぐ、鶏が鳴いた。ペトロは、「鶏が鳴く前に、あなたは三度わた
しを知らないと言うだろう」と言われたイエスの言葉を思い出した。そして
外に出て、激しく泣いた》マタイ26：74-75

「ペトロの否認」と呼ばれる出来事です。このようにペトロがイエスとの関係
を否定するというのは、実は最後の晩餐の席で、あらかじめ彼自身に告げられ
ていたことでした。もちろんその時には、そんなことはあり得ないとペトロは
言い切ります。

《イエスは言われた。「はっきり言っておく。あなたは今夜、鶏が鳴く前に、
三度わたしのことを知らないと言うだろう。」ペトロは、「たとえ、御一緒に
死なねばならなくなっても、あなたのことを知らないなどとは決して申しま
せん」と言った。》マタイ26：34-35

なかなか勇ましいことを言っていましたが、実際にはイエスの仲間だと見と
がめられたとき、「そんな人は知らない。私は関係ない」と言ってしまう。しか
も三度も。書き方に違いはありますが、この出来事自体は4つの福音書すべて
が記しています。一番弟子の失態という一種の教会の汚点とも言える出来事を、
しかし、福音書記者たちは書き残した。書き残さねばと思ったのでしょう。
　ペトロの否認が予告されるところのルカ福音書の並行記事には次のようなく
だりがあります。

《「シモン、シモン、サタンはあなたがたを、小麦のようにふるいにかけるこ
とを神に願って聞き入れられた。しかし、わたしはあなたのために、信仰が
無くならないように祈った。だから、あなたは立ち直ったら、兄弟たちを力
づけてやりなさい。」》ルカ22：31-34

▼

　ルカはペトロのために祈るイエスを描いています。後の教会で大きな働きをすることになるペトロですが、そこにはイエスの祈りも働いていたということを思います。ここは、私の好きな場面の一つでもあります。

　この後、福音書ではマタイだけが伝えている出来事があります。**ユダの死**です。彼はイエスを裏切ったことを後悔し、自ら命を絶ったとされます。

　《そのころ……ユダは、イエスに有罪の判決が下ったのを知って後悔し、銀貨三十枚を祭司長たちや長老たちに返そうとして、「わたしは罪のない人の血を売り渡し、罪を犯しました」と言った。しかし彼らは、「我々の知ったことではない。お前の問題だ」と言った。そこで、ユダは銀貨を神殿に投げ込んで立ち去り、首をつって死んだ。》マタイ27：3−5

　裏切り者の末路としては、ふさわしいと思われるでしょうか。しかし、ペトロをはじめほかの使徒たち——ユダと同じく「最後の晩餐」を経験した彼らにしても、〝裏切り者〟のそしりを完全に免れうるかと言えば、決してそうではないと思います。ユダについては、その〝定められたこと〟からは、逃れようがなかったとしか言いようがありません。イエスが言うように、「聖書の言葉が実現する」ためには、ユダには裏切りを思いとどまるという道は、初めから備えられていなかったと考えるべきでしょう。そのユダの「不幸」を、イエスも複雑な思いで受け止めていたのではないでしょうか。

　しかし、裏切りを実行してしまった後の彼の選んだ道については、残念と言うほかありません。彼は取り返しのつかないことをしてしまったと思ったのでしょう。それで、自ら命を絶った。私は、彼にイエスの言葉が思い出されていたらと考えてしまいます。

▼

《イエスは……十二人の弟子だけを呼び寄せて言われた。「……人の子は、祭
　司長たちや律法学者たちに引き渡される。彼らは死刑を宣告して、異邦人に
　引き渡す。……そして、人の子は三日目に復活する。」》マタイ20：17－19

　このイエスの言葉をユダが思い出せていたら、彼は踏みとどまることができ
ていたかもしれません。『聖書』を読むときに「たられば」はあまり意味がない
ということをわきまえつつ、しかし、どうしてもここはそのように考えてしま
います。イエスの復活についてユダが思い起こせていたら、彼は、まだイエス
に面と向かって赦しを請うチャンスがあるということに気づけていたかもしれ
ない。そんな可能性を思わずにはいられないのです。
　そのユダが売り渡したイエスは、ついに十字架にかけられます。

IX.　ユダヤ人の王
(マタイ27：1－56、マタイ15：1－41、ルカ23：1－49、ヨハネ18：28－37)

　状況としては、ひたすら孤独になっていっているように見えるイエス。この
イエスの死刑執行に関わったのが、ユダヤ人からイエスを引き渡されたローマ
の総督ピラトでした。ピラトはイエスに罪を見出せず死刑をためらいますが、
祭司長らイエスの反対者に扇動された群衆は強くイエスの処刑を求めます。ピ
ラトは祭りの時期には囚人を釈放するという慣例を利用しようと試み、《「どち
らを釈放してほしいのか。バラバ・イエスか。それともメシアといわれるイエ
スか」》(マタイ27：15－17)と問うと、群衆は「バラバを」と言い、イエスを「十
字架につけろ」と叫びます。バラバは暴動に加わり、殺人の罪を犯していたと
いう人物です。エルサレム入城の際には、人々の歓呼の声に包まれていたイエ
スですが、今は彼の死を望む声が、方々から上がっています。そして、強盗犯、
殺人犯と目される人物を釈放しろという。とても恐ろしい場面ではないでしょ

▼

うか。

　イエスはついに、**ゴルゴタ**（地図7：D2）で十字架につけられます。その際、《イエスの頭の上には、「これはユダヤ人の王イエスである」と書いた罪状書きを掲げた》（マタイ27：37）ということです。イエスの罪状というのは、王を自称し、ローマ皇帝に背いたということでした。十字架に磔にするという処刑法がとられる罪状は限られていて、その一つが帝国への反逆罪でしたが、イエスの罪状書きはイエスが自ら「ユダヤ人の王」を名乗ってローマに反乱を起こしたとみなされたということを意味しています。イエスには政治犯としてローマの手で〝公開〟処刑されてほしいという人々がいたということです。

　十字架につけられたイエスを見て、人々は口々に罵ります。そのセリフというのが実に興味深く、かつて荒れ野でイエスを誘惑した悪魔の言葉に似ています。

　　《そこを通りかかった人々は、頭を振りながらイエスをののしって、言った。
　　「神殿を打ち倒し、三日で建てる者、神の子なら、自分を救ってみろ。そして
　　十字架から降りて来い。」》マタイ27：39−40

　　《「他人は救ったのに、自分は救えない。イスラエルの王だ。今すぐ十字架か
　　ら降りるがいい。そうすれば、信じてやろう。」》マタイ27：42

　ここに一旦は諦めた悪魔のイエスに対する最後の誘惑があったとも考えられます。
　このようにののしられながら息を引き取ろうとするイエスの姿が次のように描かれます。

▼

《三時ごろ、イエスは大声で叫ばれた。「エリ、エリ、レマ、サバクタニ。」これは、「わが神、わが神、なぜわたしをお見捨てになったのですか」という意味である。》マタイ27：46

　マタイとマルコ福音書は、イエスの最後の言葉をこのように記しています。このイエスの叫びは、旧約の詩編22編の冒頭部分と酷似しており、このとき、イエスは詩編22編を暗唱しようとしていたとも言われます。この詩編は、上記のような悲痛な叫びから始まるのですが、最後は神への信頼で終わるので、イエスは最後の時にも神を信頼していたと考えることもできます。しかし、イエスは本当に神に捨てられたという思いで死を遂げたとも考えられます。神の子が、神に見捨てられるという究極の孤独を味わってイエスは死んだのだと。現在のところ、私は後者ではないかと考えています。

　ルカ福音書は、イエスの最後の言葉は、「父よ、わたしの霊を御手にゆだねます」（ルカ23：46）であった、またヨハネ福音書は「渇く」（ヨハネ19：28）、そして、「成し遂げられた」（ヨハネ19：30）であったと記しています。

　ついにイエスは、自分を救うことはしませんでした。しかし、イエスの死に立ち会ったローマ人の中に、イエスが「神の子だった」と言う人が現れます。

ロンギヌスの槍

　ヨハネ福音書の19章31-37節に、イエスの脇腹を刺したというローマの兵士が出てきます。ここでは名前が明らかにされていませんが、この人の名前が後に知られるようになります。その名をロンギヌスと言います。そして、彼がイエスの脇腹を刺したという槍が「ロンギヌスの槍」と言って、現在でもいくつかの「聖槍」とされているものが世界各地に保存されています。ロンギヌスの槍は、これも『新世紀エヴァンゲリオン』に出てきますね。

《百人隊長や一緒にイエスの見張りをしていた人たちは……「本当に、この人
　は神の子だった」と言った。》マタイ27：54

　イエスの死を目撃し、そこに何かを感じ取った最初の人は、異邦人である
ローマの百人隊長らであったということです。
　そして、今度は遠くから十字架上のイエスを見守る人影がありました。

【対応する文書編】

▼

第9章
イエスの復活──永遠の命の希望

　　イエスは十字架上で死を遂げたわけですが、ある意味ここからがキリスト教
　の信仰の真骨頂と言えます。イエスは復活したというのです。

Ⅰ．十字架降下

（マタイ27：57-61、マルコ15：42-47、ルカ23：50-56、ヨハネ19：38-42）

　　　《ヨセフはイエスの遺体を受け取ると、きれいな亜麻布に包み、岩に掘った自
　　　分の新しい墓の中に納め、墓の入り口には大きな石を転がしておいて立ち去っ
　　　た。》マタイ27：59-60

　　十字架にかかったイエスの遺体を引き取り葬ったのはペトロをはじめとする
使徒たちではなく、**アリマタヤのヨセフ**という人物でした。最高法院（144ペー
ジ）の議員の一人であり、イエスの弟子でもあったという彼が、イエスの遺体
を引き取りたいと申し出ます。
　　まずイエスの遺体を十字架から降ろす時間に注目したいと思います。これは
金曜日の夕方に当たります。ヨセフたちは急いでいました。なぜならユダヤの
時間の感覚では日没によって日が改まるため、もうすぐ土曜日、すなわち一切
の労働が禁じられている安息日になろうとしていたからです。土曜日になって
しまうと、遺体を墓に納めるという作業もできない。すると十字架にかかった
まま遺体が丸一日も放置されることになってしまう。遺体が放っておかれると
いうのはユダヤ人には忌むべきことだったので、それを何とか避けたいと考え
た心ある人々によってイエスの遺体は引き取られ、墓に納められます。これは
大変勇気のいることだったと思います。マルコ福音書の記事には「勇気を出し

▼

てピラトに申し出た」とあり、ユダヤの議員であったヨセフにとってそれは、当然リスクを覚悟しての行動だったことがわかります。

　当時の墓は横穴式で、丘の中腹をくりぬいて造られた空間に遺体を安置するといった形のものでした。イエスの遺体は亜麻布に包まれ、ヨセフが所有していたという真新しい墓に納められました。そして、入り口の穴をふさぐように大きな石が置かれます。

　その様子を女性たちが見ていました。十字架上のイエスを見守っていたのは、この女性たちです。イエスに従った人の中には女性もいたことが知られています。ここで、その彼女たちにスポットライトが当たるのです。

Ⅱ．空の墓

（マタイ28：1－10、マルコ16：1－8、ルカ24：1－12、ヨハネ20－1－10）

　　《さて、安息日が終わって、週の初めの日の明け方に、マグダラのマリアともう一人のマリアが、墓を見に行った。》マタイ28：1

　安息日が終わるのを待って、女性たちは墓に向かいます。遺体を丁重に葬ろうとする場合、いろいろとやるべきことがあったのですが、日没が迫っていた状況ではそれが十分にできなかったとその女性たちは感じていました。そういう意味では、ベタニアでの香油注ぎがイエスの葬りの備えであったというのはまた意味を持ってくるように思えますが、ここではそういった遺体に油を塗るといった作業が丁寧にできなかったことに心を痛めていた何人かの女性たちが後から墓に行ったということです。それにしても、大きな石で蓋がしてあるのに遺体に油を塗りに行こうというのは、なかなか後先考えずに行動に移してしまった感がありますが、このときの彼女たちの気持ちというのは理屈ではないのでしょう。

▼

　この女性たちの中で特に有名なのが**マグダラのマリア**ですが、イエスに悪霊を追い出してもらって以来、従ったという人です。とにかくじっとしていられなかった彼女たちはイエスを葬った墓を訪れます。そこで神秘の出来事が告げられるのです。

《さて、安息日が終わって、週の初めの日の明け方に、マグダラのマリアともう一人のマリアが、墓を見に行った。すると、大きな地震が起こった。主の天使が天から降って近寄り、石をわきへ転がし、その上に座ったのである。その姿は稲妻のように輝き、衣は雪のように白かった。……天使は婦人たちに言った。「恐れることはない。十字架につけられたイエスを捜しているのだろうが、あの方は、ここにはおられない。かねて言われていたとおり、復活なさったのだ。さあ、遺体の置いてあった場所を見なさい。》マタイ28：1－6

　上記はマタイ福音書の記述ですが、ほかの福音書では女性たちが到着するとすでに入り口の石は取り除けられていたとも言われます。いずれにしても、〝遺体のない空の墓〟と〝イエスの復活を告げる天使〟、これらを共通のモチーフとしてイエスの復活の記事は記されます。
　この不思議な出来事、そして、イエスはガリラヤで待っているということを弟子たちに伝えるよう天使に指示された女性たちが駆け出すと、そこになんと復活のイエスが立っていたのです。

《婦人たちは、恐れながらも大いに喜び、急いで墓を立ち去り、弟子たちに知らせるために走って行った。すると、イエスが行く手に立っていて、「おはよう」と言われたので、婦人たちは近寄り、イエスの足を抱き、その前にひれ伏した。イエスは言われた。「恐れることはない。行って、わたしの兄弟たちにガリラヤへ行くように言いなさい。そこでわたしに会うことになる。」》マ

▼

タイ28：8-10

　ヨハネ福音書は、イエスの遺体が見当たらないことに取り乱し、泣き崩れる
マグダラのマリアに背後から優しく声をかけるイエスとの再会を感動的に描き
ます（ヨハネ20：1-18）。
　このように、イエスの復活を最初に知らされたのは女性たちであったという
福音書の記述はある意味、画期的なことでした。というのは、当時のユダヤで
は女性の地位というのは大変低かったからです。法廷でも女性は証言者として
認められなかったといいます。そういう価値観の中で、復活の目撃者であり、
証言者とも言える特別な役割が女性に与えられていると見えるこの福音書の記
述は注目すべき内容であるということになります。

　女性たちが墓を訪れたのは〝週の初めの日〟になります。つまりは日曜日で
す。ここで、イエスの復活が告げられます。イエスが復活したのが日曜日で
あったということで、キリスト教の教会では毎週日曜日の朝に礼拝をするわけ
です。この教会の日曜礼拝を〝主日礼拝〟——主の日の礼拝と言います。この
ようにして、教会は毎週の日曜日をイエスの復活記念日として、イエスの復活
という出来事を思い出し続けているのです。そして、年に一度、特別にイエス
の復活を祝うのが春先の**イースター**ということになります。
　イエスの復活を思い出す。それが大切なことだと私に教えてくれているのは、
イスカリオテのユダです。週ごとにイエスの復活を思い出すことができたなら、
私たちはきっと絶望の淵で踏みとどまることができる。そんなことを思います。

　女性たちに現れた後、イエスはほかの弟子たちの前にも姿を現します。その
出来事については様々な報告があります。最後にそれぞれの福音書が記録して
いる復活の記事から、イエスの死と復活の意味を考えていきましょう。

▼

III. エマオにて （ルカ24：13－35、マルコ16：12－13）

《イエスはパンを取り、賛美の祈りを唱え、パンを裂いてお渡しになった。すると、二人の目が開け、イエスだと分かったが、その姿は見えなくなった。》
ルカ24：30－31

　イエスが復活したという噂が、弟子たちの間に広がった頃、エルサレムからエマオという村（地図6：F3）に向っていた二人の弟子がいました。その彼らに復活したイエスが近づいて、一緒に10ｋｍほどの道のりを共にするという出来事がありました。その間、彼らには一緒に歩いているのがイエスだとはわからなかったのですが、エマオの宿屋で共に食卓を囲んだとき、目が開け、一緒にいるのがイエスだとわかったといいます。なんだか不思議なことが書いてありますが、これを読んでわかることは、イエスの復活というのはただ遺体が起き上がって動き出したというのではないということです（ヨハネ福音書に記されたマグダラのマリアと復活したイエスとの再会の場面でも、マリアは最初、目の前にいるのがイエスであることがわからなかったということです）。

　〝復活〟は、単なる生命活動の再開ではない。再開であれば〝蘇生〟という方がいいでしょう。生きていた頃のまま、再び生命活動を開始したということであれば弟子たちにイエスがわからないはずはありません。私自身は、この理屈に基づいて復活ということについてとらえようとしています。復活と蘇生は違うと考えています。実際に復活とは何なのか。あの日、何が起こったのか。そして、これから何が起こるのか。これは神秘のベールに包まれている部分もあるというか、わからないところの方が多いと言った方がいいのかもしれませんが、それにしてもキリスト教はこの出来事を信仰の核にしています。

Ⅳ．平和があるように

（ヨハネ20：19－23、マタイ28：16－20、マルコ16：14－18、ルカ24：36－49）

《その日……弟子たちはユダヤ人を恐れて、自分たちのいる家の戸に鍵をかけていた。そこへ、イエスが来て真ん中に立ち、「あなたがたに平和があるように」と言われた。》ヨハネ20：19－20

イエスが反対者たちに殺された後、次は自分たちの番かもしれないとでも思ったのか、弟子たちは恐れて閉じこもっていました。しかし、その真ん中にイエスは突然現れ、彼らに優しく語りかけ、そして、送り出したというのです。不思議なことに、鍵のかかった部屋にイエスは入ってきたといいます。密室もののミステリーのような話ですが、今は別のところに目を向けましょう。

復活したイエスは弟子たちの前に現れ、彼らの平和を祈りました。弟子たちの中には、このときどんな思いがあったでしょう。イエスを見捨ててしまった、守り切れなかった、従いきれなかった、そんな思いがあったかもしれません。あったとしても、このとき彼らは自分の心配をしています。そこに現れたイエスは、彼らの平和を祈る。これはイエスが彼らを〝赦した〟ということではないかと思います。この〝赦し〟というのもキリスト教のキーワードの一つです。そして、私たちが「分断」を克服していくためのキーワードの一つでもあると言えるでしょう。

この赦しを受けた弟子たちがイエスによって派遣され、そこに新たな一歩が踏み出されます。このイエスによる派遣というのも復活の記事に共通するモチーフの一つです。

Ⅴ．再びガリラヤへ

（マタイ28：16－20、マルコ16：14－18、ルカ24：36－49、ヨハネ20：19－23）

▼

　マタイとマルコ福音書は、復活したイエスと弟子たちの再会の場所、そして
イエスの派遣によって弟子たちが新たに歩み始める出発の場所として**ガリラヤ**
を強調します。

　「ガリラヤでイエスは待っている」。そう女性たちから聞いた弟子たち――ユ
ダを除く11人は、イエスが指示していたという山に登ったところで復活のイエ
スと出会いますが、なお疑う者もいたといいます。

　ヨハネ福音書では先述の「平和があるように」で見たように、イエスはまず
エルサレムで弟子たちと再会していますが、その後しばらくして再びガリラヤ
にいる弟子たちの前に姿を現した様子が描かれます。このヨハネ福音書の最後
の記事は後の付加とも考えられていますが、いずれにしてもこれらはガリラヤ
に始まったイエスと弟子たちとの物語が、新しい形で再びガリラヤから始まる
様子を描いていると言えるでしょう。

　これらと比べて、ルカ福音書はちょっと様子が違います。これは次の『使徒
言行録』の章で見ていきます。

　　《イエスは、近寄って来て言われた。「わたしは天と地の一切の権能を授かっ
　　ている。だから、あなたがたは行って、すべての民をわたしの弟子にしなさ
　　い。彼らに父と子と聖霊の名によって洗礼を授け、あなたがたに命じておい
　　たことをすべて守るように教えなさい。わたしは世の終わりまで、いつもあ
　　なたがたと共にいる。」》マタイ28：18−20

　イエスが弟子たちを派遣する様子が描かれますが、そこではイエスが弟子た
ちと、いつも、いつまでも〝共にいる〟ということが言われます。このイエス
の弟子たちに対する約束のような言葉は、マタイ福音書の初めの方で出てきた
ワードを思い出させます。

《「見よ、おとめが身ごもって男の子を産む。その名はインマヌエルと呼ばれる。」

　この名は、「神は我々と共におられる」という意味である。》マタイ1：23

　この「神は私たちと共に」という言葉で、マタイ福音書は始まり、終わります。

「復活されたイエス・キリストは、私たちと一緒にいてくださる」

　「インマヌエルの主イエス」という言い方をしますが、これもキリスト教の信仰です。イエスは復活して後、いつの時代でも、どの場所でも、信じる者と共にある。そのように信じられています。

　福音書に見られる復活の記事の共通点としては、女性たちの関わりであるとか、墓に遺体がないという記述、そして弟子たちの派遣などがありました。さらに女性たちの報告を男性の弟子たちは信じなかったという記述も目立ちます。最初、弟子たちもイエスの復活を信じられなかったのです。

VI. イエスの死と復活の意味

　福音書に記されたイエスの復活に関する記事を見てきましたが、新約聖書全体では、『コリントの信徒への手紙一』の15章が最古の復活証言であると言われています（文書編《新約》パウロの手紙Ⅰの導入参照）。

《最も大切なこととしてわたしがあなたがたに伝えたのは、わたしも受けたものです。すなわち、キリストが、聖書に書いてあるとおりわたしたちの罪のために死んだこと、葬られたこと、また、聖書に書いてあるとおり三日目に復活したこと、ケファに現れ、その後十二人に現れたことです。》Ⅰコリント

▼

15：3－5

　これを書いたのはパウロという、初期のキリスト教の形成において重要な働きをした人です。彼は最も大切なこととしてイエスの死と復活を伝えたと言っています。それにしてもこのことを〝わたしも受けた〟ということですから、これ以前に復活に関する伝承があったということでしょう。

　ここでもう一つポイントになるのは、〝罪のために〟という部分です。イエスは私たちの罪のために死んだということなのですが、それについては人類の始祖とイエスの関係によって説明されます。

　　《アダムによってすべての人が死ぬことになったように、キリストによってす
　　べての人が生かされることになるのです。》Ⅰコリント15：21－22

さらに別の手紙では、次のように言っています。

　　《一人の人の不従順によって多くの人が罪人とされたように、一人の従順に
　　よって多くの人が正しい者とされるのです。》ローマ5：18－21

〝一人の人の不従順〟とは、アダムが神に背き、禁断の果実を食べてしまったことを指します（物語編1章Ⅱ参照）。アダムは神の命令に従いきれませんでした。それに対し、イエスは神に最後まで従順でした。神に従い、十字架にかかったイエスの死が何をもたらしたのか、聖書が語る人類の祖の物語へとさかのぼって理解されたのです。

　「アダムの罪をなぜイエスが償わなければならないのか」という疑問を多くの人が抱くでしょうが、「アダムの罪が人類全体の罪になった」という発想があることを理解しないといけません。最初の人アダム以来、人は誰も罪を持って生まれてくるというのが、キリスト教の一つの人間観であり、そこでは**原罪**とい

うものが意識されます。そして、イエスはすべての人の罪のために十字架にか
かって死んだという考え方を**贖罪死**と言います。これに関して、旧約のイザヤ
53章を読んでみましょう。

《彼が刺し貫かれたのは／わたしたちの背きのためであり／彼が打ち砕かれた
のは／わたしたちの咎のためであった。彼の受けた懲らしめによって／わた
したちに平和が与えられ／彼の受けた傷によって、わたしたちはいやされた。
……苦役を課せられて、かがみ込み／彼は口を開かなかった。屠り場に引か
れる小羊のように／毛を刈る者の前に物を言わない羊のように／彼は口を開
かなかった。……多くの人の過ちを担い／背いた者のために執り成しをした
のは／この人であった。》イザヤ53：5-12

　これは**「苦難の僕」**と呼ばれている箇所で、何者かが多くの人の身代わりに
なって罪を負ったという内容です。この預言が残されたのが紀元前500年代後
半の話です。このイザヤ書の言葉が、イエスによって実現したとみなされます。
これがイエスの言った、「多くの人の身代金として自分の命を献げるために来
た」（物語編7章X参照）という言葉の意味でもあり、十字架にかけられ処刑され
た人物を救い主と考える発想の背後にあったものでした（文書編《旧約》三大預
言書『イザヤ書』の項参照）。
　そして、イエスはただ身代わりとして死んだだけではなく、そのイエスを神
はよみがえらせ、イエスを信じる者にもよみがえりの命を与えると約束しまし
た。私たちは誰も肉体の死を経験することにはなるのだけれども、やがてイエ
スと同じように復活させられる。そして、そこから永遠の命を生かされるとい
うわけです。
　これがイエスの死と復活によって実現したというのが聖書の、キリスト教の
信仰です。これは単なる蘇生ではない。今のままの世界を永遠に生きるという
ことではありません。これは、最終的にはイエスの再臨の時、終末に起こるこ

▼

と（物語編8章Ⅲ、文書編《新約》「黙示録」の項参照）であって、新しくされた世界でイエスと共に永遠に生きるということです（復活のイエスと弟子たちとの出会いは、このことの一時的な先取りと考えられます）。そして、それが神の〝御心〟だったと、信じて伝えていった人々がいました。

　これが尊いことであるということを言い表しているのがヨハネ福音書の3章16節の言葉です。聖書の信仰は、この一言に集約されるとも言われるような言葉です。

　　《神は、その独り子をお与えになったほどに、世を愛された。独り子を信じる
　　者が一人も滅びないで、永遠の命を得るためである。》ヨハネ3：16

　さて、イエスは復活しました。ここで、福音書は終わります。次は、この福音書の続きです。『使徒言行録』という文書ですが、これはルカ福音書と同じ著者の作品だと言われています。ある意味、ルカ福音書の続編です。そこに記された弟子たちの活動を見ていきましょう。

【対応する文書編】

▼

地図8　パウロの第三次宣教旅行とローマへの旅

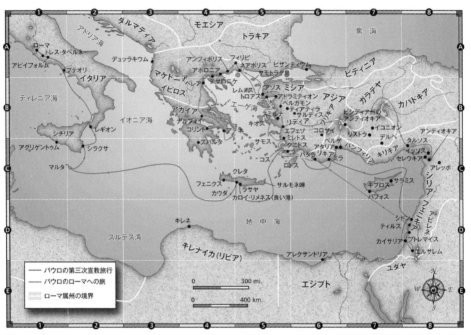

第10章
教会の誕生

　ここでは、「教会の誕生」というテーマで『使徒言行録』の内容を見ていきます。

　『使徒言行録』は、新約聖書において四福音書の次に置かれている書で、**使徒**たちの活動について記しています。『ルカによる福音書』と同じ著者により書かれたもので、ペトロ、パウロらの活動によりローマ帝国支配下の地中海世界にキリストの福音が広がっていく様子が描かれます。

　この章を読まれるときは、地名が出てくるたびに関連する地図をご覧になることをお奨めします。

Ⅰ．イエスの昇天 　（使徒1：3-11）

　復活したイエスは、弟子たちの前に姿を現します。それからしばらく弟子たちと一緒に過ごしますが、その後どうなったのかと疑問に思われる方もおられるでしょう。イエスは、もう一度死んだのでしょうか。実は、弟子たちの見ている前で〝天に昇っていった〟というのです。これはイエスの**昇天**と呼ばれる出来事で、天に昇ったイエスは〝神の右に座した〟と聖書は語ります。これにより神の子は、神の許に帰ったことになり、そこから地上の弟子たちのことを見守っているとイメージされます。

　この〝天〟という言葉からは、「あの世」とか「天国」といったものが思い浮かべられるかもしれませんが、当時の世界観で言うならば「神の領域」ということになると思います。そして、世界は三層構造であると考えられていたことから、地上が人間の生きる領域であり、地下に〝陰府〟と呼ばれる「死者の領域」があり、空の上に〝天〟という「神の領域」があるとされていたようです（至高の「天」までさらに数層の天があるというイメージも見られます）。ただ私は、

〝天〟という場所があって、そこに神は存在しているということではなく、「神のいる場所」を〝天〟と呼ぶのだと思っています。ですからそこは、はるか遠い空の彼方ではありません。私たちと共にいる神がいるところが〝天〟なのですから、それは私たちのすぐそばにあるはずです。イエスは〝天に昇った〟と言われますし、またこの出来事と関連する「高挙」という言葉もあります（イエスが神の右の座に就き、万物の支配者になったということを意味する言葉です）。これらは当時の世界観に基づくものとして尊重しつつ、その表現も用いますが、「神の許にいった」という理解で良いのではないかと私は思っています。

　ただ、弟子たちと〝世の終わりまで共にいる〟ことを約束したイエスは、地上の弟子たちのすぐそばにもいるし、世界全体を見渡すか、あるいは包み込むようにして存在している。そのようにも言えると思います。

　昇天に先立ち、イエスは弟子たちにある指示を出します。

《「エルサレムを離れず、前にわたしから聞いた、父の約束されたものを待ちなさい。ヨハネは水で洗礼を授けたが、あなたがたは間もなく聖霊による洗礼を授けられるからである。」》使徒 1：4−5

　この約束を残し、イエスは天に昇っていきました。
　さて、弟子たちがイエスの去っていった空の方を見上げていると、天使が声をかけます。そして、「イエスはまた帰ってくる」と言いました。

《白い服を着た二人の人がそばに立って、言った。「ガリラヤの人たち、なぜ天を見上げて立っているのか。……イエスは、天に行かれるのをあなたがたが見たのと同じ有様で、またおいでになる。」》使徒 1：10−11

　ここに、〝イエスは再び地上にやってくる〟という信仰が生まれます。これを**再臨**信仰と言います。このキリストの再臨＝終末であるというのは前にお話

▼

ししました（物語編 8 章III参照）。つまりキリストが再びくるとき、世界は終焉を迎えるという教えになります。それは間違いなくくるのだけれども、いつかははっきりしていないとされます。そして、この終末に**「神の国」**の完成があるというわけです。そういう意味でキリスト教の言う「神の国」というのは、必ずしも現世的なものではないのですが、教会は〝神の国の先取り〟と理解されています。つまりそれは、世界はいつか新しくされるという将来的な希望であるのだけれども、イエスをキリスト（メシア／救い主）と信じる共同体である教会では、それがすでに実現している（実際にはそのような状態を目指している途上にあると言わざるを得ませんが）と考えられるわけです。

　「終末」や「再臨」については、『ヨハネの黙示録』を扱うところでまた触れたいと思います。「神の国」については、7 章のコラム「神の国の福音」も参照してください。

II．復活の証人（使徒 1：12−26）

> 《そのころ、ペトロは……言った。……「兄弟たち……ユダはわたしたちの仲間の一人であり、同じ任務を割り当てられていました。ところで、このユダは不正を働いて得た報酬で土地を買ったのですが、その地面にまっさかさまに落ちて、体が真ん中から裂け、はらわたがみな出てしまいました。……そこで、主イエスがわたしたちと共に生活されていた間、つまり、ヨハネの洗礼のときから始まって、わたしたちを離れて天に上げられた日まで、いつも一緒にいた者の中からだれか一人が、わたしたちに加わって、主の復活の証人になるべきです。」》使徒 1：15−22

　イエスが地上を去って後、ペトロがまず考えたことは、ユダの脱落により12人から一人減ってしまった使徒の補充でした。使徒は12人であることが重要

▼

だったようです。これはイスラエルの十二部族に由来する数だからでしょう（イ
スラエルの十二部族については物語編 2 章 II 参照）。それで候補を絞った上で〝くじ〟
をひいたところマティアという人に当たります。くじというのはいい加減に見
えるかもしれませんが、聖書では神意をたずねるのによく使われます。

　使徒の補充にあたり、ペトロは自分たちのことを、**復活の証人**だと言います。
イエスの〝復活〟を宣べ伝えるのが使徒の使命だという自覚がうかがえます。
そして、さらに彼らの活動の〝追い風〟となる出来事が起こります。

III. ペンテコステ （使徒 2：1 - 13）

> 《五旬祭の日……突然、激しい風が吹いて来るような音が天から聞こえ……炎
> のような舌が分かれ分かれに現れ、一人一人の上にとどまった。すると、一
> 同は聖霊に満たされ、〝霊〟が語らせるままに、ほかの国々の言葉で話しだし
> た。》使徒 2：1 - 4

　イエスの指示通りエルサレムにとどまっていた弟子たちの上に**聖霊**が降りま
す。すると、ガリラヤ出身の弟子たちがいろんな地域の言葉で〝神の偉大な
業〟について語り始めたというのです。

　ここで参考にしたいのが、旧約の創世記 11 章 1 - 9 節――**「バベルの塔」**と呼
ばれるお話です（26 ページ参照）。かつて神は人間の言葉をバラバラに乱したの
ですが、そのバラバラになった言葉が今や神の偉大な業を伝える道具になりま
す。

　このときエルサレムで起こったことは**聖霊降臨**と呼ばれますが、聖霊の力を
受けたペトロは、ナザレのイエスこそメシア（救い主）であるということを人々
に告げます。

《ペトロは十一人と共に立って、声を張り上げ、話し始めた。「ユダヤの方々、またエルサレムに住むすべての人たち、知っていただきたいことがあります。……ナザレの人イエスこそ、神から遣わされた方です。……イエスは神の右に上げられ、約束された聖霊を御父から受けて注いでくださいました。あなたがたは、今このことを見聞きしているのです。……だから、イスラエルの全家は、はっきり知らなくてはなりません。あなたがたが十字架につけて殺したイエスを、神は主とし、またメシアとなさったのです。》使徒2：14－36

すると、《ペトロの言葉を受け入れた人々は洗礼を受け、その日に3000人ほ

聖霊

　『使徒言行録』において頻繁に登場する聖霊ですが、『ヨハネによる福音書』では、イエスが地上を去り、神の許に帰った後、弟子たちに送られてくるものとして言及されます（ヨハネ16章ほか）。神を根源としており、キリストを通して送られてくるとされますが、弟子たちにキリストが共にいてくれていることを実感させ、その教えを思い起こさせるという働きをします。そのほかの新約の文書（主に手紙）では、①キリスト者を一つにし、②信じる者に「愛、喜び、平和、寛容、親切、善意、誠実、柔和、節制」などの実を結ばせ、教会の徳を高め、③人を神の子とし、永遠の命と平和へ導くといった働きをするとされます。実際のところ、旧約まで含めると容易にはひとくくりにできない多様な「聖霊観」が見られ、たいへん複雑で、かつ豊かな存在であり、現象であり、用語であると言えます。

　また、キリスト教では、〝父（神）〟・〝子（イエス・キリスト）〟・〝聖霊〟が一体であるという「三位一体」の神が信じられています（それぞれを〝父なる神〟、〝子なる神〟、〝聖霊なる神〟という言い方をすることもあります）。

　聖霊を表すシンボルとしては、鳩、風、炎などがあります。

▼

どが仲間に加わった。》（使徒2：41）ということです。ここに**教会**が誕生したと言われます。これは単に洗礼を受けた人々の集団が生まれたということではなくて、イエスが目に見える形ではいなくなってしまった地上において、弟子たちが自分たちで福音を宣べ伝え始めたという出来事が〝教会の誕生〟なのだと私は思っています。現在でもイースターから50日後の日曜日は、**ペンテコステ**（「五旬祭」を意味するギリシア語）と呼ばれ、教会の誕生を祝うキリスト教の三大祝日の一つとなっています。

　それにしてもペトロの変わり様には驚かされます。あの、3度もイエスを〝知らない〟と言ったペトロが立派に説教をし、多くの人々をキリストへの信仰に導いています。そこには、〝聖霊の働き〟という上からの助けと、〝イエスの祈り〟という下からの支えがあったと、私には思えます（物語編8章Ⅷ参照）。

　　《信じた人々の群れは心も思いも一つにし、一人として持ち物を自分のものだと言う者はなく、すべてを共有していた。……レビ族の人で、使徒たちからバルナバ──「慰めの子」という意味──と呼ばれていた、キプロス島生まれのヨセフも、持っていた畑を売り、その代金を持って来て使徒たちの足もとに置いた。》使徒4：32−37

　初期の教会は、まるで理想的な共同体であったかのように描かれています。その中で使徒たちは人々からたいへん好意を持たれていたということです。**バルナバ**など有力かつ信心深い人物も新たに仲間に加えながら、使徒たちの活動は多くの人々の支持を得ていきます。ペトロなどはいやしの奇跡を起こすことができたため、人々は彼が通りかかるところに病人を寝かせ、その影だけでもかかるようにしたと言います（使徒5：15）。

　そんな使徒たちは、妬みに燃えた神殿の大祭司やサドカイ派の人々（物語編7章Ⅴ「サドカイ派」参照）などユダヤ教の指導者たちの迫害を受けます。ときには、逮捕、投獄されたところを天使に助け出されるといったこともありました

が、イエスの名によって教え続けることを必死にやめさせようとする大祭司に
向かって、ペトロたちはこう言い放つのでした。

《人間に従うよりも、神に従わなくてはなりません。》使徒5：29

Ⅳ．7人の執事 (使徒6：1-7)

《兄弟たち、あなたがたの中から、〝霊〟と知恵に満ちた評判の良い人を七人
選びなさい。》使徒6：3

　迫害を受けながらも教会のメンバーは日に日に増えていきました。しかしな
がら、組織が大きくなると問題も生じるもので、ある事件に対応するために、
使徒のサポートをする教会の世話役として7人の弟子が選ばれます（173ページ
参照）。俗に**「執事」**と呼ばれる人々なのですが、その中に、特にカリスマに恵
まれた人がいました。**ステファノ**です。
　7人のリーダー格であったと思われるステファノは、力を持った説教者でも
ありました。彼と論争した人々も歯が立たなかったために、ついには強引に逮
捕された挙句、偽りの裁判にかけられます。そこで彼がした説教は反対者たち
を激しく怒らせ、その結果、死ぬまで石を投げつけられるという「石打の刑」
に処されてしまいます。
　そのときのステファノの様子は、次のように描かれています。

《人々が石を投げつけている間、ステファノは主に呼びかけて、「主イエスよ、
わたしの霊をお受けください」と言った。それから、ひざまずいて、「主よ、
この罪を彼らに負わせないでください」と大声で叫んだ。ステファノはこう
言って、眠りについた。》使徒7：59-60

▼

　このステファノが、言わば教会の最初の殉教者ということになります。それにしても壮絶な死に様です。人を赦すということの究極かもしれません。「イエスが自分の罪を負ってくださった」という自覚から来るものと言えるでしょう。

　このステファノの死を契機に一気に教会への迫害が強まります。しかし、イエスの名が広まるのを阻止したい人々にとっては皮肉なことではありますが、この迫害の強化によってイエスの教えは広まっていくことになります。

　エルサレムでの迫害を逃れ、ほかの町へ散っていった人々によって福音が運ばれていく様子は、ある種の植物が人や動物に蹴飛ばされて種を遠くに飛ばしていくような様子を連想させます。それはまた、エジプトでの虐待の中、ますますイスラエルの人々は増えていったという『出エジプト記』の記述（物語編 I 章 I 参照）を思い起こさせるものです。不思議な神の摂理が働いているということではないでしょうか。

Ｖ．たった一人と出会うため （使徒8：26－40）

　執事の一人フィリポは、エルサレムを離れるとサマリア（地図6：E3）伝道を行い、結構な成果を上げます。その後、今度はたった一人の人と出会うために寂しいところへと導かれます。

> 《天使はフィリポに、「……南に向かい、エルサレムからガザへ下る道に行け」と言った。そこは寂しい道である。》使徒8：26

　ガザ（地図6：G1）に通じる寂しい道でフィリポが出会わされたのは、エチオピアの女王に仕える異邦人の宦官でした（このエチオピアは今のエチオピアとは地

域が異なります)。この宦官は異邦人でありながらイスラエルの神に惹かれていた人で、エルサレム神殿を訪れた帰りだったようです。彼が馬車の中で『イザヤ書』を朗読する声がフィリポに聞こえます。それは53章の「苦難の僕」と呼ばれる箇所で、イエスについての預言とされるところでした(物語編9章および、文書編《旧約》三大預言書『イザヤ書』の項参照)。

> 《彼が朗読していた聖書の個所はこれである。「彼は、羊のように屠り場に引かれて行った。毛を刈る者の前で黙している小羊のように、／口を開かない。卑しめられて、その裁きも行われなかった。だれが、その子孫について語れるだろう。彼の命は地上から取り去られるからだ。」》使徒8：32-33

　このイザヤ書の言葉はナザレのイエスのことを指しているのだと説明すると、宦官はイエスを救い主と信じ、フィリポから洗礼を受けるのでした。

　このようにして様々な背景を持つ人々に(ユダヤ人だけでなく、異邦人に対しても)メシア(救い主)――キリストであるイエスとの出会いがもたらされていきます。

VI.　迫害者パウロの回心 (使徒9：1-19)

　ユダヤ教の指導者たちの刺客として、散っていった教会の信者を捕らえるために執拗に追いかけていた一人のユダヤ人がいました。**パウロ**(ヘブライ語名サウロ)です。小アジアのタルソス(地図8：C8)の出身で、ファリサイ派(物語編7章V「ファリサイ派」参照)に属していたと言います。彼はステファノの殉教の現場にもいたと言われていますが(使徒8：1)、**ダマスコ**(地図6：A5)近郊で不思議な体験をします。

▼

《サウロはなおも主の弟子たちを脅迫し、殺そうと意気込んで……ダマスコに近づいたとき、突然、天からの光が彼の周りを照らした。サウロは地に倒れ、

ギリシア語を話すユダヤ人

『使徒言行録』において一つの転機となるのが「ステファノの殉教」ですが、そもそも彼ら執事が選ばれた背景には何があったのかについてお話ししておこうと思います。

本文で「ある事件」と記しましたが、これは使徒言行録 6 章に記されている出来事です。

《そのころ、弟子の数が増えてきて、ギリシア語を話すユダヤ人から、ヘブライ語を話すユダヤ人に対して苦情が出た。それは、日々の分配のことで、仲間のやもめたちが軽んじられていたからである。》使徒 6：1

エルサレムに誕生した教会では、ユダヤ教の伝統に基づいた貧しい人々への施しが行われていたと思われるのですが、そこに不平等が生じていたというのです。ヘブライ語を話すユダヤ人（ヘブライオイと呼ばれるパレスチナ本土で生まれたユダヤ人。実際はヘブライ語ではなくアラム語を話していたと思われる）が、ギリシア語を話すユダヤ人（ヘレニスタイと呼ばれるパレスチナ以外の地域で生まれたユダヤ人。当時の公用語であったギリシア語しか話せなかったと思われる）のことを差別していたとも考えられる状況が生まれていました。その状況を改善すべく選ばれたのが 7 人の執事であったわけですが、この 7 人はいずれもヘレニスタイからであったと考えられます。

そして、そのうちの一人ステファノが雄弁にイエスをメシアと語ったことでユダヤ当局に目をつけられ、ついに命を落としてしまいます。このステファノの殉教をきっかけとしてエルサレムで教会に対する大迫害が起こり、エルサレムを離れる信者が出てきたわけですが、ここで方々に散っていったのは大部分がヘレニスタイの信者だったと思われます（ペトロらはエルサレムにとどまっています！）。このギリシア語を使うヘレニスタイたちが、異邦人伝道において大きな働きをした最初の人々でした。

▼

「サウル、サウル、なぜ、わたしを迫害するのか」と呼びかける声を聞いた。「主よ、あなたはどなたですか」と言うと、答えがあった。「わたしは、あなたが迫害しているイエスである。》使徒９：１－５

　パウロ（サウロ）は、イエスの声を聞いたというのです。このとき、目が見えなくなってしまった彼のもとにダマスコに住んでいた弟子の一人アナニアが遣わされます。

《サウロは三日間、目が見えず、食べも飲みもしなかった。……ダマスコにアナニアという弟子がいた。……主は言われた。「……ユダの家にいるサウロという名の、タルソス出身の者を訪ねよ。……」しかし、アナニアは答えた。「主よ、わたしは、その人がエルサレムで、あなたの聖なる者たちに対してどんな悪事を働いたか、大勢の人から聞きました。……」すると、主は言われた。「行け。あの者は、異邦人や王たち、またイスラエルの子らにわたしの名を伝えるために、わたしが選んだ器である。」》使徒９：９－１５

　イエスとの神秘的な出会いを体験し、アナニアによって目を開かれたパウロは洗礼を受け、教会を迫害する者から福音の伝道者となります。これがパウロの**回心**と呼ばれる出来事です。
　しかし、もともと迫害者であった彼のことをさすがに教会もすんなり受け入れられたわけではありませんでした。ダマスコのアナニアもそうでしたが、エルサレムに残っていた使徒もパウロのことをすぐには信用しません。しかし、バルナバ（169ページ）が間に入って、両者をとりなすのでした。

▼

Ⅶ. クリスティアノス （使徒10：1−11：30）

　やがて物語の中心人物がペトロからパウロへと移っていく中で**異邦人伝道**が加速します。パウロは特に、この異邦人伝道に従事したということで知られていますが、先に登場したフィリポ、さらにはペトロも実際には異邦人伝道に着手しています。

> 《（ペトロは）彼らに言った。「あなたがたもご存じのとおり、ユダヤ人が外国人と交際したり、外国人を訪問したりすることは、律法で禁じられています。けれども、神はわたしに、どんな人をも清くない者とか、汚れている者とか言ってはならないと、お示しになりました。」》使徒10：28

　カイサリア（地図6：D2）の異邦人コルネリウスの家でペトロが説教したところ、その場にいた人々にも聖霊が降り、そのことをペトロはエルサレム教会に報告しました。

　時を同じくして伝えられるのが、地中海東岸の町シリア州の**アンティオキア**（地図8：C8）における異邦人伝道が成果を上げたことです（これは名もなき弟子たちによって行われます）。このうわさがエルサレム教会に聞こえてきたとき現地へ派遣されたのもバルナバ（169ページ）で、彼がパウロをアンティオキアへ導き、以降、この町はパウロの伝道活動の拠点となります。

　この町で、信者のことが**キリスト者**と呼ばれるようになったということです（使徒11：19−26）。この「キリスト者」というのは、今はいわゆるキリスト教徒、クリスチャンのことを指して使われますが、もともとは教会の人々が自分で名乗ったというより、周囲からつけられた〝あだ名〟だったようです。「キリスト派の奴ら」とか「キリストの輩」という感じでしょうか。揶揄するようなニュアンスを含んでいますが、アンティオキアの信者は、ある意味この呼び名を引

き受けていったのでしょう。1世紀の後半までには自分たちのことを呼ぶ名前
として教会に定着していったと見られます（Ⅰペトロ4章）。

Ⅷ. 使徒会議 (使徒15：1−21)

　異邦人への伝道が進む中で、「異邦人にも律法を守らせるべきか否か」という
問題が浮上します。この問題を協議するために、エルサレムで使徒と有力な教
会員（長老）たちによる会議が開かれ、結果、ごく限られたことのみを異邦人に
は勧めることになりました。

> 《神に立ち帰る異邦人を悩ませてはなりません。……偶像に供えて汚れた肉と、
> みだらな行いと、絞め殺した動物の肉と、血とを避けるようにと、手紙を書
> くべきです。》使徒15：19−20

　ユダヤ人の信徒の中には異邦人にもユダヤの掟である律法、特に割礼などの
規定を守らせなければダメだという人々がいたのですが、それに対して、自分
たちも背負いきれなかったものを他人に背負わせるのはいかがなものかとペト
ロが言ったことで、いくつかのことのみを大事にするよう勧めようということ
で落ち着きます。この使徒の会議が後の公会議の原型だと言われています。偶
像に供えられた肉というのは、神殿でローマの神々にささげられた肉が下げら
れて市場に出ることがあったということで、それは食べてはいけないというわ
けです。ただ、パウロにはこの辺にも彼なりのスタンスがあるのですが、詳細
は『コリントの信徒への手紙一』の10章に記されています。
　このようにユダヤ人と異邦人とが同じ神とキリストへの信仰のもとに共存し
ていこうという歩みが進められます。

▼

IX. ヨーロッパ伝道の初穂 (使徒16：11−15)

パウロは、地中海周辺の町々をめぐる**宣教旅行**を３度行ったといいます（１回目は先に紹介した使徒会議よりも前に行われています。地図8参照）。その間、福音はパレスチナから小アジア、更にヨーロッパへと拡がっていきました。パウロのヨーロッパ伝道による最初の入信者となったのは、２回目の宣教旅行で訪れたフィリピ（地図8：A5）に住む一人の女性でした。

> 《ティアティラ市出身の紫布を商う人で、……リディアという婦人も話を聞い
> ていた》使徒16：14

この女性、いかにもリディアという名前のようですが、実際は彼女の出身地から「リディアの女性」といった呼ばれ方をしていたようです（地図8：B6）。つまり、ヨーロッパ伝道の初穂は、名もなき女性であったというわけです。

キリスト教は欧米のものというイメージが強いかもしれませんが、実際にはアジア圏の端で生まれて、ヨーロッパへ広がって行ったものであるというのは知っておいてもらっていいかなと思います。

X. 教会が教会であるために (使徒17：16−34)

第２次宣教旅行中のアテネ（地図8：B4）での出来事です。その町の住民は、パウロが語る〝新しい教え〟に興味を示していました。ところが、話が〝死者の復活〟に及んだ途端、あざ笑う人、相手にしない人があったというのです。

> 《死者の復活ということを聞くと、ある者はあざ笑い、ある者は、「それにつ

いては、いずれまた聞かせてもらうことにしよう」と言った。それで、パウロはその場を立ち去った。》使徒17：32－33

マルコ再び

『使徒言行録』で極めて貴重な働きをしている人物の一人がバルナバです（私が特に好きな聖書の登場人物でもあります）。彼は人柄の良い人物でもあったようですし、パウロをエルサレムの使徒と引き合わせ、アンティオキアから始まる活動へと導くという重要な役割を果たしたパウロの相棒とも言える人物です。

　その彼が、パウロと袂を分かつ出来事が起こります。それには「マルコと呼ばれるヨハネ（使徒15：37)」という若い弟子が関係していました。マルコはバルナバとパウロの助手として１回目の宣教旅行に参加するのですが、間もなく離脱してしまいます。理由は定かではありません。やがて第２回の宣教旅行を始めるとき、バルナバはもう一度マルコを同行させたいと言うのですが、パウロは同意しません。聖書の記述では、前に一度逃げ出したような奴は連れて行きたくないといった感じです。

　そこで二人の意見が激しく衝突し、ついに別行動をとることになったことが伝えられます。そして、これを機にバルナバは『使徒言行録』の表舞台から姿を消します。それなりの存在感を示してきた彼の退場劇は唐突であり、また寂しさを感じさせます。どうしてそこまでマルコにこだわったのか。パウロの意見を尊重していれば、もう少し聖書の中に名前を残すこともできたかもしれません。

　しかし、新約聖書の手紙の中に、マルコと呼ばれる人物がパウロの良き協力者となっていたということがうかがえる記述があるのです。バルナバがもう一度チャンスを与えたいと願った若者は見事に成長し、その名が再び現れるときには、かつての相棒を支える存在となっていた。人間には測り知れない仕方でつながれていく私たちの働きがあることを感じさせられます。実にパウロが次のように言っている通りではないでしょうか。

《神を愛する者たち、つまり、御計画に従って召された者たちには、万事が益となるように共に働くということを、わたしたちは知っています。》ローマ8：28

　私たちから見て古代人に属するような当時の人々でも、〝復活〟というのはにわかには信じがたいことだったようです。

　パウロがもし〝復活〟に言及しなかったら、彼の話は多くの人を惹きつけたかもしれません。だとしても、パウロは〝死者の復活〟──〝イエスの復活〟について語らずにはいられませんでした。どんなに人を増やすことができても、〝復活〟を語らない教会は、教会ではないからです。

XI. 世界の中心で愛を語る （使徒28：17−31）

　一気に飛びます。

　地中海周辺の町々での宣教の働き、直面する困難とそこに与えられる助け、そして成果について記される3回の宣教旅行の後、パウロはいったん**エルサレム**を目指します。それは、各地の異邦人教会で集めたエルサレム教会に対する献金を届けるためでした（この献金については、パウロの手紙、特に『コリントの信徒への手紙二』で言及されています）。

　エルサレムに到着したパウロは、エルサレム教会のメンバーからあることを要請されます。神殿に行って、身を清めるなどしてみせ、律法を必ずしもないがしろにしていないことを示してほしいというのです。それは、彼の活動がエルサレムのユダヤ人に知れ渡っていたことに対する配慮でした。律法を持たない異邦人への伝道に熱心であるパウロは、ユダヤ人に対しては律法を守らないよう教えているという噂が立っていたのです。これが必ずしも正確な情報ではないということを、パウロのエルサレム到着に当たり何かの形で示さなければ、何が起こるかわからないと考えたエルサレム教会の人々の提案をパウロは承諾し、数人のユダヤ人を伴い神殿を訪れます。ところが、彼が以前エルサレムで異邦人と一緒に行動していたのを見ていた人が、「パウロが異邦人を神殿に連れ込んでいる！」と騒ぎ始めたのです（エルサレム神殿には、異邦人が立ち入ってはい

けない領域があり、それを侵したと誤解したのです）。これがエルサレム中を混乱に陥れるたいへんな騒動となってしまい、ローマ帝国の守備隊が出動する事態となります。その結果、パウロは騒動の重要参考人としてローマの官憲の保護下に置かれますが、それがかえって彼をユダヤ人たちが企てた暗殺計画から守ることになりました。

　真相究明は紆余曲折を経て、数年に及びます。最終的にパウロの身柄は帝国の都**ローマ**（地図8：A1）に護送されることになりますが、これはローマの**市民権**を持っていたパウロがその権利を行使し、皇帝に上訴したためでした。このような形でローマ行きが実現するとは、パウロもきっと思っていなかったでしょう（彼は『ローマの信徒への手紙』の中で、ローマ訪問を切望しながらなかなかかなわなかったと述べています）。その後、様々な困難を経て（途中、乗っていた船が嵐に遭って難破したり、マムシにかまれたり大変なこともありましたが）、パウロはローマに到着し、ついにはそこでの伝道を果たしたということです。

> 《パウロは、……全く自由に何の妨げもなく、神の国を宣べ伝え、主イエス・キリストについて教え続けた。》使徒28：30−31

　「すべての道はローマに通ず」と言われたほどの都、新約聖書が描く「世界」＝ローマ帝国の中心とも言える所でパウロは最終的に活動することになります。ここでルカの手による『使徒言行録』は幕を閉じますが、使徒たちの物語というのは今も現代の教会に引き継がれ、綴られ続けていると言えるでしょう。「教会は神の国の先取り」と言いましたが、それは決して容易に実現するものではないことがわかります。ステファノが登場した経緯（170ページ、173ページ）にも教会内に差別が生じたことがうかがえますし、人間同士の意見の対立も当然ありました。それら繰り返し人と人の間に生じる「分断」の根っこには、神と人の関係の歪みである「罪」の問題がありました。その問題に解決をもたらす救い主イエスを信じ、そのイエスと共に「罪」との戦いに身を投じた人々がい

▼

たのです。そんなかれらの活動の原動力となったのは、〝イエスの復活を信じた〟ということであったに違いありません。

　〝悲惨〟とも言える人間の現実に諦めることなく、イエス・キリストへの信仰に基づき、共に生きることを目指すかれらの営みは、天地創造以来の人と神の歴史の延長線上にあります。様々な形で人と、世界と関わってきた神は、ついに人との「分断」を受け入れることができませんでした。その「分断」に抗う神が行った最大の介入が、独り子を世に遣わすということだったのです。この壮大な「『分断』に抗う物語」、人というものを知り尽くしながら人を諦めることのできない神の「大いなる挑戦の物語」、それが『聖書』だと言えるでしょう。

【対応する文書編】

『使徒言行録』　240 ページ

▼

第二部　文書編

『聖書』とキリスト教

　『聖書』は、キリスト教の「正典（カノン）」です。カノン（canon）とは元々ギリシア語で「ものさし」を意味する言葉ですが、「正典」というのは宗教にとっての「教義の規準」となるものを言います。

　『聖書』には「旧約」と「新約」がありますが、この「約」は「契約」の約で、〝訳〟ではないことに注意してください。『聖書』の「旧約」と「新約」は〝翻訳〟の違いではなくて、全く別の内容が書かれています。

　キリスト教の「キリスト」とは、「メシア」というヘブライ語の単語のギリシア語訳から来た言葉です（89ページ参照）。イエス・キリストとは、もともとは「キリストであるイエス」という意味で、姓と名ではありません。イエス・キリストは「キリストであるイエス」「救い主イエス」といった言葉であったものが、後に固有名詞化したものです。イエスというのは当時、彼が属していたユダヤ人共同体では珍しい名前ではなくて、至極一般的な名前だったようです。このようなよくある名前の場合、個人を特定する際には出身地と合わせて呼ばれました。聖書においてキリストとされるイエスの場合、「ナザレのイエス」と呼ばれます（物語編 6 章III参照）。

　このナザレのイエスが今から2000年ほど前、古代ローマ帝国の支配下にあるパレスチナに現れました。その教えは革命的で、人々に強烈なインパクトを与えましたが、最終的にエルサレムで十字架刑に処せられました。この十字架にかかって死んだイエスを救い主だと信じるのが「キリスト教」です。そして『聖書』は、このこと──「イエスがキリストである」ということを証言する書物です。ただし、「旧約」にはイエスは登場しません。「旧約」で語られていることは、「いつか救い主が現れる」ということです。

旧約聖書

　まず「旧約」という呼び方ですが、「旧約」というのは「新約」から見た「旧約」ということです。つまり、イエスによる「新しい契約」を信じるキリスト教では、それまでの契約を「古い契約」、すなわち「旧約」と考えます（物語編3章IIIおよび物語編8章V参照）。その古い契約について書かれた部分とされる「旧約（聖書）」というのは、もともとユダヤ教の正典であったもので、ほとんどの部分がヘブライ語で書かれています（一部、アラム語）。ユダヤ教では、この旧約の部分だけを「聖書」と呼びます。

　キリスト教はユダヤ教を母体に生まれてきたのですが、ユダヤ教の「聖書」において「いつか現れる」とされた救い主がナザレのイエスだと信じた人々がキリスト教を形作っていき、そのイエスにより新しい契約が成立したというキリスト教の発想から、ユダヤ教の聖書を「旧約」と呼ぶようになったのです。ところが、イエスを救い主と認めない立場のユダヤ教の人々にとっては、自分たちの聖書とそこに書かれている契約は古くなってなどいません。この点に配慮するなら、「旧約聖書」ではなく、「ヘブライ語聖書」と本来は呼ぶべきなのかも知れませんが、この本では便宜上「旧約」という言葉を使います。

　「旧約」には、39の文書が収められていますが、これはキリスト教でのカウントです。ユダヤ教では、24もしくは27と言われます。それは、キリスト教では「上・下」に分けてあるものがユダヤ教では分けていなかったりするためです。さらに文書の配列も違います。ユダヤ教の「聖書」における区分と、それぞれに属する文書は以下の通りです。

　　律　法＝創世記、出エジプト記、レビ記、民数記、申命記（「モーセ五書」）

　　預言者＝ヨシュア記、士師記、サムエル記、列王記（ここまで「前の預言者」）、
　　　　イザヤ書、エレミヤ書、エゼキエル書、ホセア書、ヨエル書、アモ
　　　　ス書、オバデヤ書、ヨナ書、ミカ書、ナホム書、ハバクク書、ゼファ
　　　　ニヤ書、ハガイ書、ゼカリヤ書、マラキ書（「後の預言者」）
　　諸　書＝詩編、箴言、ヨブ記、雅歌、ルツ記、哀歌、コヘレトの言葉、エス
　　　　テル記、ダニエル書、エズラ記、ネヘミヤ記、歴代誌

　ユダヤ教ではこのように『創世記』から始まって『歴代誌』で終わるという
順番で並んでおり、これは「正典としての権威が与えられていった順番」にな
ります。つまり、ユダヤ教では前の方にある文書ほど、早くから大切な文書と
認められていたということになります。

　ユダヤ教の「聖書」は「ＴＮＫ（タナク or タナハ）」とも呼ばれますが、これ
は上記の３つの区分、「律法（トーラー）」「預言者（ネビイーム）」「諸書（ケトゥ
ビーム）」の頭文字をとったものです。初めの「律法」にあたる５巻には特別な
呼び方があり、「モーセ五書」と言います。これは昔、『出エジプト記』の主人
公であるモーセが著者であると考えられていたためです。それから「預言者」
「諸書」と分けられるのですが、この区分と文書の並びはユダヤ教のものでキリ
スト教のものとは異なります。キリスト教の区分と文書の並びは以下のとおり
です。

　①創世記、出エジプト記、レビ記、民数記、申命記、ヨシュア記、士師記、
　ルツ記、サムエル記、列王記、歴代誌、エズラ記、ネヘミヤ記、エステル記
　②ヨブ記、詩編、箴言、コヘレトの言葉、雅歌
　③イザヤ書、エレミヤ書、哀歌、エゼキエル書、ダニエル書、ホセア書、ヨ
　エル書、アモス書、オバデヤ書、ヨナ書、ミカ書、ナホム書、ハバクク書、
　ゼファニヤ書、ハガイ書、ゼカリヤ書、マラキ書

▼

　キリスト教の「旧約」の配列は、ヘブライ語聖書が紀元前３〜２世紀にギリシア語に翻訳された「七十人訳聖書（セプチュアギンタ）」に倣っています。新約時代の人々にとってはギリシア語が公用語であり、ヘブライ語の「聖書」ではなく「七十人訳」が読まれていました。初期キリスト教の担い手となった人々が生み出していった「新約」の諸文書も基本的にギリシア語で書かれており、「旧約」からの引用も、ほぼ「七十人訳」からです。この翻訳の際に入れ替えられた順番は、文書の内容から「かつて起こったこと」「これから起ころうとしていること」「その間のこと」という流れを意識したものになっています。この配列は文書の内容に基づいて上記のように分けられますが、①を「歴史」、②を「文学」、③を「預言」と呼ぶのが良いと思います。

新約聖書

　イエス以後に記された27巻の文書が集められたものが「新約（聖書）」です。初めに救い主イエスの活動を記す４つの『福音書』と、イエスの弟子たち（教会）の活動を記す『使徒言行録』が置かれます。これら「イエスと弟子たちの物語」に続くのが「書簡」、すなわち〝手紙〟です。地中海周辺の教会や個人に宛てて書き送られた21通の手紙が収録されています。そして最後に、独特な筆致で「世界の終わり」について記す『ヨハネの黙示録』が置かれます。これらの文書は、紀元前300年頃から地中海周辺で一般的に使われていたコイネーと呼ばれるギリシア語で書かれています。

　イエスが「神の国」の宣教を開始したのは30歳を過ぎた頃で、その活動は数年程度であったと言われます。十字架の死を遂げたイエスの復活を信じた弟子たちは、ナザレのイエスこそメシア（救い主）であり、この人は自らの死をもってかつて自分たちの先祖であるイスラエル民族と神との間に結ばれた契約を更新し、人類すべての救いを成就したと宣べ伝えていきます。そのとき、弟子た

▼

ちが語り伝えたイエスの言葉や行動が徐々にまとめられていきます。それらが
イエスの生涯を綴る『福音書』の素材になったと思われます（『Q』と呼ばれるイ
エスの「語録集」などがその一つと考えられています）。これらの『福音書』に先立っ
て成立していたとみられるのが「パウロの手紙」で、大体紀元50年から56年頃
に書かれたと考えられます。イエスが実際に生きていた頃からは、少なくとも
15年くらいは開いていることになりますが、これが「新約」の文書群の中で一
番古い時期のものとされます。そこから14〜15年経って、最初の福音書であ
る『マルコによる福音書』（四福音書の中では2番目に置かれる）が書かれています。
一方、一番新しいと思われるのは、最後に置かれている『ヨハネの黙示録』で
はなく、『ペトロの手紙二』で、2世紀半ばの成立とされます。

　このように「新約」は、紀元50年から150年頃の間の大体100年間において書
かれた文書の集合体であり、配列は書かれた順でもありません。「福音」の出発
点とも言えるイエスの活動を伝える文書に始まり、それを引き継ぐ教会の物語
の後、初期の教会で権威を持っていたパウロが書いたとされる手紙群、そのほ
かの「使徒」たちの名を冠する手紙、そして新しい世の到来を描く『黙示録』
という構成ですが、これもある意味、「旧約」と同じく「かつて起こったこと」
「これから起ころうとしていること」「その間のこと」という配置であるように
見えます。

文書編の構成

　この後の「文書編」では、66巻（旧約39巻、新約27巻）の文書で構成される『聖
書』の各文書の概要を紹介します。

　順番としては、まず『聖書』全体を「旧約」と「新約」に分け、「旧約」の方
から紹介していきますが、「旧約」を先の①、②、③に区分した上、①を「モー

セ五書」と「歴史」、②を「文学」、③を「三大預言書」と「ダニエル書＆十二小預言書」と分けています。①の「モーセ五書」＋「歴史」の部分は『創世記』から『エステル記』までの順番に従って紹介します。続く②「文学」のところでは、『ヨブ記』から『雅歌』に加えて、本来は③の中にあって『エレミヤ書』の後に置かれる『哀歌』もここで紹介します。そして、③の「三大預言書」＋「ダニエル書＆十二小預言書」の部分ですが、「三大預言書」で『イザヤ書』『エレミヤ書』『エゼキエル書』を紹介した後、『ダニエル書』に入るところまでは『聖書』の収録順どおりですが、いわゆる「十二小預言書」については、内容の時系列に沿って紹介しています。『ホセア書』から『マラキ書』という収録順は、ヘブライ語聖書の「後の預言書」における『イザヤ書』『エレミヤ書』『エゼキエル書』に続く順番を踏襲しており、扱っている年代についてはバラバラなのです。これを本書では〝ストーリーの流れ〟を意識して年代順に並べています。

　新約の方は、「四福音書」「パウロの手紙Ⅰ」「パウロの手紙Ⅱ」「その他の手紙・黙示録」と分け、「四福音書」の項では四つの福音書と『使徒言行録』を紹介していますが、福音書は書かれた順に取り扱っています。続いて「パウロの手紙」13通を、彼が実際に書いたとされるものを「Ⅰ」（7通）、パウロの名前を借りた別人によって書かれたとされるものを「Ⅱ」（6通）とし、それぞれの項ごとに書かれた順に紹介しています。そして、「その他の手紙・黙示録」では、残りの手紙をやはり書かれた順に紹介した後、やや特殊な文書である『ヨハネの黙示録』について解説しています。

　文書ごとに、実際にそれぞれの文書を読んでみたいと思っていただけるようなサブタイトルを付けてみました。内容をイメージする参考になればと思います。区分けの〝枠〟を取り除いた新約27巻すべての成立順の一覧および、実際の『聖書』における収録順は、次ページをご覧ください。

▼

AD50年	1. Ⅰテサロニケ（50 年頃）	
	2. ガラテヤ（〜54）	
	3. フィリピ（〜55）	4. フィレモン（〜55）
	5. Ⅰコリント（55 年春）	
	6. Ⅱコリント（56 年頃）	7. ローマ（56 年頃）
60年	8. コロサイ（60 年代）	
70年	9. マルコ福音書（70 年前後）	
80年	10. マタイ福音書（80 年代）	11. ルカ福音書（80 年代）
	12. エフェソ（80 年代）	13. ヘブライ（80 年代）
	14. Ⅱテサロニケ（80 年代）	
90年	15. 使徒（90 年代）	16. ヨハネ福音書（90 年代）
	17. Ⅰペトロ（90 年代）	18. 黙示録（90 年代）
1世紀	19. Ⅰヨハネ（1 世紀末）	
	20. Ⅱヨハネ（1 世紀末）	
	21. Ⅲヨハネ（1 世紀末）	
2世紀	22. ヤコブ（2 世紀初め）	23. Ⅱテモテ（2 世紀初め）
	24. テトス（2 世紀初め）	25. Ⅰテモテ（2 世紀初め）
	26. ユダ（2 世紀初め）	
	27. Ⅱペトロ（2 世紀中頃）	
3世紀		

一番古いもので紀元 50 年頃、一番新しいもので 2 世紀中頃(=100 年代の半ば)ということなので、新約聖書はおよそ 100 年の間に書かれた文書が集められたものとなる。
この 27 書のリストは 367 年に書かれたとされるアタナシオスの書簡に既に見られるが、正典として承認されたのは 397 年のカルタゴ会議において。

「新約聖書」成立

実際の聖書における収録順

《旧約聖書》

1　創世記
2　エジプト記
3　レビ記
4　民数記
5　申命記
6　ヨシュア記
7　士師記
8　ルツ記
9,10　サムエル記（上・下）
11,12　列王記（上・下）
13,14　歴代誌（上・下）
15　エズラ記
16　ネヘミヤ記
17　エステル記
18　ヨブ記
19　詩編
20　箴言
21　コヘレトの言葉

22　雅歌
23　イザヤ書
24　エレミヤ書
25　哀歌
26　エゼキエル書
27　ダニエル書
28　ホセア書
29　ヨエル書
30　アモス書
31　オバデヤ書
32　ヨナ書
33　ミカ書
34　ナホム書
35　ハバクク書
36　ゼファニヤ書
37　ハガイ書
38　ゼカリヤ書
39　マラキ書

《新約聖書》

1　マタイによる福音書
2　マルコによる福音書
3　ルカによる福音書
4　ヨハネによる福音書
5　使徒言行録
6　ローマの信徒への手紙
7,8　コリントの信徒への手紙（Ⅰ・Ⅱ）
9　ガラテヤの信徒への手紙
10　エフェソの信徒への手紙
11　フィリピの信徒への手紙
12　コロサイの信徒への手紙

13,14　テサロニケの信徒への手（Ⅰ・Ⅱ）
15,16　テモテへの手紙（Ⅰ・Ⅱ）
17　テトスへの手紙
18　フィレモンへの手紙
19　ヘブライ人への手紙
20　ヤコブの手紙、
21,22　ペトロの手紙（Ⅰ・Ⅱ）
23,24,25　ヨハネの手紙（Ⅰ・Ⅱ・Ⅲ）
26　ユダの手紙
27　ヨハネの黙示録

《旧約》 モーセ五書

　このセクションでは、「モーセ五書」の概要を紹介します。モーセ五書とは、旧約の最初に置かれている五巻の書物のことを言います。古くは『出エジプト記』に登場するモーセが著したと考えられたことからついた名称ですが、単に「五書」とも言われます。ユダヤ教ではこの5つの文書を「律法（トーラー）」と呼び、特に重んじています。

　「モーセ五書」の著者がモーセであるという説は、現在ほとんど支持されていません。モーセが知り得ないはずの情報も含まれているといった理由によりますが、そもそも「モーセ五書」に含まれる文書は、一人の著者が書き下ろしたようなものではなく、複数の資料が編集されて出来上がったものであると考えられています。その資料については様々な説が唱えられていますが、通説となっているのは、「J（ヤハウィスト）資料」「E（エロヒスト）資料」「D（申命記）資料」「P（祭司）資料」という4つが用いられているということです。「J」からとられた部分は神のことを「ヤハウェ（主）」と呼び、擬人的に描くのが特徴の一つです。「E」は、資料としては断片的です。神は「エロヒーム（神）」と呼ばれ、あまり人と直接的に関わることはせず、夢や天使が媒介します。「D」は、ほとんど『申命記』の資料として使われています。「P」は〝祭司（Priest）〟という名の通り、祭儀行為やそれを司る祭司に対する関心が強いとされます。年代、系図を好み、神のことは基本的に「エロヒーム」で呼ばれますが、その存在は超越的・絶対的で「E」とは印象が異なります。これらの「文書資料」になる以前には、「口頭伝承」として伝わっていたものがありました。少なくとも「モーセ五書」は、それらの断片の集合体であるわけです。

始まりの書── 『創世記』

　「旧約聖書」の最初の一巻で、『聖書』全体の最初の文書でもあります。もともとのヘブライ語での書名は『ベレーシート』と言い、「初めに」という書き出しの単語がそのまま文書の名前になっています。英語では「Genesis（ジェネシス）」と言いますが、「起源」といった意味の言葉で、ギリシア語の「七十人訳聖書（セプチュアギンタ）」での書名に由来します（「七十人訳聖書」については文書

▼

編の導入部参照）。

　全50章。世界の始まりを記す「天地創造」の神話から「アダムとエバ」「ノ
アの箱舟」「バベルの塔」といった有名なお話を含む「原初史」とイスラエル民
族の祖であるアブラハムおよび彼の子孫たち「族長」と呼ばれる人々の物語で
構成されます。「旧約聖書」は、このアブラハムに始まる古代オリエント世界を
舞台としたイスラエル民族の歴史を記していきます（厳密な意味での〝歴史〟では
ありませんが）。

　物語調で進んでいく『創世記』ですが、一人の著者が最初から最後まで書き
下ろした文書ではなく、複数の文書資料（J、E、Pの3つというのが定説）を組み
合わせて出来上がったものと考えられています。その文書資料もさらに古い口
頭伝承が集められて生まれたものです（「人間の創造」について複数のパターンが見
られるのも、このことが影響しています）。今の形になったのは、古代イスラエル民
族の国が滅び、「バビロン捕囚（紀元前586年～539年）」という出来事を経験した
後のことと言われています。「原初史」の部分にはバビロニアの神話の影響が見
られることも指摘されます。

　「世界」の成り立ち、「人間の創造」に関する記述は、私たちに「人間とは何
か」ということを考えさせます。後のキリスト教の信仰の重要な部分に関わる
問題がそこにはあり、すべての「始まり」が記された文書と言えるでしょう。
後半のイスラエル民族の父祖たちに関する物語に描かれる人間模様、その愛憎
劇は、多くの人が持つ『聖書』のイメージを変えてしまうかもしれません。し
かし、そこに人間の真実を描く『聖書』の物語の魅力も感じられることでしょ
う。

　最後に記されるヨセフの物語は、カナン（今のパレスチナ）からエジプトにイ
スラエル民族の祖先が移住した経緯を記すお話で、次の『出エジプト記』への
橋渡しをしています。

世紀の大脱出──『出エジプト記』

　「旧約聖書」第2の書は、ヘブライ語の書名を『シェモート（名前）』と言い、やはり書き出しの言葉からきています。英語では「Exodus（エクソダス、脱出）」で、こちらもやはり「七十人訳」からきています。「七十人訳」は文書の内容からタイトルを付けていますが、まさにこの文書に描かれるのは、イスラエル民族のエジプトからの大脱出劇です。『創世記』の最後にあるヨセフの物語から400年が経った時代のエジプトを舞台に、イスラエル人でありながらエジプトのファラオの王女の子として育つことになったモーセの数奇な人生の始まりを記す文書でもあり、繰り返し映像化されていることからもその人気がうかがえます。イスラエル民族の間で特別な尊敬を受ける人物の一人であるモーセですが、先に触れた映像化作品の影響もあり、一般にも広く知られています。実際の『出エジプト記』では、そんな彼の意外な一面も見られるはずです。

　キリスト教においてもイエス・キリストによる救いの出来事と結び付けられ、イエスが新約において行ったことの背景となることが描かれる重要な文書と言えます。

　有名な「海が割れる」奇跡などが描かれる冒険活劇のような前半の内容に比べれば、シナイ山において「十戒」を神から授けられる場面以降、後半はやや退屈になってしまうかもしれませんが、イスラエル民族にとって意味のある「律法」の規定が記されています。最終的には「幕屋の建設」が指示されるところで終わるのですが、これは約束の地カナンを目指す旅の間、イスラエルの民と神が共にいるという「臨在の証」でもあります。実は、モーセに率いられたイスラエル民族のエジプト脱出の物語というのは『出エジプト記』で終わるわけではなくて、ここからさらに『申命記』まで続いていくのです。

「律法（トーラー）」の真骨頂!? ──『レビ記』

　「モーセ五書」のことをユダヤ教では「律法（トーラー）」と呼びます（ユダヤ教の「聖書」とキリスト教の『聖書』の関係については文書編の導入部参照）が、その第三の書『レビ記』は全体を通して様々な規定が記されている実に「律法（トーラー）」らしい文書です。

　ヘブライ語の書名は『ワイクラー（彼は呼んだ）』で、先の2つの文書と同じく書き出しの言葉です。『レビ記』は「祭司に関わること」といった内容から付けられた「七十人訳」および「ラテン語聖書」の影響によるものです。単一の文書資料（P）に基づいていますが、その資料も徐々に出来上がっていったものであることは言うまでもありません。シナイでの律法授与を描いているものの、実際に今の形になったのは紀元前6世紀の後半で、バビロン捕囚から帰還した人々が「第二神殿」で祭儀を行っていた頃とされます（ちなみにモーセたちがエジプトを出たのは、紀元前1200年代のことと言われます）。ただ、17章－26章の部分は古くから伝わっていた法集であったようです。

　モーセの兄アロンの家の者がイスラエルの民の祭司職（神と民とを取り次ぐ働き）を担い、聖なる存在である神と人間との間に立つべきことが記されます。この伝統を踏まえ、新約では、イエス・キリストこそが究極の祭司であることが告げられます。

荒れ野をさまよう原因──『民数記』

　エジプトを出たイスラエルは、約束の地カナンに到着するまで40年かかったと言われます。エジプトからカナン（今のパレスチナ）がそんなに遠いはずはないのになぜ？　という疑問に答えるのが、この文書です。

　ヘブライ語での書名は、『ベミドバル（荒れ野にて。ユダヤ教で伝統的なこの書名はほかの「モーセ五書」と違い、5番目の単語が使われるようになっています）』。『民数記』は、イスラエルの民の人口調査について書かれていることから付けられた「七十人訳」の書名からきています。

　『レビ記』からつながるような規定の記述の中に、シナイからカナンの地へ移動を始めたイスラエル民族の動きが描かれます。そこで問題となったのが、カナンの地の間際まで行きながらイスラエルの民がとった態度でした（詳細は物語編3章IV参照）。全体に荒れ野を旅するイスラエルが漏らす不満が記されるのですが、そのとき顕わになった彼らの不信仰が荒れ野をさまよう40年の旅という事態をもたらします。そして、モーセの生涯の結末につながるとされる事件も起こるのでした。

　そのほか、新約に引用される箇所も多い文書です。中でも「しゃべる〝ろば〟」の話（22章）は、なかなか印象的です。

衝撃の結末に全イスラエルが泣いた ── 『申命記』

　「モーセ五書」最後の書は、ヘブライ語の書名を『デバリーム（言葉）』と言います。「七十人訳」は17章18節の言葉を「第二の律法」と受け取って「デウテロノミウス」という書名にしました。そこから来る『申命記』という日本語の書名なのですが、「申」に「かさねて」という意味があることから「かさねて命じる」という漢語訳聖書の書名を踏襲したものです。

　40年の旅路を終えようとしているイスラエルの民にモーセが語りかけている様子を描いていますが、文書自体の成立はなかなか複雑で、南ユダ王国（物語編5章IV参照）がヨシヤ王によって治められている頃（紀元前7世紀）の状況がまず深く関係しているとされます。さらにその後のバビロン捕囚の時期を経て今の形になっているようです。

▼

　カナンの地に東側から入っていくことになったイスラエルの民がヨルダン川を越えようとしているところで、モーセはこれから与えられる土地で注意すべきことなど語り聞かせます。土着の神々を崇拝することへの誘惑など、それらは実際にその後のイスラエル民族が直面した問題でした。その後、「偶像崇拝」の問題を現実的に抱えたヨシヤ王の宗教改革において、この『申命記』の主要部分はモーセの教えに立ち帰ることを人々に促すという重要な役割を果たしたとされます。

　この文書は、「五書」のほかの文書とは違う資料（D）から成っており、その編集に携わった人物（「申命記的史家」と呼ばれます）の思想・神学は、この後に置かれる『ヨシュア記』から『列王記』までの諸文書に強い影響を与えているとされます。イエスもしばしばこの書の言葉を引用しました。

　後継者ヨシュアの名を冠する『ヨシュア記』へのつながりが感じられる結末において、それまでイスラエルの人々を引っ張ってきたモーセの〝旅〟の終わりも記されるのでした。

▼

《旧約》歴史

　このセクションでは、キリスト教の「旧約聖書」において6〜17番目に置かれている文書を紹介します。本来は、一つ前のセクションで紹介した「モーセ五書」と合わせて「歴史」と位置付けられる文書群になります。荒れ野の旅を終えたイスラエルの民のカナン侵入から王国の成立、滅亡、そしてその後というイスラエル民族の歴史を記した〝歴史書〟の趣を持った文書が集められています。

約束の地を踏む者、雄々しくあれ！──『ヨシュア記』

　モーセの後を継ぎイスラエルの民を導いた若きリーダー「ヨシュア」の働きを記した文書で、「モーセ五書」に本書を加えて「六書」と呼ぶこともあります。
　荒れ野を40年旅する間に、イスラエル民族には世代交代が起こりました（実はこれを目的として神はイスラエルの人々を40年もさまよわせたということが『民数記』『申命記』には記されています）。その新しい世代を率いたのが、モーセの従者であったヨシュアです。『ヨシュア記』の大部分を占めているのが、約束の地にたどり着いたイスラエル民族が、12の部族（物語編4章I参照）ごとに分かれて住むための「土地分割」の記事です。その前後に、『申命記』の舞台となっていたヨルダン川の東側から西側へ向かっての渡河と、不思議な方法で行なわれたエリコという町の占領の出来事。シケムで神とイスラエルの民が改めて契約を結ぶという出来事（シケム契約）が記録されています。
　ついにカナンに侵入し、定住生活を始めるイスラエル民族の様子が描かれますが、その時点でイスラエルの人々の前途には暗雲が立ち込めていることが匂わされます。

▼

それは、まだイスラエルに〝王〟がいなかった時代──『士師記』

カナンに定着したイスラエル十二部族（物語編2章II参照）が、〝国〟の形をとる前のお話。

『士師記』という書名の表記は漢語訳聖書の影響を受けたもので、もともとのタイトル「ショフェティーム」は〝裁きつかさ〟といった意味です。紀元前12世紀のイスラエル民族の中に現れた指導者〝士師〟たちの活躍を描きます。主に周辺諸民族との戦いにおいて存在感を示す士師は、デボラやギデオン、サムソンといった人々が特に有名ですが、その外敵の圧迫というのも実はイスラエルの人々が異教の神々になびいていくことに対する神の戒めでした。農耕生活を始めたイスラエルの民は、豊穣をもたらすという神バアルや女神アシュトレト、アシェラを崇拝する誘惑にさらされます。これらの神々の存在はイスラエル民族の歩みに大きな影響を与えていき、さらにペリシテ人といった強大な異民族との接触により、イスラエルの共同体は、ある変化を求めるようになるのでした。

惚れた腫れたに神の業──『ルツ記』

イスラエル民族を士師たちが裁いていた時代、ベツレヘムから飢饉を逃れるべく異邦の地モアブに移住したものの大きな悲劇に見舞われ、どん底に落ちたナオミと、彼女に従いベツレヘムにやって来たモアブ人女性ルツの物語。

異邦人の女性の名がタイトルとなっている珍しい文書です。『ヨシュア記』から『士師記』につながる流れが〝イスラエルの物語〟のメインストリーム（主要な流れ）だとしたら、その脇で起こっていた出来事としてサイドストーリーに位置づけられる小品ですが、実は後のイスラエル民族史に大きく関わる出来事

▼

199

を含んでいることが明らかになります。神の導きの下、〝真心〟という言葉を軸に展開される〝大人のラブストーリー〟です。

英雄王、登場！──『サムエル記　上・下』

　〝王〟を頂く都市国家の形態をとる近隣の異民族の脅威にさらされる中、〝神による統治〟を意識してきたイスラエルの民にも「自分たちも人間の王を持とう！」との声が高まります。十二部族の連合体（アンフィクティオニー）という形から〝国家〟へと向かう歴史の岐路に立つイスラエルと、最後の士師サムエルの生涯を通じて、王制イスラエルの始まりと、この出来事に対する歴史的評価が記されます（と言っても、サムエルは『上』の途中で死んでしまいます）。『下』ではついに、後のユダヤ人たちに絶対的な王として英雄視され、メシア（救い主）はこの人の子孫に生まれると信じられたダビデ王が登場します。ユダヤ教の「ヘブライ語聖書」では一つの文書だったのですが、「七十人訳」で上・下巻に分けられました（文書編導入参照）。

　サムエルの生い立ち、最初の〝油注がれた人〟サウル、少年ダビデのゴリアト退治、サムエルの死とサウルの晩年を描く『上』から『下』に入ると、ダビデの台頭とイスラエル統一王国の誕生、その王座に就いたダビデの治世、その中で犯される過ち、そして、〝人間ダビデ〟の最期を描く『列王記』へとつながっていきます。

国破れて何があり──『列王記　上・下』

　王制をとるようになったイスラエル民族の歴史がさらに綴られます。王位はダビデから息子のソロモンに譲られ、イスラエル王国は最盛期を迎えます。特

にソロモンの治世は〝栄華を極めた〟と言われるほどですが、その輝かしい繁栄によって生じた〝影〟がソロモンの死後、王国が分裂してしまう原因の一部となっていくのでした。

　ソロモンの王位継承からその治世、イスラエル王国の南北分裂と、その後の南北の王たちの事績が列挙される中で、イスラエル民族の歴史と聖書の物語において重要な働きを担う「預言者」たちが登場します。この時代に活動した預言者たちの名を冠する「預言書」がキリスト教の旧約聖書では後半にまとめられています。

　『列王記』において特筆すべきエピソードは、ソロモンがエルサレムに建設した「神殿」、そして王国分裂後、北イスラエル王国に現れた預言者エリヤでしょう。特にエリヤはメシア（救い主）登場の預言と結びつき、旧約と新約をつなぐ重要な存在となります。この文書も、もとは一つであったものがギリシア語への翻訳の際、上・下巻に分けられました。

　北、南の順にイスラエル民族の国が異民族によって滅ぼされていく様子を描く『列王記』は、新バビロニア帝国による南王国の都エルサレムの陥落により古代イスラエル民族の国の歴史が終わりを告げたことを伝えつつ幕を閉じます。

　この後、生き残った南ユダ王国の人々が経験する「バビロン捕囚」という出来事は、彼らに大きな発想の転換をもたらします。そして、異邦の地で暮らすイスラエルの民の生き残りの間で、〝ユダヤ教〟の芽がはぐくまれていくのでした。

パラレル・イスラエル──『歴代誌　上・下』

　『列王記』の後に置かれている『歴代誌』は、アダムに始まる人類の祖からイスラエル民族に至る系図が続いた後、サウルの死からバビロン捕囚の終わりまでを描くという壮大な「イスラエル史」です。これももともとは一つの文書で

した。

　北王国の歴史はまったく無視され、『サムエル記』『列王記』とかみ合わない記述も見られます（ダビデは相当美化され、ほかの王も『列王記』とは評価が異なっています）。もう一つの世界線のイスラエル王国（パラレルワールドのイスラエル？）の話という印象も受けますが、『申命記』とは違った歴史観を持った著者が目的に沿って資料を用い、仕上げた作品だと思われます。イスラエルの国はダビデ王家が正統であるということや、正しい礼拝を守るべきことなどが強調されています。

　上記の目的と関連して、神殿、祈り、礼拝といった祭儀の面に強い関心を寄せているのも特徴の一つです。ユダヤ教の「ヘブライ語聖書」では、全体の最後に置かれています。

"旧約最後"の物語──『エズラ記』『ネヘミヤ記』

　元来は一つの書であったものが、ラテン語訳聖書「ウルガタ」で二つに分けられました。ペルシアの宮廷に仕えていたエズラとネヘミヤが、それぞれエルサレムに戻ってイスラエル民族の再建に尽力する様子が描かれています。バビロン捕囚からの帰還、神殿の再建、イスラエルの新しい共同体の形成、エルサレムの城壁の再建などが主な内容ですが、民に異民族との結婚を禁ずるなどイスラエル民族の純潔性を追求する姿勢が強烈な印象を与えます。成立は前４世紀前半と思われます。旧約39巻の内容を時系列で並べた場合、約束の地カナンにおけるイスラエルの人々の最後の様子がこの文書に記されていることになります（「歴史」の最後に置かれる『エステル記』はペルシアの宮廷が舞台）。

　エズラたちの政策は一見やり過ぎのようにも感じられますが、異民族との過度な接触が王国滅亡につながったという反省からくる反動と理解すべきでしょう（ユダヤ教の伝統ではエズラの働きは高く評価され、モーセに並ぶ偉人とされていま

す）。この時代の人々には必要と思われたことなのですが、ここにやがて現れる
イエスが厳しく批判することになる〝律法主義〟〝民族主義〟のベースがあると
言えるかもしれません。

戦う王妃さま──『エステル記』

　ペルシア帝国で起こった迫害からのユダヤ人解放を祝う「プリム祭」の起源
説話に当たります。成立は紀元前４世紀から３世紀。ユダヤ教でもキリスト教
でも正典に入るのに議論があった、いわくつき（？）の文書です。理由は簡単。
〝神〟という言葉が一度も出てこないという特徴のせいです。

　主人公はユダヤ人でありながらペルシア王の妃となった女性エステル。ユダ
ヤ人絶滅を謀る宰相ハマンの企みを阻止すべく臨んだ王妃エステルの、命を懸
けた〝戦い〟とは⁉

《旧約》文学

　ユダヤ教の聖書の「ヘブライ語聖書」には、「律法（トーラー）」「預言者（ネビイーム）」「諸書（ケトゥビーム）」という区分がありますが、「七十人訳聖書（セプチュアギンタ）」の影響を受けたキリスト教の「旧約聖書」では主に「歴史」「文学」「預言」という区分けがされます。その中で「文学」に含まれる文書をこのセクションでは見ていきます。「旧約聖書」の順番では18〜22番目に置かれているものですが、「モーセ五書」や「歴史」のところのような文書間のつながりはありません。また、ここでは25番目に置かれている『哀歌』も紹介しておきます。

　このセクションのサブタイトルは、各文書の中の一節を使っています。

主は与え、主は奪う──『ヨブ記』

　旧約の「知恵文学」と呼ばれるジャンルに属する文書で、序と結びに当たるところは散文、それ以外の大部分は詩で構成されます。捕囚期後の前5世紀から4世紀頃に書かれたものと考えられています。主人公のヨブは新約の『ヤコブの手紙』では忍耐の模範として触れられますが、この文書が取り上げている大きなテーマは、「理由のわからない苦しみに襲われるのは何故か」ということです。いわゆる「不条理」の問題と言ったらよいでしょう。

　冒頭、神の前に〝サタン〟が現れます。サタンはヨブの信心深さは神が彼の一族や財産を守っているからだと言います。何の利益もないのに神を敬う者はいない、と。そこで神は、サタンにヨブを苦しめることを許します。そうして数々の災難に見舞われる中、ヨブは言います。「主は与え、主は奪う」（1：21）。

　この後、ヨブと彼を見舞いに訪れた友人たちとの論争が始まります。ヨブの友達は基本的に「因果応報思想」の立場をとり、「あなたの罪が今の状態をもたらした」のだと言うわけです。彼らにはそれ以外のヨブが苦しむ理由が見つからないのです。しかし、読者は、ヨブの苦しみはヨブのせいではないことを

▼

知っています。この対話を通して、読者は単純な因果応報思想では説明しきれない苦しみや、悪人が栄えるこの世の不条理というものがあるという現実について考えさせられていくことになります。

　この文書において面白いのは、サタンという存在です。このヨブを苦しめる存在からは、「悪の存在理由」ということを考えさせられます。この物語では、サタンというのはある意味、〝悪〟を体現しています。しかし、その悪（サタン）も『ヨブ記』においては神の支配下にあります。つまり、悪というのは、私たちには計り知れない深い神の意図のもとでこの世に存在することを許されているものだと『ヨブ記』は語ります。

　そのほか、ベヘモット、レビヤタンといった生物の名前も出てきますが、これらはベヒーモスとかリヴァイアサンと呼ばれるモンスター名として RPG などのゲームにしばしば引用されています。

主を賛美するために民は創造された──『詩編』

　ヘブライ語聖書では「諸書」の最初に置かれている「詩集」です。

　紀元前1000年頃から前3世紀までに歌われたとされる150作品からなっていて、作者としてダビデ、ソロモン、モーセの名が挙げられる作品が見られます。全体で5巻（1−41、42−72、73−89、90−106、107−150）に区分され、内容的には「賛歌」「王の詩編」「嘆きの歌」「感謝の歌」「知恵の歌」「その他」等に分類されます。《わたしについてモーセの律法と預言者の書と詩編に書いてある事柄は、必ずすべて実現する》（ルカ24：44）とイエスは言いました。詩編の中にイエスに関する預言のようなものがあるということです。タイトルとして使ったのは102編19節です（『詩編』は一般的に〜編という言い方をします）。

　数百年にわたって作られた作品が集められたもので、全体の半分近く72編がダビデの作とされています。ダビデは〝戦争に強い王〟だった一方で、実は

〝芸術家肌の王〟でもあり、先代の王サウルの傍で音楽を奏でるために雇われたこともある、竪琴の名手でした。そのダビデ作とされるものの中で有名なものの一つが詩編23編です。（実際には、数あるうち、どの詩がダビデ作のものであるかはわかっていません。）

《賛歌。ダビデの詩。

主は羊飼い、わたしには何も欠けることがない。
主はわたしを青草の原に休ませ
憩いの水のほとりに伴い
魂を生き返らせてくださる。
主は御名にふさわしく
わたしを正しい道に導かれる。
死の陰の谷を行くときも
わたしは災いを恐れない。
あなたがわたしと共にいてくださる。
あなたの鞭、あなたの杖
それがわたしを力づける。
わたしを苦しめる者を前にしても
あなたはわたしに食卓を整えてくださる。
わたしの頭に香油を注ぎ
わたしの杯を溢れさせてくださる。
命のある限り
恵みと慈しみはいつもわたしを追う。
主の家にわたしは帰り
生涯、そこにとどまるであろう。》（詩編23：1－6）

▼

　これは『詩編』の150編の中でも特に有名なものではないでしょうか。そして、おそらくもっとも愛されている詩だと思います。

　「主」というのは神のことです。神は羊飼いであり、私たちはその羊飼いに守られ、養われる羊の群れだという歌で、神に信頼する者の平安を歌っています。

　私が好きな詩編として、126編を挙げたいと思います。

《都に上る歌

　主がシオンの捕われ人を連れ帰られると聞いて
　わたしたちは夢を見ている人のようになった。
　そのときには、わたしたちの口に笑いが
　舌に喜びの歌が満ちるであろう。
　そのときには、国々も言うであろう
　「主はこの人々に、大きな業を成し遂げられた」と。
　主よ、わたしたちのために
　大きな業を成し遂げてください。
　わたしたちは喜び祝うでしょう。
　主よ、ネゲブに川の流れを導くかのように
　わたしたちの捕われ人を連れ帰ってください。
　涙と共に種を蒔く人は
　喜びの歌と共に刈り入れる。
　種の袋を背負い、泣きながら出て行った人は
　束ねた穂を背負い
　　喜びの歌をうたいながら帰ってくる。》詩編126：1−6

　これは「歴史」のところのバビロン捕囚の経験と関連する詩編です。

▼
207

　もう一つ、興味深いのは22編と新約のマルコ15：16―41の対比です。22編の冒頭3節だけ引用しましょう。

　　《指揮者によって。「暁の雌鹿」に合わせて。賛歌。ダビデの詩。

　　わたしの神よ、わたしの神よ
　　なぜわたしをお見捨てになるのか。
　　なぜわたしを遠く離れ、救おうとせず
　　呻きも言葉も聞いてくださらないのか。
　　わたしの神よ
　　昼は、呼び求めても答えてくださらない。
　　夜も、黙ることをお許しにならない。》詩篇22：1―3

　新約のマルコによる福音書15章で、十字架上のイエスが叫んだとされる言葉と酷似（一致）する内容です。イエスは十字架の上でこの詩編を暗唱していたのでしょうか。
　続きのところには、この詩編の内容がまさにイエスの身に起こったと読めるところがあります。「わたしについて詩編に書いてあること……」とイエスが言っているのはこういうことなのでしょう。

主を畏れることは知恵の初め――『箴言』

　「箴言」の「箴」という字の竹冠を金偏に変えると〝鍼灸院〟の〝鍼〟になります。つまり鍼です。「箴言」というのは、「鍼のように心を刺す言葉」といった意味です（戒めとなる短い言葉という意味の一般名詞でもあります）。種々の格言が

▼
208

集められた「ことわざ集」のようなもので、ソロモン王（物語編4章VI参照）の作とされてきましたが実際のところは不明です。多くは王国時代に作られましたが、その時期に接触したエジプトの教訓文学の影響が見られるとも言われています。最終的な成立は捕囚後の時代、紀元前3世紀とみられます。

　《彼の語った格言は三千、歌は千五首に達した》（列王記上5：12）という列王記の記述などから、ソロモンはたくさんの格言を残したと言い伝えられています。タイトルにした1章7節は、いかにもソロモンが言いそうなことかもしれません。

　ほかに、面白いものと言えば、6章6−8節。

　　《怠け者よ、蟻のところに行って見よ。
　　その道を見て、知恵を得よ。
　　蟻には首領もなく、指揮官も支配者もないが
　　夏の間にパンを備え、刈り入れ時に食糧を集める。》箴言6：6−8

どこかで聞いたことがあるような……。
15章17節も個人的には好きです。

　　《肥えた牛を食べて憎み合うよりは
　　青菜の食事で愛し合う方がよい。》箴言15：17

　この文書は暇なときにつらつらと読んでいたら、案外、どんどん読めてしまいます。

▼

死ぬ日は生まれる日にまさる——『コヘレトの言葉』

　『口語訳聖書』では『伝道の書』という書名だったのが、『新共同訳聖書』では『コヘレトの言葉』になりました。タイトルは7章1節です。

　「コヘレト」というのは、「会衆を集める人」といった意味の言葉で、文書全体の表題に当たる1章1節で「エルサレムの王、ダビデの子」とあるので、ソロモン王のことと言われてきましたが、はっきりとはしていません。「すべては空しい」という言葉にその思想的特色があり、紀元前3〜2世紀に成立したものと推定されます。一種の人生哲学のようなものが集められているのですが、神とまったく無関係なことばかりを言うわけではありません。

　「空しい」という言葉が頻出する一方で、「神のなされることは皆その時にかなって美しい」（3：11口語訳）など、神のもとに生きる信仰者の言葉も収められています。最後には、コヘレトが知恵を深めた結果、たどり着いた一つの結論が記されています。

ごらん、冬は去り、雨の季節は終った——『雅歌』

　これも、正典に入れるべきか否か議論された文書で、もともとの書名は「歌の歌」と言います。情熱的な恋愛叙情詩であり伝統的にソロモンの作とされますが、これも議論の余地があります。前4世紀後半から前3世紀に成立したものと思われます。正典と認めるかどうか議論があった割に、過越の祭りという大事なお祭りで読まれる文書です。

　《どうかあの方が、その口のくちづけをもって　わたしにくちづけしてくださるように》（1：1−2）と始まる男女の愛を歌う恋の歌で、全体に戯曲のような形で進んでいきます。タイトルにした2章11節もまるで宝塚のセリフのようです

▼

が、本編ではさらに激しい愛の言葉の応酬が繰り広げられます。結構、官能的に感じられるような描写や表現もあり、実際に読んでみると「確かに議論があるかもね」と思う人も多いことでしょう。

　この男女の間柄が、神とイスラエル、キリストと教会の愛の関係をたとえているというのが伝統的な解釈ですが、そういった解釈を施したりせずに、素直に男女間の愛の歌と読んでもいいのではという立場もあります。肉体を与えたのは神なのだから、その肉体を通して愛を確認することは神の御心にかなったことではないかという考え方によります。

　最後に、「文学」の枠では〝番外〟にあたる文書です。

主の憐れみは決して尽きない。それは朝ごとに新たになる──『哀歌』

　南ユダ王国の滅亡（物語編5章Ⅴ参照）以降、人々が経験した痛みをテーマにした文学で、著者が預言者エレミヤと考えられてきたことで『エレミヤ書』の後に置かれています。

　エレミヤは、エルサレムが陥落するまさにその出来事を体験した預言者ですが、故郷が荒れていく様子に胸を痛める歌と彼が経験したと思われることが結びついていったのでしょう。全体にかなりきつい嘆きの歌ばかりが収められていますが、タイトルに用いた3章22－23節のような希望を感じさせる一節もあります。

　一方で、修辞技法が巧みに用いられている凝った文書でもあり、各章の節の数がヘブライ語のアルファベットの数である22、もしくはその倍数になっています。さらに、1、2、4章は22のアルファベットを順に使って書き出すという、「あいうえお作文」のような作りになっています。

《旧約》三大預言書

　「ヘブライ語聖書」には預言者の名を冠した「預言書」と呼ばれる文書が15あります。それらは、それぞれの預言者の言葉や活動を記録しており、キリスト教の「旧約聖書」では、『イザヤ書』以降の後半に固まっています。そのうち、はじめにある、『イザヤ書』『エレミヤ書』『エゼキエル書』の３つはそれぞれがかなり分量も多く「三大預言書」と呼ばれます。

新約での引用率ナンバー１！　最重要の預言者——『イザヤ書』

　旧約の預言書ブロックの最初に置かれている代表的預言書です。一つの文書にまとめられていますが、著者や年代の異なる３部（1−39章、40−55章、56−66章）に分けられます。

Ⅰ．第１部（1−39章）

　通常、「第一イザヤ（書）」と呼ばれる部分ですが、列王記にも登場する紀元前８世紀にエルサレムで活動した預言者イザヤ（物語編５章Ⅲおよび79ページ年表参照）と関係するのはここだけです。

　イザヤは預言者としての活動を始める前は王宮に仕えていた人物と見られ、６章には彼が召命を受けたときの様子が記されています。36−39章は列王記下18章13節−20章19節とほぼ重複していて、預言書の背後にイスラエル民族の歴史が見える興味深い箇所です。

　イザヤは南ユダ王国内にはびこる悪を弾劾し悔い改めを勧めるとともに、やがて優れた王が現れると告げており、これがメシア（救い主）についての預言とみなされています。特に重要なのが７章14節の言葉で、**「インマヌエル預言」** と呼ばれマタイによる福音書１章23節で引用されています。

《見よ、おとめが身ごもって、男の子を産み／その名をインマヌエルと呼ぶ。》
イザヤ7：14

そのほか、9章5節などです。

《ひとりのみどりごがわたしたちのために生まれた。ひとりの男の子がわたし
たちに与えられた。権威が彼の肩にある。その名は、「驚くべき指導者、力あ
る神／永遠の父、平和の君」と唱えられる。》イザヤ9：5

Ⅱ．第2部（40−55章）

　この部分は「第二イザヤ（書）」と呼ばれ、紀元前6世紀後半のバビロン捕囚
末期に活動した無名の預言者によるものです。イスラエル民族の罪の赦しと捕
囚からの解放を告げていて、全体に慰めや希望が感じられる言葉が多いのが特
徴です。特筆すべきは世界史の教科書にも出てくるペルシア王キュロスが「油
を注がれた人」（ヘブライ語で「メシア」。ここでは、神に選ばれた救済者を意味する）
として言及されることでしょう。第二イザヤが彼に期待していたことがうかが
えるのですが、歴史の上では失望に終わることになります。

　キリスト教的に重要なのは、この部分に含まれる「主の僕の歌」と呼ばれる
詩（42：1−4、49：1−6、50：4−9、52：13−53：12）です。すべての人の「贖い」
となったイエスに関する預言とみなされ、4つ目の歌の一部は新約の使徒言行
録8章32−33節でも引用されています。

《彼が担ったのはわたしたちの病／彼が負ったのはわたしたちの痛みであった
のに／わたしたちは思っていた／神の手にかかり、打たれたから／彼は苦し
んでいるのだ、と。彼が刺し貫かれたのは／わたしたちの背きのためであり
／彼が打ち砕かれたのは／わたしたちの咎のためであった。彼の受けた懲ら
しめによって／わたしたちに平和が与えられ／彼の受けた傷によって、わた

▼

したちはいやされた。わたしたちは羊の群れ／道を誤り、それぞれの方角に向かって行った。そのわたしたちの罪をすべて／主は彼に負わせられた。苦役を課せられて、かがみ込み／彼は口を開かなかった。屠り場に引かれる小羊のように／毛を刈る者の前に物を言わない羊のように／彼は口を開かなかった。》イザヤ53：4−7

「苦難の僕」と呼ばれる歌で、「誰かが身代わりに罪を負った」ことを歌っています。この、〝誰か〟のおかげで救いがもたらされたという預言が、十字架にかけられたイエスの死に重ねられます。「新約」の『福音書』のイエスが十字架にかかる場面などを読むと、その心境もわかるのではないでしょうか。また、「贖い」については、文書編《新約》パウロの手紙Ⅰ『ローマの信徒への手紙』の項目を参照してください。

Ⅲ．第3部（56−66章）

「第三イザヤ（書）」と呼ばれ、捕囚の終わりの時期から解放（紀元前539年）、そしてカナンへの帰還後のイスラエル民族の状況（物語編5章Ⅵ参照）が背景にありますが、いわゆる〝第三イザヤ〟以外にも複数の人間が書いている部分があると考えられ、内容も複雑です。

第三イザヤに由来するとされる60−62章の中心部分は第二イザヤの影響を受けつつ、捕囚後のイスラエルの民に新たな希望を示す言葉となっています。

《見よ、闇は地を覆い／暗黒が国々を包んでいる。しかし、あなたの上には主が輝き出で／主の栄光があなたの上に現れる。》イザヤ60：2

▼

"新しい契約"を告げる者　哀しみの預言者——『エレミヤ書』

　周辺の支配者がアッシリアから新バビロニア帝国へ移ろうとしている時代の南ユダ王国の状況が背景にありますが、書かれていることが時系列に並んでいなかったりするなど、全体に読みにくい文書という印象は否めません。主人公エレミヤはベニヤミン族の出身で、アナトトという町にあった地方聖所の祭司の子でした。ヨシヤ王の治世第13年（紀元前627年）に召命を受け、同王の宗教改革（物語編5章IV参照）を歓迎し、期待をしていましたが、その改革も、人々の心の変革までは成し得なかったことを、実感するのでした。

　その後、ゼデキヤ王（79ページ年表参照）の治世まで続く活動の中で王と祭司を批判し迫害を受けます。その姿は後のイエスの姿とも重なりますが、やがて王国滅亡後に新しいことが起こると説き始めた彼を通して、"新しい契約"という言葉が語られます。

《見よ、わたしがイスラエルの家、ユダの家と新しい契約を結ぶ日が来る、と主は言われる。この契約は、かつてわたしが彼らの先祖の手を取ってエジプトの地から導き出したときに結んだものではない。わたしが彼らの主人であったにもかかわらず、彼らはこの契約を破った、と主は言われる。しかし、来るべき日に、わたしがイスラエルの家と結ぶ契約はこれである、と主は言われる。すなわち、わたしの律法を彼らの胸の中に授け、彼らの心にそれを記す。わたしは彼らの神となり、彼らはわたしの民となる。そのとき、人々は隣人どうし、兄弟どうし、「主を知れ」と言って教えることはない。彼らはすべて、小さい者も大きい者もわたしを知るからである、と主は言われる。わたしは彼らの悪を赦し、再び彼らの罪に心を留めることはない。》エレミヤ31：31－34

「出エジプト」の際に結ばれた契約（シナイ契約、物語編3章III参照）に代わる

〝新しい契約〟が結ばれるというのですが、後にイエスは「最後の晩餐」の席で弟子たちに、自らが血を流し、死ぬことによって成立する〝新しい契約〟に言及します。エレミヤの言葉からは、それが〝罪の赦し〟と関係することがうかがえます。

　エレミヤ自身は、祖国の滅亡を目の当たりにした後、エジプトへ強引に亡命させられ、そこで死んだと考えられます。その悲劇的ともいえる生涯と結びついた『哀歌』は彼の作品とされ、キリスト教の『聖書』では、『エレミヤ書』の次に置かれています。（本書では、文書編《旧約》文学の項で紹介しています）

ダイヤモンドは砕かれない　強靭なる預言者──『エゼキエル書』

　いわゆる「バビロン捕囚」というのは3回あったと言われます。恐らく有名なのはエルサレムの陥落、ユダ王国の滅亡と合わせて起こった、第2回の紀元前586-587年のものですが、それ以前にもエルサレムからバビロンに連行された人々がいました。紀元前598年頃と言われますが、この「第1回捕囚」でバビロンに連れて行かれた一団のメンバーで、エルサレム神殿の祭司だった人物がエゼキエルです。彼の活動の舞台はバビロンでした。しかし、彼に召命を与えた神は、「頑なな同胞たちは、あなたの言葉を聞かない」と告げます。それでも恐れず語れという神の言葉は印象的です。

《しかし、イスラエルの家は、あなたに聞こうとはしない。まことに、彼らはわたしに聞こうとしない者だ。まことにイスラエルの家はすべて、額も硬く心も硬い。今やわたしは、あなたの顔を彼らの顔のように硬くし、あなたの額を彼らの額のように硬くする。あなたの額を岩よりも硬いダイヤモンドのようにする。彼らが反逆の家だからといって、彼らを恐れ、彼らの前にたじろいではならない。》エゼキエル3：7-9

▼

　南ユダ王国は最後の王ゼデキヤのとき、新バビロニア帝国に服従するか、エジプトを頼って反旗を翻すかという選択を迫られていました（物語編5章Ⅴ参照）。そうした状況でエゼキエルの主張はバビロニアの支配を受け入れよということでした。なぜなら、バビロニアによる侵略は南王国への神の裁きだからだというのです。

　イスラエルの王国は滅びなければならない。しかし、必ず回復がもたらされるとエゼキエルは告げます。このイスラエルの民に対する回復の希望の預言が、後に「死者の復活」に関する預言とみなされるようになっていきます。

《主の手がわたしの上に臨んだ。わたしは主の霊によって連れ出され、ある谷の真ん中に降ろされた。そこは骨でいっぱいであった。主はわたしに、その周囲を行き巡らせた。見ると、谷の上には非常に多くの骨があり、また見ると、それらは甚だしく枯れていた。そのとき、主はわたしに言われた。「人の子よ、これらの骨は生き返ることができるか。」わたしは答えた。「主なる神よ、あなたのみがご存じです。」そこで、主はわたしに言われた。「これらの骨に向かって預言し、彼らに言いなさい。枯れた骨よ、主の言葉を聞け。これらの骨に向かって、主なる神はこう言われる。見よ、わたしはお前たちの中に霊を吹き込む。すると、お前たちは生き返る。わたしは、お前たちの上に筋をおき、肉を付け、皮膚で覆い、霊を吹き込む。すると、お前たちは生き返る。そして、お前たちはわたしが主であることを知るようになる。」》エゼキエル37：1-6

　『新共同訳』では「枯れた骨の復活」という小見出しが付いている箇所で、この後、エゼキエルが骨に向かって預言すると、散らばっていた骨が音を立てて動き出し、近づいた上に筋や肉が生じて皮で覆われていくという様子が描かれます。そこに神の霊が吹き込まれると生き返り、立ち上がったというのです。

▼

元々の文脈では、神の力が働いてイスラエル民族の再興が成し遂げられるということを意味する幻であったと思われますが、後にこれは一民族の事柄ではなく、イエス・キリストを信じる人々の終末における復活を意味していると理解されるようになります。

《旧約》 ダニエル書&十二小預言書

　　このセクションでは、預言書の間に挟まれて置かれている少し毛色の異なる
文書である『ダニエル書』と、北王国の最盛期や南王国の末期、さらにはバビ
ロン捕囚後の時代を舞台に活躍した預言者たちの様子を記す「十二小預言書」
を紹介します。

怪物たちは何を語る──『ダニエル書』

　　キリスト教の『聖書』では『エゼキエル書』と十二小預言書の間に置かれて
いますが、「ヘブライ語聖書」では『詩編』などと同じ「諸書」に含まれます。
描かれているのは紀元前6世紀のバビロン捕囚からペルシア時代ですが、実際
は、捕囚から帰還した後の時代、セレウコス朝シリア（アレクサンドロスの没後成
立したギリシア系国家の一つ）のアンティオコス4世（紀元前175年即位）による迫
害の中で苦しむユダヤ人を励ますために書かれたと言われています。前半（1－
6章）はバビロンの宮廷に仕えるようになった捕囚民の一人、ダニエルの成功物
語。後半（7－12章）はダニエルの見た幻を通して、地上の支配者の交代劇の背
後に存在する〝歴史を支配する神〟を示しつつ、その神に信頼することを説い
ています。「幻」には、たとえば奇妙な姿をした4頭の怪物が登場します。地上
の大国を指すと考えられるのですが、それぞれ新バビロニア、メディア、ペル
シア、ギリシアであるという説が有力です。特にダニエルは4頭目の怪物をひ
どく恐れたというのですが、その角がアンティオコス4世を指しているとされ
ます。しかし、その怪物も「日の老いたる者」（神を指すと考えられます）の権威
を前に敗れ去ります。
　　最後の審判や死者の復活にも言及していて、新約への影響も大きい旧約の代
表的黙示文学（この後のコラム参照）ですが、キリスト教的に特に重要なのは、7
章および10章で言及される「人の子」という言葉が新約の『福音書』における

▼
219

イエスの自称（イエスは自分のことを話すとき、「人の子」という言葉をよく使います）と結びつけられることです。

《夜の幻をなお見ていると、／見よ、「人の子」のような者が天の雲に乗り／「日の老いたる者」の前に来て、そのもとに進み／権威、威光、王権を受けた。諸国、諸族、諸言語の民は皆、彼に仕え／彼の支配はとこしえに続き／その統治は滅びることがない。》ダニエル7：13−14

黙示文学

　「黙示」というのは、「隠された事柄の開示」という意味があり、「啓示」と同じ意味で使われることもあります。特に「終末（世界の終わり）」に対する関心などと結びついた「黙示思想」は、特殊な表現形式をとった「黙示文学」を生んでいきました。

　聖書の黙示文学の代表的なものが、旧約の『ダニエル書』と新約の『ヨハネの黙示録』ですが、旧新、いずれの文書にも部分的に見られるところがあります（『マルコによる福音書』13章など）。表現の特徴としては、奇妙な怪物が現れる幻、何らかの意味が隠された象徴的な数字、〝光〟と〝闇〟の対立といった二元論的世界観などですが、それらを用いて、この世界の真実や世界の将来についてのビジョンを描こうとします。その際、いにしえの義人の名を用いることが多いのですが、理由の一つには、時の支配者の衰退、滅亡を暗示するような内容を書いているということがあるようです。『黙示録』にもローマ帝国を暗示する記述があります（ヨハネは実名とも考えられますが）。

ここから十二小預言書の紹介になりますが、本書では『聖書』の収録順ではなく、できるだけイスラエル民族の歴史に登場した順に時系列に沿って扱おうと思います。(背景にある歴史として、物語編５章を参考になさってください)

最初の〝記述〟預言者──『アモス書』

北イスラエル王国はヤロブアム２世(紀元前787年−747在位)の時代に最盛期を迎えていましたが、その繁栄は外面的なもので、国民の貧富の差は激しく、富者が貧者を虐げていました。宗教的にも偶像礼拝が行われ、ヤハウェ礼拝は形式的なものとなっていた中、聖所ベテルでの祭りを批判し、首都サマリアの支配階級の傲慢を弾劾したのがユダのテコア出身の預言者アモスです。彼は、その倫理的罪の故に北王国に神の裁きが降ると告げます。

《わたしはお前たちの祭りを憎み、退ける。祭りの献げ物の香りも喜ばない。たとえ、焼き尽くす献げ物をわたしにささげても／穀物の献げ物をささげても／わたしは受け入れず／肥えた動物の献げ物も顧みない。お前たちの騒がしい歌をわたしから遠ざけよ。竪琴の音もわたしは聞かない。正義を洪水のように／恵みの業を大河のように／尽きることなく流れさせよ。》アモス5：21−24

北王国にはアモスの前にエリヤ、エリシャが出ています(79ページ年表参照)が、預言の内容が文書として残された最初の人ということで、彼が最初の「記述預言者」と呼ばれます。

裏切り者に愛を――『ホセア書』

　紀元前8世紀半ばの北王国の隆盛はアッシリアの衰退によるところが大きかったのですが、やがてこの大国が息を吹き返すのと同時に、北王国は相次ぐクーデターによる混乱期を迎えます。この時期に活動したのが預言者ホセアです。彼はイスラエル民族の歩みを背信の歴史として振り返り、今や避け得ない神の裁きがあることを語りますが、同時にこれまで神がイスラエルの民に注いできた愛を思い起こさせようとします。

　この預言書の最大の特徴は、ホセア自身の夫婦関係を通して、神とイスラエル民族の関係が語られている点です。ホセアは神に命じられて結婚した女性から浮気をされていましたが、神は彼にその女性を再び受け入れなさいと言います。裏切りによって破綻した結婚生活をどのように回復させるか。その苦しい過程を、神とイスラエルの関係に重ね合わせて、ホセアはイスラエルの民に対する神の愛を語るのでした。

　　《まだ幼かったイスラエルをわたしは愛した。エジプトから彼を呼び出し、わが子とした。わたしが彼らを呼び出したのに／彼らはわたしから去って行き／バアルに犠牲をささげ／偶像に香をたいた。エフライムの腕を支えて／歩くことを教えたのは、わたしだ。しかし、わたしが彼らをいやしたことを／彼らは知らなかった。わたしは人間の綱、愛のきずなで彼らを導き／彼らの顎から軛を取り去り／身をかがめて食べさせた。彼らはエジプトの地に帰ることもできず／アッシリアが彼らの王となる。彼らが立ち帰ることを拒んだからだ。》ホセア11：1－5

　北王国を形成していた部族の中で特に有力な部族がエフライム族だったことから、北王国のことを〝エフライム〟と呼ぶことがあります。エフライム、す

なわち北王国は、かれらの神からバアルに浮気したというのです。その罪に対する裁きとしてアッシリアによる滅亡ということが起こる。ただ、それでも神はエフライムを愛しているとホセアは語ります。『ホセア書』の背景には「シリア・エフライム戦争」という歴史的出来事があり（下記参照）、この戦争を仕掛けた側である北イスラエル王国でホセアは活動します。一方、戦争を仕掛けられた側に当たる南ユダ王国で活動していたのがイザヤでした（物語編5章III参照）。

　南ユダ王国の王がアハズの時代、北王国はアラム人と組んでアッシリアに対抗しようとしていましたが、それに南王国も参加するよう圧力がかけられます（シリア・エフライム戦争）。そこでアハズはアッシリアに援助を求め、アラムと北王国の連合に対抗します。それが結果として南王国に対するアッシリアの影響力を強めることになってしまうのです。

　その後、アハズの子ヒゼキヤ王の時代、イザヤと重なる時期に南王国に現れた預言者がミカです。

都会の絵の具に染まらないで立ち帰って──『ミカ書』

　預言者ミカは、紀元前8世紀の終わり頃、南王国の都エルサレムの堕落が滅亡を引き寄せると語り、信仰に基づく倫理的行為を奨めました。エルサレムの南西モレシェト出身の彼は、いわゆる〝地方出身〟の預言者で、都エルサレムに暮らす富裕層の貪欲を厳しく非難しました。その活動は、後の預言者にも影響を与えたらしく、下の言葉と共に『エレミヤ書』26章18節で引用されています。

　《それゆえ、お前たちのゆえに／シオンは耕されて畑となり／エルサレムは石
　　塚に変わり／神殿の山は木の生い茂る聖なる高台となる。》ミカ3：12

▼

　また、5章1節はメシア（救い主）に関する預言としてベツレヘムで起こったキリスト誕生の出来事と結び付けられ、マタイによる福音書2章6節で、若干の変更を加えられ引用されます。

　　《エフラタのベツレヘムよ／お前はユダの氏族の中でいと小さき者。お前の中
　　から、わたしのために／イスラエルを治める者が出る。彼の出生は古く、永
　　遠の昔にさかのぼる。》ミカ5：1

　この箇所を含む中盤の希望を語る言葉は、紀元前6世紀のバビロン捕囚を経験した後の人による加筆と考えられています。

ご先祖様は王様です……か？──『ゼファニヤ書』

　前出のミカとは対照的に、王族の子孫とも考えられているのが預言者ゼファニヤです。1章1節に4代前までの系図があるのですが、その4代前のヒズキヤはミカが活動した時代の南王国の王ヒゼキヤではないかとも言われています（79ページ年表参照）。

　紀元前7世紀の後半、ヨシヤ王の時代に神の言葉がゼファニヤに臨んだと言われますが、エルサレムに対する裁きの預言はヨシヤ王が宗教改革を行う直前のエルサレムの様子が背景にあるようです。「残りの者」といった用語のほか、やがてイスラエル民族にもたらされる平和を告げる言葉には、ヒゼキヤの治世に活動したイザヤの影響が強く見られることが指摘されます。

　　《そのとき、わたしはお前たちを連れ戻す。そのとき、わたしはお前たちを集
　　める。わたしが、お前たちの目の前で／お前たちの繁栄を回復するとき／わ

▼

たしは、地上のすべての民の中で／お前たちに誉れを与え、名をあげさせる
と／主は言われる。》ゼファニヤ3：20

　ゼファニヤのやや後になるエレミヤの活動は、南ユダ王国の滅亡まで続くこ
とになりますが、その間に登場した預言者を二人紹介します。ほぼ同じ時期に
現れながら、ある意味、対照的な二人です。

預言者は、笑う── 『ナホム書』

　ナホムはユダのエルコシュ出身の預言者です。ヨシヤ王の宮廷に仕えていた
人物ではないかとも言われます（エルコシュがどの辺りかは、よくわかっていません）。
紀元前612年、ニネベの陥落により北イスラエルおよび南ユダを圧迫したアッ
シリアの100年の支配が終わります。預言書の内容は、その出来事を喜ぶ「歓
喜の歌」でありながら、滅びゆくアッシリアに向けられた「嘲笑の歌」でもあ
り、そこにはやや行き過ぎとも感じられる民族主義が見られることは否めませ
ん。しかし、2章1節は後に紀元前500年代の第二イザヤ、紀元後のパウロに
も引用され、福音（良い知らせ）の普遍的な広がりを語るものとなりました。

《見よ、良い知らせを伝え／平和を告げる者の足は山の上を行く。》ナホム2：1

預言者は、嘆く── 『ハバクク書』

　詳しいことがほとんどわかっていない預言者ハバククですが、内容からはオ
リエントの支配者がアッシリアから新バビロニアに交代しようとしている時期
を背景としていることがうかがえます。ハバククは「なぜ神は私の叫びを聞い

てくださらないのか」「なぜ神は悪がはびこっているのを黙って見ておられるの
か」という嘆きに対する神の答えを通して希望を語ろうとしています。具体的
には、神が南ユダ王国の独立を回復し、さらに滅んでしまっていた旧北イスラ
エル王国領までの統一が成るということでした。

　ヨシヤ王を「正しい人」と呼び、彼への強い期待を感じさせる2章4節は、
パウロがローマの信徒への手紙で引用しています（文脈に縛られない、かなり自由
な読み方ですが）。

　　《見よ、高慢な者を。彼の心は正しくありえない。しかし、神に従う人は信仰
　　によって生きる。》ハバクク2：4

　ここまでがイスラエルの〝王国期〟に活動した預言者たちです。次に、王国
滅亡後に現れた預言者を紹介しましょう。79ページの年表には載っていない
人々です。

双子の因縁、ここに極まれり──『オバデヤ書』

　捕囚後のユダヤ人の中に起こったエドム人への憎しみが強く見られる預言書
です。21節のみの短い預言書で、「章」はありません。成立は、捕囚の末期と
思われます。

　バビロニア軍の侵攻により南ユダ王国は滅亡。そして、ユダの人々はバビロ
ン捕囚を経験することになるわけですが、このユダ王国の敗戦の際、バビロニ
アに便乗するようにエドム人たちがエルサレムで略奪行為を行ったというので
す。エドム人は本来、「イスラエル」の名を神から与えられた人物ヤコブの双子
の兄エサウを祖とする〝同族〟（物語編2章II参照）ですが、むしろ、それ故にと
いうこともあるのか、ユダ王国の生き残りにとってバビロニア以上の嫌悪の対

象となってしまいます。

　エルサレム陥落の際のエドムによる仕打ちについては詩編137編でも言及されていて、その恨みの深さがうかがえます。

　　《その日には必ず、と主は言われる。わたしはエドムから知者を／エサウの山から知恵を滅ぼす。テマンよ、お前の勇士はおびえる。彼らはひとり残らず殺され／エサウの山から取り去られる。兄弟ヤコブに不法を行ったので／お前は恥に覆われ、とこしえに滅ぼされる。》オバデヤ8－10

　　《主よ、覚えていてください／エドムの子らを／エルサレムのあの日を／彼らがこう言ったのを／「裸にせよ、裸にせよ、この都の基まで。」》詩篇137：7

順番が違う！──『ハガイ書』

　紀元前539年、ペルシア王キュロスによって捕囚から解放されエルサレムへの帰還を許された人々が目指した神殿の再建は、長らく頓挫していました。ペルシアの王がダレイオスに変わった頃、沈滞ムードが漂うユダの帰還民たちの中に現れ神殿再建を熱く呼びかけたのが、歴史書の『エズラ記』にも登場する預言者ハガイです（物語編5章Ⅵ参照）。彼はダビデ王の末裔であったゼルバベルに民族再興の期待を寄せていましたが、その活動自体は極めて短期間にとどまっています（ペルシアとの間にトラブルがあった⁉）。

　ハガイは、「生活が苦しくて神殿のことまで考えられない」という人々に対して、それは逆で、「神殿のことをほったらかしにし、信仰を後回しにしているからあなたがたの生活は祝福されないのだ」と語ります。その言葉に奮起した人々により紀元前520年に再開された神殿の再建工事は5年後に完了するのでした。

▼

《主の使者ハガイは、主の派遣に従い、民に告げて言った。「わたしはあなたたちと共にいる、と主は言われる。」主が、ユダの総督シャルティエルの子ゼルバベルと大祭司ヨツァダクの子ヨシュア、および民の残りの者すべての霊を奮い立たせられたので、彼らは出て行き、彼らの神、万軍の主の神殿を建てる作業に取りかかった。》ハガイ1：13−14

新しい〝イスラエル〟を目指して──『ゼカリヤ書』

　ハガイ同様、『エズラ記』、さらには『ネヘミヤ記』にも登場する預言者ゼカリヤの名を冠する預言書です。前半（1−8章）はハガイと重なる時期のことが記され、恐らく神殿再建が間もなく終わろうという時期に『ハガイ書』と一緒に編集されたと思われます。ゼカリヤはイスラエル民族の国家を再建するというよりは、社会正義を行い、神に従う平和な世を保ちつつ、ペルシア帝国の支配の下、イスラエル宗教共同体としてユダ王国が再生することを展望します。

　9章からの後半は時代が異なり預言者ゼカリヤとは直接の関係はないようですが、黙示的な記述という共通性を持っています。平和のメシアの到来、イスラエルの回復などが語られ、新約でも多くの箇所が引用されています。特に有名なのは、9章9節でしょう。マタイによる福音書21章5節等に描かれる、イエスが十字架にかかった場所、エルサレムに到着したときの様子が、この預言の成就とされます（物語編8章Ⅰ参照）。

《娘シオンよ、大いに踊れ。娘エルサレムよ、歓呼の声をあげよ。見よ、あなたの王が来る。彼は神に従い、勝利を与えられた者／高ぶることなく、ろばに乗って来る／雌ろばの子であるろばに乗って。》ゼカリヤ9：9

▼

エリヤが来る──『マラキ書』

　キリスト教の「旧約聖書」では最後に置かれます。

　紀元前515年の第二神殿の完成からしばらく経った頃、宗教的情熱が失われ
ていったユダの人々の間に現れた預言者の活動を伝えていますが、預言者の人
物については詳しいことはわかっていません（そもそも〝マラキ〟も人名かどうか
意見が分かれます）。乱れた神殿での祭儀や堕落した祭司たちを批判し、民衆には
律法に即した信仰生活を行き渡らせようとしました。異民族の女性との結婚を
問題視していることから、エズラ、ネヘミヤがエルサレムにやってくる前のこ
とと考えられます（物語編5章Ⅵ参照）。

　キリスト教的に重要なのは、3章23−24節の預言者エリヤの再来に関する部
分です。

　《見よ、わたしは／大いなる恐るべき主の日が来る前に／預言者エリヤをあな
　たたちに遣わす。彼は父の心を子に／子の心を父に向けさせる。わたしが来
　て、破滅をもって／この地を撃つことがないように。》マラキ3：23−24

新約では、これが洗礼者ヨハネによって実現したと考えます。

　《ヨハネの弟子たちが帰ると、イエスは群衆にヨハネについて話し始められた。
　「……『見よ、わたしはあなたより先に使者を遣わし、／あなたの前に道を準
　備させよう』／と書いてあるのは、この人のことだ。……すべての預言者と
　律法が預言したのは、ヨハネの時までである。あなたがたが認めようとすれ
　ば分かることだが、実は、彼は現れるはずのエリヤである。」》マタイ11：7
　−14

▼

　マラキがエリヤの出現について語ったところで、旧約の最後の文書は終わります。ここからギリシアのアレクサンドロスの東征などあるわけですが、新約時代を迎えるまでいわゆる「中間時代」に入ります。その間、およそ400年、キリスト教はここに出てきた預言の数々がイエスによって実現したと信じるわけです。しかし『聖書』には、まだあと２つの預言書が残っています。

夢幻のことごとく成り ── 『ヨエル書』

　〝いなごの災い〟について語られるのですが、これが何を指しているのか、いなごを軍隊にたとえているようにも、軍隊をいなごにたとえているようにも感じられます。ペルシア時代からアレクサンドロスの台頭までの時期が背景にあると考え、本書ではこの位置で紹介します。

　いなごの大群（強力な軍隊？）の脅威を黙示的に記す預言書ですが、最終的には地上の勢力を凌駕する神によってもたらされる〝世界の終わり（終末）〟と、神の民イスラエルの救いについて語ります。「主の日が来る」というように言うわけですが、この〝主の日〟を〝神の裁き〟と結びつける発想は、最初の記述預言者アモス以来、イザヤ、ゼファニヤ、ゼカリヤなどに受け継がれつつヨエルに至っています。それらはやがて終末を前に現れるメシア（救い主）の預言と共に、新約においてイエス・キリストの出来事と結び付けられていきます。『ヨエル書』において最も重要なのは、イエスの弟子たちに〝聖霊〟が降ったという『使徒言行録』の記述（物語編10章参照）が、３章１節の言葉の成就であるとみなされることです。この出来事によって誕生した教会が、やがて完成する〝神の国〟の先取りであるとされます。

　　《その後／わたしはすべての人にわが霊を注ぐ。あなたたちの息子や娘は預言
　　　し／老人は夢を見、若者は幻を見る。》ヨエル３：１

▼

反動への反抗——『ヨナ書』

《主の言葉がアミタイの子ヨナに臨んだ。「さあ、大いなる都ニネベに行ってこれに呼びかけよ。彼らの悪はわたしの前に届いている。」》ヨナ1：1－2

　上記のような書き出しから、〝書かれている内容の時代〟は、紀元前8世紀の北王国のヤロブアム2世の時代ということがわかります。ヨナという主人公についても列王記下14章25節で言及されています。しかし、この物語調の預言書は捕囚から解放された後の時代のどこかで書かれた、当時のユダヤ人の偏狭な民族主義を批判するものと考えられます。

　アッシリアの都ニネベで預言せよという神の命令を主人公ヨナは拒否し、逃げ出してしまうのですが、最終的に彼の警告によってニネベの住民は悔い改め、神の裁きを免れます。これは結局、ヨナに預言するよう指示した神が異民族であるアッシリアを救ったに等しく、それがヨナには我慢できません。イスラエルの神が異民族に憐れみをかけることなどあってはならないとヨナは考えるわけです。このような民族主義的な考え方に当時のユダヤ人の多くが傾いていることに疑問を感じていた人物によって、この『ヨナ書』は書かれたと思われます。祖国の滅亡とバビロン捕囚を経験した人々の反動とも言える過度な民族主義に対する批判は、すでにペルシア時代にもあったようです。それはやがて現れるイエスの教え、その後の教会の異邦人伝道へとつながっていくものであったように感じられます。異邦人伝道に積極的に取り組んだことで知られるパウロが、『ローマの信徒への手紙』の中でキリストの福音を携え、渡っていきたいと念願していた〝イスパニア〟がヨナの逃亡劇の目的地であった〝タルシシュ〟と重なる「世界の西端」のような場所であるのには、不思議なつながりを感じてしまいます。

　逃亡中のヨナが大魚に飲み込まれ、三日三晩を腹の中で過ごした後に吐き出

されるという話が有名ですが、これがイエスの死と復活の〝予型〟であると新約では考えられるようになります。

《さて、主は巨大な魚に命じて、ヨナを呑み込ませられた。ヨナは三日三晩魚の腹の中にいた。ヨナは魚の腹の中から自分の神、主に祈りをささげて、言った。苦難の中で、わたしが叫ぶと／主は答えてくださった。陰府の底から、助けを求めると／わたしの声を聞いてくださった。》ヨナ2：1－3

《イエスはお答えになった。「よこしまで神に背いた時代の者たちはしるしを欲しがるが、預言者ヨナのしるしのほかには、しるしは与えられない。つまり、ヨナが三日三晩、大魚の腹の中にいたように、人の子も三日三晩、大地の中にいることになる。」》マタイ12：39－40

予型論的解釈

聖書解釈の一つの方法で、旧約と新約の関連性を前提に、特にイエス・キリストや教会に関する記述が旧約の登場人物や出来事において予言されていたと見るものです。歴史的には後に起こったことであり、後に書かれたものである新約の内容をむしろ〝原型〟として、そこから旧約の内容の意味を解釈します。

《ヨナが三日三晩、大魚の腹の中にいたように、人の子も三日三晩、大地の中にいることになる。》（マタイ12:40）→イエスが葬られて三日目に復活したことから、『ヨナ書』の主人公である預言者ヨナが三日間、大魚の腹の中にいたことは、いずれ起こる復活の出来事を指し示していたと考える。

そのほか、パウロはイスラエルの民が割れた海の間を通り抜けて救われたという「出エジプト」の出来事を〝水の中を通った〟ということから、水に浸かる「洗礼」と結び付けています（Ⅰコリント10：1－6）。

この特殊な読み方が、『聖書』の〝伏線回収〟に一役買っているところもあります。

▼

《新約》四福音書

新約聖書の冒頭には4つの「福音書」が置かれています。それらはイエス・キリストの活動を記したものですが、この文書のタイトルに含まれる「福音」という言葉をご存じでしょうか。

「福音」というのは「良い知らせ」という意味です。聖書とは無関係な文脈でもこの意味で使われることがあります。例えば、映画「シン・ゴジラ」では長谷川博己さん演じる、矢口蘭堂のセリフに「ゴジラは人類にとっての福音か」という言葉があります。ゴジラは人類にとって〝良い知らせ（をもたらすもの）〟なのかということでしょう。キリスト教では特に、イエス・キリストによってもたらされた「喜びのおとずれ」という意味になり、英語で言うと〝Good News〟になります。これとは別の「福音」という意味を持つ英単語が、〝Gospel〟です。『The Gospel according to MATTHEW』──これで『マタイによる福音書』です。福音書は現在、マタイ、マルコ、ルカ、ヨハネの4つが正典としての権威を認められています。

福音書にはイエスの活動が記されていますが、そもそもイエスという人物について歴史的事実と思われているのは、ガリラヤから始まる活動で「神の国」を宣べ伝え、民衆を教えたということ。後30年頃、エルサレムにおいて十字架刑に処せられたということです。〝後30年〟というのは〝紀元後30年〟ということで、キリスト生誕を基準とした「紀元前＝Before Christ（キリスト以前 B.C.）」「紀元後＝Anno Domini（「主の年」という意味のラテン語 A.D.）」という年の数え方によるものです。後の計算では実際のイエスの誕生は紀元前4年くらいになるのではないかと言われています。また、最近ではキリスト教を〝世界標準〟とするような発想を離れた別の記述を使うという考えも出て来ています。

この歴史上の人物イエスについて、主に口頭で伝えられていった様々なエピソード──「口頭伝承（口伝）」が文書にまとめられて福音書が成立します。4つの福音書のうち一番古いのはマルコで、それをベースにマタイとルカができたというのが定説です。この3つは内容がよく似ているため「共観福音書」と呼ばれ、そのうちマタイとルカにはベースになった『マルコによる福音書』のほか、それぞれの独自の資料、マルコ福音書とは別の両者に共通する資料（『Q資料』文書編の導入部参照）があったと考えられています。新約の収録順で言

うと４つ目になるヨハネの福音書は、この３つの共通性、類似性からすると実に個性的で、独自な共同体の中で生まれたものと考えられています。この共同体は新約の後半にある『ヨハネの手紙』とも関係があるようです。

　四福音書の特徴を見ていきましょう。成立年代順に紹介します。

最古の〝神の子〟の物語──マルコによる福音書

　内容は簡潔で、文体は素朴（雑？）とも言われますが、その分、生き生きとしているという評価もあります。分量的には一番短く、最初の福音書としてマタイ、ルカのベースになったことはこの項目の導入で述べたとおりです。この福音書の成立年代を知るにあたって重要なのは、著者がローマ軍によるエルサレム神殿の破壊という出来事を知っていたかどうかがです。知っていたとすると70年直後、知らなかったとすると60年代後半ということになります。13章の神殿の崩壊に関する記事をどう解釈するかということで意見が分かれますが、一般的には後70年頃に書かれたと考えられています。著者名とされるマルコというのは当時の一般的な男性の名前であったものですが、著者として想定されてきた人物の一人に、〝ヨハネ・マルコ〟と呼ばれるパウロとバルナバの宣教旅行に同行したヨハネがいます（使徒言行録に登場。物語編10章Ⅵおよび178ページ参照）。彼はペトロの通訳であったとも言われます。この人が著者であった場合、書かれた場所としては、ローマか小アジア（アナトリア半島）のどこかが有力なようです。

　洗礼者ヨハネの活動から始まり（物語編６章Ⅳ参照）、クリスマスの時期に読まれるようなイエスの誕生に関する記事はまったく含まれません。中心的なテーマはイエスの受難（十字架の死の出来事）にあったようです。全16章ですが、本来は16章8節で終わっていて、９節以下は後の付加とみられます。

　《神の子イエス・キリストの福音の初め。》マルコ１：１

《若者は言った。「驚くことはない。あなたがたは十字架につけられたナザレのイエスを捜しているが、あの方は復活なさって、ここにはおられない。御覧なさい。お納めした場所である。さあ、行って、弟子たちとペトロに告げなさい。『あの方は、あなたがたより先にガリラヤへ行かれる。かねて言われたとおり、そこでお目にかかれる』と。」婦人たちは墓を出て逃げ去った。震え上がり、正気を失っていた。そして、だれにも何も言わなかった。恐ろしかったからである。》マルコ16：6-8

　最初に成立した「福音書」はマルコによるものですが、それ以前にイエスにまつわるエピソードがテーマごとに文書化されたものが存在していたと思われています。イエスの「説教集」「たとえ話集」「奇跡物語集」、そして「受難物語」などです。これらから抜き出した素材を自らの思想や目的に沿ってつなぎ合わせ、筋を持った文書として仕上げた最初の人がマルコということになります。

╨君╨ の名は、インマヌエル──マタイによる福音書

　旧約の引用が多く、イエスにおいて旧約の預言が成就したことを強調します。旧約『イザヤ書』の「インマヌエル預言」を踏まえた1章23節など有名です（文書編《旧約》三大預言書「イザヤ書」参照）。著者は、伝統的には十二使徒の一人、徴税人マタイ（マタイ9：9、物語編7章Ⅵ参照）と言われてきましたが、実際のところ、その可能性は低そうです。少なくとも旧約の知識が豊富なユダヤ人キリスト者であったようで、マルコ福音書が「神の国」と言うところを「神」という言葉を口にするのを避けるユダヤ教の慣習に従い「天の国」と言う点も特徴的です。

▼

　成立年代としては、マルコ福音書のところでも触れている神殿の破壊について知っていそう（マタイ22：7）なことから70年以降であることは確実で、教会内の状況、教会とユダヤ教の関係などを反映していると思われる記述などから85年頃と考えられています。書かれた場所はパレスチナのどこかと見られます。

　著者はマルコ福音書を基礎資料として、『Q』と呼ばれる資料（主にイエスの言葉を集めたもの。文書編導入部参照）と、著者独自の資料を用いて書き上げたとされます。イエスの降誕物語などは独自資料の一つです。キリスト教は旧約の伝統を継承するものであるとの立場からユダヤ教、特にその指導者層を厳しく批判するのと同時に、キリストの福音が異邦人を介しつつ全世界へ広がっていくことを展望します。そこではイエスの教えが旧約の律法にとって代わるというわけではなく、イエスを通して正しい律法理解が示され、またイエスによって律法が完成するという主張が横たわっています。冒頭には長い「イエスの系図」が置かれていて、新約聖書を素直に最初から読むと、その退屈さに読む気が失せてしまったという人もいるようですが、旧約と新約のつながりを意識すれば、それなりに意味を感じることもできるのではないでしょうか。

《主の天使が夢に現れて言った。「ダビデの子ヨセフ、恐れず妻マリアを迎え入れなさい。マリアの胎の子は聖霊によって宿ったのである。マリアは男の子を産む。その子をイエスと名付けなさい。この子は自分の民を罪から救うからである。」このすべてのことが起こったのは、主が預言者を通して言われていたことが実現するためであった。「見よ、おとめが身ごもって男の子を産む。その名はインマヌエルと呼ばれる。」この名は、「神は我々と共におられる」という意味である。》マタイ1：20−23

《イエスは、近寄って来て言われた。「わたしは天と地の一切の権能を授かっている。だから、あなたがたは行って、すべての民をわたしの弟子にしなさい。彼らに父と子と聖霊の名によって洗礼を授け、あなたがたに命じておい

▼

たことをすべて守るように教えなさい。わたしは世の終わりまで、いつもあなたがたと共にいる。』》マタイ28：18−20

その日、〝歴史〟は動いた〈イエス編〉──ルカによる福音書

　「イエスの出来事」を〝歴史的に〟記すという意図を持って書かれたと言われ、ところどころに時代背景を示すような記述が見られますが、それらのゆえに史実を記しているというわけではありません。序文には「テオフィロ」と呼ばれる人物に対する「献呈の辞」が記されますが、テオフィロ（「神に愛された者」という意味）に関しては実在した人物でローマの役人であったという説もあれば、キリスト者全般を指すという説もあります。いずれにせよ、異邦人を主な対象としているらしく、ローマ帝国に対してキリスト教が危険な存在ではないことを主張する〝護教的〟な面も見られます。後80年代、恐らく90年までのうちに書かれたようで、著者としてはパウロと行動を共にしていたと言われる「医者のルカ（フィレモン24、コロサイ4：14、Ⅱテモテ4：11）」説が唱えられていましたが、内容的にパウロの信仰とは異なる部分もあることから別人の可能性が高そうです。『使徒言行録』と同一の著者であることはほぼ間違いなく、そうすると新約聖書の約4分の1に当たる分量（日本語訳の場合）をこの人物が書いていることになります。書かれた場所に関しては、あまり確かなことは言えないようです。

　基本的にはマルコ福音書を元にした構成になっていますが、マタイ同様『Q』資料（文書編導入部参照）、そして著者独自の資料が取り入れられています。イエスの誕生に先立って洗礼者ヨハネの誕生から描くところにも、彼の意識した〝順序正しく〟ということが感じられます。そのほかの特徴としては、福音を告げ知らされるべき対象として、貧しい人々や社会的に弱くされた人々に特に焦点が当てられることや、「エルサレム中心主義」と呼ばれる発想を持ってい

て、復活したイエスと弟子たちとの再会をガリラヤではなくエルサレムに設定
し、さらにそこから福音が教会によって広がる様子を描いていることなどが挙
げられます。〝善きサマリア人〟や〝放蕩息子〟などの有名なたとえ話が含まれ
るのもこの福音書です。

《わたしたちの間で実現した事柄について、最初から目撃して御言葉のために
働いた人々がわたしたちに伝えたとおりに、物語を書き連ねようと、多くの
人々が既に手を着けています。そこで、敬愛するテオフィロさま、わたしも
すべての事を初めから詳しく調べていますので、順序正しく書いてあなたに
献呈するのがよいと思いました。》ルカ1：1－3

《「主の霊がわたしの上におられる。貧しい人に福音を告げ知らせるために、
／主がわたしに油を注がれたからである。主がわたしを遣わされたのは、／
捕らわれている人に解放を、／目の見えない人に視力の回復を告げ、／圧迫
されている人を自由にし、主の恵みの年を告げるためである。」イエスは巻物
を巻き、係の者に返して席に座られた。会堂にいるすべての人の目がイエス
に注がれていた。そこでイエスは、「この聖書の言葉は、今日、あなたがたが
耳にしたとき、実現した」と話し始められた。》ルカ4：18－21

闇に打ち勝つ〝世の光〟──ヨハネによる福音書

　ほかの3つとの共通点が少なく、神学的、哲学的とも評される内容・表現が
特徴的な福音書です。著者は『ヨハネの手紙一・二・三』とともにイエスの
弟子の一人ゼベダイの子ヨハネであるという説、別の人物で本文中に登場する
「イエスの愛しておられた弟子（21：20ほか）」であるという説、この両者が同一
人物であるという説などが唱えられてきましたが、実際のところは不明と言わ

▼
238

ざるを得ません。ユダヤ教の中で異端とみなされた〝イエスをメシアと信じる
ユダヤ人たち〟がユダヤ人の「会堂」を追放されるという動きを背景に誕生し
た共同体（「ヨハネ教団」などと呼ばれます）の中で生まれたと言われており、最
終的な成立は90年代後半から100年頃と思われます。もとは20章で終わっており、
21章は後の付加というのが現在の定説です。書かれた場所についても、やはり
確かなことはわかりません。

　神とサタン、光と闇といった二つのものが対立する「二元論」的な発想が全
体を通して見られます。また、ほかの福音書のようなイエスの「たとえ話」で
はなく、イエスが自身を何かにたとえる「わたしは～である」というフレーズ
（「わたしは良い羊飼いである」や、「わたしは道であり、真理であり、命である」など）
が多いのも特徴の一つでしょう。これは神の子であるキリストが自らを表す仕
方として著者が用いるものであり、独自のキリスト論（キリストに対する考え方）
が反映した表現と言えます。もう一つ印象的なのが、冒頭にある「ロゴス・キ
リスト論」と呼ばれるもので、イエス・キリストは世の初めから存在していた
神の言（ロゴス）が人間の形をとって現れた（「御言の受肉」と言います）ものであ
るという主張です。

　イエスが十字架にかかる直前の食事、いわゆる「最後の晩餐」の席でイエス
が弟子たちの足を洗ったという「洗足」の出来事は、この福音書だけが伝えて
います。

　《初めに言があった。言は神と共にあった。言は神であった。この言は、初め
　に神と共にあった。……言の内に命があった。命は人間を照らす光であった。
　光は暗闇の中で輝いている。暗闇は光を理解しなかった。……言は肉となっ
　て、わたしたちの間に宿られた。わたしたちはその栄光を見た。それは父の
　独り子としての栄光であって、恵みと真理とに満ちていた。》ヨハネ1：1－
　2、4－5、14

《神は、その独り子をお与えになったほどに、世を愛された。独り子を信じる
　者が一人も滅びないで、永遠の命を得るためである。》ヨハネ３：16

　４つの福音書にはそれぞれのイエス像が見られます。『聖書』という一冊の本
の中に、多様なイエス像や信仰のあり方が見られるというのは、実に興味深い
ことだと思います。イエスを救い主と信じるという確固たる共通性がありつつ
も、単純に画一化されないというのが『聖書』の豊かさだと私は考えます。

その日、〝歴史〟は動いた〈教会編〉──使徒言行録

　『ルカによる福音書』の続編にあたる文書で、同一の著者によって書かれま
した（文書編《新約》『ルカによる福音書』の項参照）。恐らく80年代のことと思われ
ます。

　時が来るまでエルサレムにとどまっているようにとのイエスの指示を受けた
弟子たちに〝聖霊〟が降るという出来事によって地上に〝教会〟が誕生し（2:1-
42、物語編10章Ⅲ参照）、その働きによってキリストの福音が地中海周辺に伝播し
ていく様子を記しており、前半は主にペトロ、後半はパウロがメインキャラク
ターとして描かれています。この２人はパウロの手紙によれば、ペトロがユダ
ヤ人に対する伝道者、パウロが異邦人に対する伝道者として召された（ガラテヤ
2：8）というのですが、『使徒言行録』にはこのユダヤ人と異邦人の共生が問題
となったことが描かれています。

　著者がどのような資料を用いてこの文書を書いたのか不明なところも多いの
ですが、後半に見られる〝わたしたち〟を主語とする部分などは「わたしたち
資料」と呼ばれ、著者がその出来事の体験者であったという説も唱えられてき
ました（そうすると著者はパウロと行動を共にしていたということになります）。もと
もと教会の迫害者であったパウロが福音の伝道者になった経緯（「パウロの回心」

▼

と呼ばれる出来事）について正味3回記されますが、パウロ自身の手紙の中には
そういった出来事は触れられていないのも不思議です。ほかにもパウロの真筆
（文書編《新約》パウロの手紙Ⅰ導入部参照）の手紙とは食い違う内容もあり、その
史実性というのはやはり疑わしい部分もあると言わざるを得ないところもあり
ますが、初期の教会の様子を知る資料としては貴重なものと評価されています。

《五旬祭の日が来て、一同が一つになって集まっていると、突然、激しい風が
吹いて来るような音が天から聞こえ、彼らが座っていた家中に響いた。そし
て、炎のような舌が分かれ分かれに現れ、一人一人の上にとどまった。する
と、一同は聖霊に満たされ、〝霊〟が語らせるままに、ほかの国々の言葉で話
しだした。》使徒2：1－4

《ある人々がユダヤから下って来て、「モーセの慣習に従って割礼を受けなけ
れば、あなたがたは救われない」と兄弟たちに教えていた。それで、パウロ
やバルナバとその人たちとの間に、激しい意見の対立と論争が生じた。この
件について使徒や長老たちと協議するために、パウロとバルナバ、そのほか
数名の者がエルサレムへ上ることに決まった。》使徒15：1－2

▼

《新約》パウロの手紙 I

　『使徒言行録』から、新約聖書最後の文書である『ヨハネの黙示録』までの間には、21巻の手紙が置かれています。そのうち半分以上の13巻の著者とされるのがパウロです。ただ、その中で間違いなく彼が書いた手紙（真筆）とされるものは、『ローマの信徒への手紙』『コリントの信徒への手紙一』『コリントの信徒への手紙二』『ガラテヤの信徒への手紙』『フィリピの信徒への手紙』『テサロニケの信徒への手紙一』『フィレモンへの手紙』の7つだけです。残りの6つ『エフェソの信徒への手紙』『コロサイの信徒への手紙』『テサロニケの信徒への手紙二』『テモテへの手紙一』『テモテへの手紙二』『テトスへの手紙』は、パウロの名前を借りて書かれたものと言われています。

　イスラエル民族の間で待ち望まれた救い主が、やがて異邦人にも受け入れられるようになり、教会は更に拡大、発展していきますが、その中で異邦人伝道に従事しつつキリスト教神学の基礎を作ったと言える人物がパウロでした。50年から56年頃に書かれたと思われる彼の手紙は、新約聖書の中では最古の文書とされ、イエスの十字架の死と復活の意味について中心に語り、生前のイエスについてはほとんど触れません。『ローマの信徒への手紙』と『フィレモンへの手紙』以外は、パウロが宣教旅行（物語編10章Ⅳ〜Ⅹ参照）において基礎を作った教会に宛てて書かれたものです。

　ここではまずパウロの真筆の手紙を書かれた順に紹介します。

新約最古の書――テサロニケの信徒への手紙一

　パウロによって建てられたテサロニケの教会に宛てて書かれた手紙です。パウロの7つの真正の手紙の中で最初のもので、50年頃に書かれています。

　主要なテーマは、「終末」についてです。〝世の終わり〟が間近に迫っている（つまりは、まだ来ていない）ということを言っていますが、一方でキリスト者はすでに新しくされた世界の人々のごとき「光の子」であると言います。

　この手紙を書いている状況では、パウロの側にはシルワノとテモテというパートナーがいるようです。この記述を『使徒言行録』と照らし合わせると書

▼

かれた場所は第2次宣教旅行中のギリシアの都市、コリントと考えられます（物語編10章IX、X参照）。いったん別行動をとっていたテモテによって伝えられたテサロニケ教会の状況を受けて書かれた手紙で、テサロニケの信徒に対する励ましと「終末」に関する問いに対しての回答が記されます。

《兄弟たち、その時と時期についてあなたがたには書き記す必要はありません。盗人が夜やって来るように、主の日は来るということを、あなたがた自身よく知っているからです。人々が「無事だ。安全だ」と言っているそのやさきに、突然、破滅が襲うのです。……しかし、兄弟たち、あなたがたは暗闇の中にいるのではありません。ですから、主の日が、盗人のように突然あなたがたを襲うことはないのです。あなたがたはすべて光の子、昼の子だからです。わたしたちは、夜にも暗闇にも属していません。》I テサロニケ5：1－5

《いつも喜んでいなさい。絶えず祈りなさい。どんなことにも感謝しなさい。これこそ、キリスト・イエスにおいて、神があなたがたに望んでおられることです。》I テサロニケ5：16－18

ここは、譲れない！〈信仰義認〉──ガラテヤの信徒への手紙

パウロの真筆性は疑われませんが、大部分が〝口述筆記〟によって書かれています。これは当時、珍しいことではありませんでした。パウロが語ったことを筆記した人物についてはわかっていません。

ガラテヤ地方は、小アジアの中央部（今のトルコの辺り）に位置します（福音書におけるイエスの活動拠点であったガリラヤと似ているので注意してください）。その地方の教会は、パウロの第2次宣教旅行の際（物語編10章IX、X参照）に設立されましたが、パウロがいなくなった後、パウロが伝えた福音に反する教えの影

▼

響を受けてしまいました。「信仰によって救われる（信仰義認）」と説くパウロに対し、後から来た人々（キリスト教の伝道者ではあるものの、民族主義に偏ったユダヤ人たち）は信仰に加えて律法を守ることも必要だと教え、特に「割礼」を受けることが救いには不可欠のものとして勧めました。それはガラテヤの異邦人信徒に対し、いったんユダヤ人にならなければ救われないと言うに等しいものであって、パウロの伝えた福音とは異なっていました。パウロは、人は皆、割礼のない異邦人であっても、イエスをキリスト（メシア／救い主）と信じる信仰によって、神がアブラハム（ユダヤ人の先祖であるイスラエル民族の祖、物語編2章Ⅰ参照）に与えた祝福を受け継ぐことができると教えました。

　このパウロの教えは、「あなたがたは古い掟や生き方からの自由を得ている」というものでもありましたが、ガラテヤの信徒たちには、いささか自分たちは自由過ぎると感じられていたようで、〝目に見える規則〟による一致が魅力的に見えてしまったようです。

　パウロは、「神は異邦人も受け入れられた」ということを了解しながら、ほかのユダヤ人の目を気にして異邦人と関わっていないふりをしていた（ユダヤ人は異邦人との交際を避ける傾向がありました）ペトロについても、相手が当時の教会の有力者であろうが「おかしい」と非難したということも記されています。

　書かれた時期としては、第3次宣教旅行でガラテヤ地方を訪れた後、エフェソ（現在のトルコ西部に位置した湾岸都市）にいる頃（54年頃）から古代ギリシア北部の都市、マケドニアに渡った頃（55年頃）と思われます。

《あなたがたは皆、信仰により、キリスト・イエスに結ばれて神の子なのです。洗礼を受けてキリストに結ばれたあなたがたは皆、キリストを着ているからです。そこではもはや、ユダヤ人もギリシア人もなく、奴隷も自由な身分の者もなく、男も女もありません。あなたがたは皆、キリスト・イエスにおいて一つだからです。あなたがたは、もしキリストのものだとするなら、とりもなおさず、アブラハムの子孫であり、約束による相続人です。》ガラテヤ3：26−29

▼

どこだって、じょいふる！──フィリピの信徒への手紙

　マケドニア東部に位置するフィリピはパウロがマケドニアに渡って最初の伝道地となったところ（物語編10章IX参照）で、この地の教会とパウロは特別に親しい関係を持っていたようです（自給伝道を基本スタンスとしていたパウロに唯一物的資金的援助をしていたと思われます。下記の「感謝の手紙」は、一時停止していたフィリピ教会からの援助が再開したことが執筆の動機であったようです）。

　この手紙はパウロが書いたもので間違いないと思われますが、複数の手紙が集められて今の形になっているという説が有力です。54年頃（第3次宣教旅行中）のエフェソでの投獄中に書かれたもの、その後、別の時期に同じく獄中で書かれたもの、そして、55年から56年にかけての頃にフィリピではないマケドニアのどこか、もしくはコリントで書かれたものの3つが想定されています。それぞれ「感謝の手紙」「近況報告と混乱している教会への一致の勧め」「なお悪い状況にあるフィリピ教会への警告」を主な内容としており、『フィリピの信徒への手紙』は、これらを一つにまとめたものです。フィリピの教会においてもユダヤ主義的なキリスト教伝道者の教え（割礼、律法の遵守。『ガラテヤの信徒への手紙』の項参照）の影響が見られ、特に、自分たちを割礼と律法の遵守により、すでに〝完全〟であるとみなしたことで、「やがて訪れる」という終末観（『テサロニケの信徒への手紙一』の項も参照）との齟齬が生じていること、さらにはキリストの十字架による救いを否定していることが問題視されています。

　獄中で書かれたものでありながら、「喜び」に満ちた内容であることが特徴的であるほか、2章に含まれる「キリスト賛歌」も当時のキリスト理解を知る上で重要です。

　《キリストは、神の身分でありながら、神と等しい者であることに固執しよう

とは思わず、かえって自分を無にして、僕の身分になり、人間と同じ者になられました。人間の姿で現れ、へりくだって、死に至るまで、それも十字架の死に至るまで従順でした。》フィリピ2：6−8

《主において常に喜びなさい。重ねて言います。喜びなさい。あなたがたの広い心がすべての人に知られるようになさい。主はすぐ近くにおられます。どんなことでも、思い煩うのはやめなさい。何事につけ、感謝を込めて祈りと願いをささげ、求めているものを神に打ち明けなさい。そうすれば、あらゆる人知を超える神の平和が、あなたがたの心と考えとをキリスト・イエスによって守るでしょう。》フィリピ4：4−7

逃げるは罪だが、役に立つ──フィレモンへの手紙

　パウロの手紙の中で、唯一個人宛てのもので、「章」のない短い手紙です。受取人として名指しされているフィレモンは、小アジア南西の町コロサイで自分の家を教会として開放していた人物です。手紙はそのフィレモンだけでなく、彼が主催する教会、さらにはほかの教会でも読まれることを意図して書かれているようです。

　この手紙を書いている頃のパウロは、コロサイ教会の創設者であるエパフラスと共に投獄されています。恐らく、54年頃のエフェソでのことでしょう。

　パウロは、何かの事情があってフィレモンの下を逃げ出した逃亡奴隷オネシモを送り返すにあたり、パウロとの出会いの中で立派なキリスト者となり、宣教の働きにおいても役立つ者となった彼を「兄弟」として受け入れるよう勧めています。極めて個人的な内容ですが、その中に愛と信仰の共同体である教会の像を描いていると言えます。

《それで、わたしは、あなたのなすべきことを、キリストの名によって遠慮なく命じてもよいのですが、むしろ愛に訴えてお願いします、年老いて、今はまた、キリスト・イエスの囚人となっている、このパウロが。監禁中にもうけたわたしの子オネシモのことで、頼みがあるのです。彼は、以前はあなたにとって役に立たない者でしたが、今は、あなたにもわたしにも役立つ者となっています。》フィレモン8－11

”ワンボディ〟が大切です。——コリントの信徒への手紙一

　パウロが第2次宣教旅行中（49年頃、物語編10章Ⅸ、Ⅹ参照）に1年半にわたって滞在した活気にあふれる都市がコリントでした。一方で「堕落した町」というイメージも持たれていたらしいこのギリシアの町に、パウロはアキラ、プリスキラの夫婦（『使徒言行録』18章に登場）と共に教会の基礎を作ります。その構成員には裕福な人もいましたが、その多くが社会的地位の低い人々、奴隷たちであったようです。またユダヤ人よりも異邦人が多かったと思われます。後にアポロ（『使徒言行録』18章、19章に登場）やペトロが訪れるとパウロ派、アポロ派、ペトロ派などの派閥に分かれたことがこの「第一の手紙」からはうかがえます。
　第3次宣教旅行でのエフェソ滞在中、パウロの元にコリント教会が抱える問題が聞こえてきます。それを受けて書かれた手紙もあったようですが、現在では失われています（Ⅰコリント5：9－13）。その後、先に述べた党派問題をはじめ続々と手紙や口頭で伝えられたコリント教会の課題に答えるのが「第一の手紙」で、55年頃に書かれたものをテモテがコリントに届けています。
　「第一の手紙」で触れられている問題は、自分たちを「賢い者」と考える傲慢な人々が教会内に現れていたこと、かれらがパウロの信仰義認（＝律法からの自由）をはき違え、堕落した生活を送っていたこと、「異言を語る」という特定の賜物（神から与えられた能力）を過剰に重んじたことなどです。構成員が多様で

▼

あることも相まって複雑化したと見えるコリント教会の様々な問題に対してパウロは「キリストの体」としての教会というものを語り、〝一つの体〟として互いに配慮し合うことを勧めます。コリント教会に流布していた教えの背後には「復活」理解の誤りがあるのですが、この点を指摘する15章は、新約聖書の中でも復活について最も詳しく述べられているところと言えるでしょう（わかりやすいかは別の問題ですが）。

　本来の議論とはちょっと脇道に逸れる形で現れる13章の言葉は「愛の賛歌」と呼ばれ、よく知られています。

　　《体は一つでも、多くの部分から成り、体のすべての部分の数は多くても、体は一つであるように、キリストの場合も同様である。つまり、一つの霊によって、わたしたちは、ユダヤ人であろうとギリシア人であろうと、奴隷であろうと自由な身分の者であろうと、皆一つの体となるために洗礼を受け、皆一つの霊をのませてもらったのです。……一つの部分が苦しめば、すべての部分が共に苦しみ、一つの部分が尊ばれれば、すべての部分が共に喜ぶのです。》Ⅰコリント12：12−26

　　《愛は忍耐強い。愛は情け深い。ねたまない。愛は自慢せず、高ぶらない。礼を失せず、自分の利益を求めず、いらだたず、恨みを抱かない。不義を喜ばず、真実を喜ぶ。すべてを忍び、すべてを信じ、すべてを望み、すべてに耐える。愛は決して滅びない。……信仰と、希望と、愛、この三つは、いつまでも残る。その中で最も大いなるものは、愛である。》Ⅰコリント13：4−13

　　《わたしたちは皆、眠りにつくわけではありません。わたしたちは皆、今とは異なる状態に変えられます。……この朽ちるべきものが朽ちないものを着、この死ぬべきものが死なないものを着るとき、次のように書かれている言葉が実現するのです。「死は勝利にのみ込まれた。死よ、お前の勝利はどこにあ

▼
248

るのか。死よ、お前のとげはどこにあるのか。」》Ⅰコリント15：51－55

〝弱さ〟こそ、わが誇り──コリントの信徒への手紙二

　「第一の手紙」を書き送った後、パウロはしばらくとどまるつもりでコリントを訪れますが、何らかの事件が起こったせいで、すぐにエフェソに戻ります。そこで俗に「涙の手紙」と呼ばれるものを書き、テトスに持たせたと言われます。この手紙を届けたテトスとマケドニアで合流したパウロは、手紙に対する反応をテトスから聞き、「第二の手紙」1章－9章を書きました。56年頃のことと思われます。ところが、この手紙がコリント教会の人々にあまり良い印象を与えず、好ましくない状況を生んでしまったことを受けて、「第二の手紙」10章－13章が書かれたようです。

　1章－9章にはパウロの〝論敵〟の存在が感じられます。やはり律法の実践を重視するユダヤ主義者で、彼らは、パウロにはエルサレム教会の後ろ盾（推薦状）がないとして、パウロの使徒としての資格を疑わしいと主張しました。それに対しパウロは、「新しい契約に仕える者」「キリストを通して実現した神と人間の和解のために奉仕する者」としての務めを自分は負っていると言います。

　そのパウロの訴えが「自己推薦」と受け止められていることを知り、改めて書き送ったのが10章―13章です。パウロの使徒性を疑うユダヤ主義者からの非難に対して弁明するパウロでしたが、そこで彼は自ら「第三の天にまで引き上げられた」という体験がありつつも、それを誇ることはしない、むしろ思い上がらないために与えられた《とげ》（何かの病気か障がいであったと思われます）を取り去ってほしいと願った祈りに対するキリストの答えをもとに、《わたしは弱い時にこそ強い》と語るのでした。

　「第一の手紙」から「第二の手紙」にかけて共通しているテーマの一つに、

「エルサレム教会への献金」があります。異邦人教会をめぐりつつエルサレムの《聖なる者たち》＝ユダヤ人信徒の窮乏を支えるための献金を集めていたパウロは、この活動が「悪賢く、だまし取っている」との中傷を受けながらも異邦人教会とユダヤ人教会の橋渡しになることを信じて取り組みました。それが十分な成果を上げたことが彼の最後の手紙──『ローマの信徒への手紙』15章で報告されています。

《わたしたちは、四方から苦しめられても行き詰まらず、途方に暮れても失望せず、虐げられても見捨てられず、打ち倒されても滅ぼされない。わたしたちは、いつもイエスの死を体にまとっています、イエスの命がこの体に現れるために。……わたしたちは落胆しません。たとえわたしたちの「外なる人」は衰えていくとしても、わたしたちの「内なる人」は日々新たにされていきます。》Ⅱコリント4：8−16

《……思い上がることのないようにと、わたしの身に一つのとげが与えられました。それは、思い上がらないように、わたしを痛めつけるために、サタンから送られた使いです。この使いについて、離れ去らせてくださるように、わたしは三度主に願いました。すると主は、「わたしの恵みはあなたに十分である。力は弱さの中でこそ十分に発揮されるのだ」と言われました。……それゆえ、わたしは弱さ、侮辱、窮乏、迫害、そして行き詰まりの状態にあっても、キリストのために満足しています。なぜなら、わたしは弱いときにこそ強いからです。》Ⅱコリント12：7−10

パウロ神学の集大成——ローマの信徒への手紙

　パウロの教会宛の手紙の中で唯一彼自身が設立に関わっていない教会に宛てられたもので、パウロの残した最後の手紙とされ、56年頃に書かれた彼の「遺言書」とも言われます。

　「地の果て」までキリストを宣べ伝えたいと願うパウロが、その足掛かりとしてローマを訪ねるにあたり、単なる勢力拡大と受け取られないよう気を遣いながらしたためた長い自己紹介が、思いがけず彼の神学の集大成を生み出すことになりました。教会では長らく最初の神学書、あるいは教義の書として読まれてきましたが、「終末」が近いと考えていたパウロにそのようなものを残そうという意図があったはずはありません。

　『ガラテヤの信徒への手紙』を補完するような信仰義認論の展開は、アダム以来すべての人を支配下に置いていた罪からの解放が、神の契約に対する誠実さによるとする点で、旧約の内容を踏まえたものとなっています。異邦人の救いも、決して神はユダヤ人を見捨てたわけではなく、ユダヤ人に妬みを起こさせ救いへと導くためのプロセスであると主張します。本来自分たちのものであった救いの喜びについてユダヤ人に気づかせ、求めさせるために、今、自分は異邦人伝道に従事するのだというわけです。

　また、ローマ訪問前にどうしてもやっておきたいこととして、エルサレム教会に献金を届けるという使命について語っています。『使徒言行録』によれば、この際に起こった騒動の結果、パウロはローマへ護送されることになります（物語編10章XI参照）。

　以下に、この手紙で用いられる重要なキーワードについて解説します。

○義認
人が神の前で義しい者と認められること。これを律法の実践によってではなく、

▼

251

イエス・キリストを信じる信仰によって得られるというパウロの主張が「信仰義認」。(3章、4章)

○贖い

キリストによる神の救いを表す語。もともと「贖う」とは、一度他人のものになった自分の所有物を買い戻すことや、動物のいけにえをささげる等の祭儀行為を通して神が人間の罪を赦すことを意味した。(3章、4章)

○和解

破綻していた関係が友好的な関係に変えられることだが、特にアダムとエバの「堕罪」によって神と人間の関係が歪んでいたのをイエスが正したことを意味する。この和解は、人間の側からではなく神の側から望まれ、成された行為であった。(5章およびⅡコリント5章も参照)

《このように、わたしたちは信仰によって義とされたのだから、わたしたちの主イエス・キリストによって神との間に平和を得ており、このキリストのお陰で、今の恵みに信仰によって導き入れられ、神の栄光にあずかる希望を誇りにしています。そればかりでなく、苦難をも誇りとします。わたしたちは知っているのです、苦難は忍耐を、忍耐は練達を、練達は希望を生むということを。希望はわたしたちを欺くことがありません。》ローマ5：1-5

《兄弟たち、自分を賢い者とうぬぼれないように、次のような秘められた計画をぜひ知ってもらいたい。すなわち、一部のイスラエル人がかたくなになったのは、異邦人全体が救いに達するまでであり、こうして全イスラエルが救われるということです。》ローマ11：25-26

《こういうわけで、あなたがたのところに何度も行こうと思いながら、妨げ

▼
252

られてきました。しかし今は、もうこの地方に働く場所がなく、その上、何年も前からあなたがたのところに行きたいと切望していたので、イスパニアに行くとき、訪ねたいと思います。途中であなたがたに会い、まず、しばらくの間でも、あなたがたと共にいる喜びを味わってから、イスパニアへ向けて送り出してもらいたいのです。しかし今は、聖なる者たちに仕えるためにエルサレムへ行きます。マケドニア州とアカイア州の人々が、エルサレムの聖なる者たちの中の貧しい人々を援助することに喜んで同意したからです。》

ローマ15：22-26

《新約》パウロの手紙 II

　ここでは、本文に著者はパウロであるとの記載がありながらも別人が書いた
と思われる手紙（一般に「パウロの名による手紙」、あるいは「第二パウロ書
簡」と呼ばれます）を成立順に紹介します。

キリストによる、キリストのための、キリストの世界
──コロサイの信徒への手紙

　手紙の宛て先になっているのは、コロサイという小アジアの町にある教会で、
パウロがエフェソで投獄されている間（53–54年頃）にパウロの弟子の一人エ
パフラスによって建てられたと思われます（1：7–8、4：12–13）。集会の中心は
異邦人だったようです。この手紙の成立については、パウロ自身が書いたとい
う説もありますが、本書ではパウロの死後に書かれたものとして扱います（理
由は後述）。それでもパウロの死後間もなくの時期、恐らく60年頃には書かれて
いたようです。またコロサイの住人であったフィレモンに宛てられた『フィレ
モンへの手紙』についても著者は知っていたと思われます。同書が書かれたの
と同じエフェソで書かれた可能性が高く、『エフェソの信徒への手紙』はこの手
紙を下敷きに書かれています。実際にはコロサイの信徒だけでなく小アジアの
教会で回し読みされることを意図していたとも言われます。

　コロサイの教会にはパウロからエパフラスへ、エパフラスからコロサイの
人々へ伝えられた福音に対し、脅威となっていた異端の教え（著者は《哲学》と
呼んでいます）が広まっていたようですが、「世を支配する霊」についての言及や、
ある種の禁欲主義を重視していたらしいことがうかがえる記述などが、その内
容を知る手掛かりになりそうではあるものの、はっきりとした全体像は見えて
きません。それに対し著者が強調しているのは、異邦人の救いに関わる「秘め
られた神の計画」が今や明らかにされているということ、その計画の中でキリ

▼

ストの支配下に置かれたあなたがたは、キリストに結ばれた生き方をしなさい、ということです。その際に、キリストは創造の前から存在しているということや、キリストには「満ちあふれる神性」が宿っている（2：9）などとする「宇宙的キリスト論」が展開されるのですが、これが特にパウロのキリスト論との顕著な違いとみなされます。

《御父は、わたしたちを闇の力から救い出して、その愛する御子の支配下に移してくださいました。わたしたちは、この御子によって、贖い、すなわち罪の赦しを得ているのです。御子は、見えない神の姿であり、すべてのものが造られる前に生まれた方です。……万物は御子によって、御子のために造られました。御子はすべてのものよりも先におられ、すべてのものは御子によって支えられています。》コロサイ1：13-17

《あなたがたは神に選ばれ、聖なる者とされ、愛されているのですから、憐れみの心、慈愛、謙遜、柔和、寛容を身に着けなさい。互いに忍び合い、責めるべきことがあっても、赦し合いなさい。主があなたがたを赦してくださったように、あなたがたも同じようにしなさい。これらすべてに加えて、愛を身に着けなさい。愛は、すべてを完成させるきずなです。》コロサイ3：12-14

〝双子〟の手紙──エフェソの信徒への手紙

　この手紙の大きな特徴の一つは、かなりの部分（30％以上）が『コロサイの信徒への手紙』の言葉と一致するということでしょう。著者は『コロサイの信徒への手紙』をベースにこの手紙を書いたようです。パウロの真正の手紙に見られるような様々な問題への具体的なアドバイスといった内容ではなく、キリス

ト者のあり様を語る説教のようなこの手紙は、礼拝で朗読されることを目的として書かれたのではないかと考えられています。1章1節で、《エフェソにいる聖なる者たち》が宛て先とされているものの、その部分がない写本（手書きのコピー）もあり、特定の教会に送られたものではなかったかもしれません。コロサイの手紙同様、小アジアの教会で回し読みされた文書であった可能性は高いでしょう。それがエフェソと結びついたのは、エフェソが小アジアの主要都市であり、パウロも比較的長く滞在し、『コリントの信徒への手紙一』ほか、いくつかの手紙の執筆地とされていることなどが原因と思われます（そもそも小アジアが考えられるのは、本文に登場するパウロの同労者であるティキコという人物について、その名前を挙げて意味があるほどに彼が活躍していた地域ということから絞り込まれています）。

　文体の特徴などが非パウロ的であることから、著者はパウロであるとは考えにくく、書かれた場所も小アジアのどこかという程度しかわかりません。時期については、もちろんコロサイ書より後の80−90年代でしょう。

　《実に、キリストはわたしたちの平和であります。二つのものを一つにし、御自分の肉において敵意という隔ての壁を取り壊し、規則と戒律ずくめの律法を廃棄されました。こうしてキリストは、双方を御自分において一人の新しい人に造り上げて平和を実現し、十字架を通して、両者を一つの体として神と和解させ、十字架によって敵意を滅ぼされました。》エフェソ1：14−16

　《あなたがたは、以前には暗闇でしたが、今は主に結ばれて、光となっています。光の子として歩みなさい。──光から、あらゆる善意と正義と真実とが生じるのです。──》エフェソ5：8−9

キタキタ詐欺にご用心──テサロニケの信徒への手紙二

　宛て先を同じくする手紙がパウロの真筆の中にありますが、その「第一の手紙」の方でも大きなテーマになっている「終末論」に関する考えた方の違いから、こちらはパウロのものではなく、彼の死後、弟子に当たる人物によって書かれたものと考えられます。

　「第一の手紙」では、これからやって来るとされる「主の日（終末）」について言及されていますが、それは早い時期に来るという緊迫感を伴っていました。しかし、この「第二の手紙」では、その日が来る前にまだ起こるべきことがあるのだと言われており、終末まではもう少しかかるかのような印象を受けます。ここで扱われているのは「終末遅延」の問題ですが、なかなかやって来ない終末に、「主の日はもう来てしまった」と考える人々が現れ、その主張に動揺している教会の人々に落ち着くよう著者は勧めます。「終末は必ず来る。遅れているのは、神が人の悔い改めを待っておられるのだ」というのです。

　この手紙の著者はやはりパウロだという主張もありますが、やはり終末が遅れているということの受け止め方は、「第一の手紙」が書かれて半年から1、2年後のことというよりは、パウロの死後、もっと後のことと考えるのが妥当でしょう。執筆年代は、同様のことを問題視しているいくつかの福音書と同じ時期として、80年代以降と本書では考えたいと思います。

> 《霊や言葉によって、あるいは、わたしたちから書き送られたという手紙によって、主の日は既に来てしまったかのように言う者がいても、すぐに動揺して分別を無くしたり、慌てふためいたりしないでほしい。だれがどのような手段を用いても、だまされてはいけません。なぜなら、まず、神に対する反逆が起こり、不法の者、つまり、滅びの子が出現しなければならないからです。》Ⅱテサロニケ2：2－3

▼

牧会書簡

　この後の３つの手紙は、特に「牧会書簡」と呼ばれています。ひとまとめに
して取り扱いますが、それぞれの成立順は次の通りです（理由は後述）。

三代目クリスチャン──テモテへの手紙二

善良なクリスチャン──テトスへの手紙

模範的クリスチャン──テモテへの手紙一

　パウロからテモテおよびテトスへ宛てられた手紙という形をとっていますが、
著者も受取人も事実ではありません。テモテはリストラ出身で、父親はギリシ
ア人の非キリスト者、母親はユダヤ人キリスト者でしたが、彼の信仰は母方の
祖母から受け継がれてきたものと言われます。パウロの宣教旅行に同行したこ
とで知られます（物語編10章IX、X参照）。テトスは、ギリシア人でバルナバと一
緒にパウロのエルサレム行きに同行しました（物語編10章XI参照）。
　著者については、まったく不明です。少なくともパウロが著者ではないと言
えるのは、パウロらについて私たちが知り得ている歴史的事実と異なることが
書かれているというのが一つ。そのほか、用語、文体、思想面でも違和感は否
めません（そもそも、思想らしい思想は感じられません）。また、教会における「職
制」にもパウロよりも後の時代の状況が反映しています。
　いずれの手紙でも問題にされているのは異端の教えのようですが、その内容
の詳細はわかりません。というのも、その教えの中身どうこうよりも、その教
えに傾倒する人々の生活態度を批判し、教会の指導者に向けて正しい行動を示
すということに終始しているためです。そこでは、とりあえずパウロをお手本

▼
258

にすることが強調されます。とは言うものの、一種〝突き抜けた〟感のあるパウロの発想を実際の市民生活に適用させていくためにやや薄めているようでもあり、評価は様々と言わざるを得ない書簡です。初期キリスト教の「過渡期」を描いていると言えるかもしれません。

　書かれた時期や場所については、異端の内容がもう少し詳しくわかれば、そこから特定できる可能性もあるのですが、残念ながらそれもできません。後1世紀末から2世紀初めくらいにアカイアかマケドニア辺りで書かれたのではないでしょうか。成立は、最もパウロの影響が色濃く出ていると思われる『テモテへの手紙二』が最初、次いで《長老》（テトス1：6、Ⅰテモテ5：17）、《監督》（テトス1：7、Ⅰテモテ3：2）といった職制や奉仕者についての教会制度の整備が進んでいくのと並行して〝パウロらしさ〟が失われていく様子から『テトスへの手紙』『テモテへの手紙一』の順番であったと考えられます。

　《わたしは、あなたの涙を忘れることができず、ぜひあなたに会って、喜びで満たされたいと願っています。そして、あなたが抱いている純真な信仰を思い起こしています。その信仰は、まずあなたの祖母ロイスと母エウニケに宿りましたが、それがあなたにも宿っていると、わたしは確信しています。》二テモテ1：4－5

　《人々に、次のことを思い起こさせなさい。支配者や権威者に服し、これに従い、すべての善い業を行う用意がなければならないこと、また、だれをもそしらず、争いを好まず、寛容で、すべての人に心から優しく接しなければならないことを。》テトス3：1－2

　《あなたは、年が若いということで、だれからも軽んじられてはなりません。むしろ、言葉、行動、愛、信仰、純潔の点で、信じる人々の模範となりなさい。わたしが行くときまで、聖書の朗読と勧めと教えに専念しなさい。あなたの

内にある恵みの賜物を軽んじてはなりません。その賜物は、長老たちがあな
たに手を置いたとき、預言によって与えられたものです。》Ⅰテモテ4：12−
14

▼

《新約》その他の手紙・黙示録

　新約聖書の手紙には「パウロ書簡」「第二パウロ書簡」以外の手紙が8つあります。ここでは、それらの手紙をやはり成立順に紹介します。その後、新約最後の書、すなわち『聖書』の最後に置かれている文書である『ヨハネの黙示録』について見ていきます。その内容は、ある意味、旧約聖書から『福音書』『使徒言行録』に続く物語を補完するものであるとも言えます。

ナンバーワンでオンリーワン──ヘブライ人への手紙

　宗教改革の頃まではパウロが書いたということが広く認められていましたが、現在では紀元80年代に書かれたものと考えられています。著者は恐らく、ローマの教会に属していたものと思われます。13章24節に見られる〝イタリア出身の人たちからの挨拶〟から、宛て先はローマであると見るのが良さそうです。執筆場所については想定の域を出ませんが、小アジアの都市エフェソあたりが妥当でしょう。

　冒頭の挨拶がない、また神学的な根拠を述べた上で、それに基づく信仰の実践を促すといったことが繰り返されるなどの構造から、本来は「手紙」ではなく「説教」であったとみなすのがよいのではないかと言われています。思想的な面では、イエス・キリストを「神の子」であると共に「大祭司」と位置付ける「大祭司キリスト論」が最大の特徴です。イエス・キリストは大祭司の働きを担いつつ、かつ自分自身を〝唯一の献げ物〟としてささげることによって、人の救いを成し遂げたというのです。また、キリストは旧約の大預言者モーセにまさる神と人との究極の仲保者（神と人の間に立って仲立ちや執り成しを行う人。物語編3章のモーセの働きを参照）であるということも主張されます。レビ記16章に記されるような旧約の祭儀行為に基づいて展開されるキリスト論（贖罪論）や、

▼

旧約の故事を取り上げ、それらに解釈を施しながら信仰のあり様を述べるところなどは、旧約の知識が乏しいと少々読みづらく感じるかもしれませんが、本書で旧約の流れなどをしっかりつかんでくだされば、きっと大丈夫でしょう。

　読者として想定される人々は、迫害による信仰の危機に直面しているようで、そのような人々に、「終末」＝「キリストの再臨」は近いのだから、その先にある〝来るべき都〟を求めつつ、今の時を忍耐して過ごそうと勧めます。書名の「ヘブライ人」はイスラエル人とほぼイコールで使われることの多い言葉ですが、後に付けられたものという説もあり、ここではどのような人々を指すのか厳密なことはわかっていません。

《この方は、ほかの大祭司たちのように、まず自分の罪のため、次に民の罪のために毎日いけにえを献げる必要はありません。というのは、このいけにえはただ一度、御自身を献げることによって、成し遂げられたからです。》ヘブル7：27

《信仰とは、望んでいる事柄を確信し、見えない事実を確認することです。昔の人たちは、この信仰のゆえに神に認められました。信仰によって、わたしたちは、この世界が神の言葉によって創造され、従って見えるものは、目に見えているものからできたのではないことが分かるのです。》ヘブル11：1－3

▼

公同書簡

　以下の7つの手紙は、「公同書簡」と呼ばれてきました。テーマが個別の教会に生じている課題といったものよりは一般的な事柄に近いということで、「全教会に向けられた手紙」という意味です（実際には、必ずしもそうとは言い切れないものもあります）。

試練の道を行く──ペトロの手紙一

　使徒ペトロの名を冠する手紙ですが、残念ながら著者がシモン・ペトロ本人であることは、ほぼ否定されます。その理由が、漁師が書いたにしては立派なギリシア語だからというのは、ちょっとペトロが可哀想な気もするのですが、逆に言えば、彼の名前に一定の権威が認められていたということでもあります。少なくとも生前のペトロを知る人物が作成に関わっているようです。書かれた時期については、読者が厳しい迫害を受けている様子がうかがえることが特定の鍵となりますが、いくつかの時期が想定される中で、本書では『ヨハネの黙示録』と同じドミティアヌス帝時代をとり、90年頃と考えたいと思います。その読者（宛て先）として「ポントス、その他の地に住む離散のユダヤ人たち」との記述があります。ポントスは小アジア北部の黒海に面した地域ですが、恐らくはこの地域とその周辺に散っていたユダヤ人たちの間で回し読みされることが想定されているのでしょう（このように地域が限定されているとすれば、本当は「公同書簡」と呼ぶべきではないのかもしれません）。

　内容的にはパウロに近いところもありますが、「キリストの陰府下り」と呼ばれる独特のキリスト論も見られます。キリスト者が受ける試練は、ある意味、当然のもの、あるいは必要なものであることを述べ、それらを耐え忍んで、天に蓄えられた財産を継ぐということを希望として語ります。先述の、『ヘブライ人への手紙』に見られる大祭司キリスト論と対照的に、すべての信仰者の祭司

▼

性（とりなしの役割）というのが主張されます。

《今しばらくの間、いろいろな試練に悩まねばならないかもしれませんが、あなたがたの信仰は、その試練によって本物と証明され、火で精錬されながらも朽ちるほかない金よりはるかに尊くて、イエス・キリストが現れるときには、称賛と光栄と誉れとをもたらすのです。》Ⅰペトロ1：6-7

《キリストは、肉では死に渡されましたが、霊では生きる者とされたのです。そして、霊においてキリストは、捕らわれていた霊たちのところへ行って宣教されました。この霊たちは、ノアの時代に箱舟が作られていた間、神が忍耐して待っておられたのに従わなかった者です。この箱舟に乗り込んだ数人、すなわち八人だけが水の中を通って救われました。この水で前もって表された洗礼は、今やイエス・キリストの復活によってあなたがたをも救うのです。》Ⅰペトロ3：18-21

愛し合ってるかい!?──ヨハネの手紙一

とにかく、無視！──ヨハネの手紙二

真理はどこに？──ヨハネの手紙三

　「ヨハネ」の名を冠する3つの手紙は、『ヨハネによる福音書』（この項目では、以下『福音書』）とは言葉遣いやものの考え方などがよく似ているため、『福音書』の著者が属していた共同体（教団）の中で書かれたと考えられており、『福音書』とセットで「ヨハネ文書」と呼ばれます（『ヨハネによる福音書』の項も参照のこと）。しかしながら相違点も指摘されており、『福音書』と『ヨハネの手紙

一』(以下『手紙一』『手紙二』『手紙三』)の場合、「終末」に関する考え方の違いなどが挙げられます。

本項目の『手紙』については、実に様々な説が唱えられており、あまりはっきりしたことは言えないのが実情です。成立の順番についても、『手紙三』『手紙二』『手紙一』の順であるという説もあったりしますが、本書では文書名に振られている数字の順番で取り扱います。

『手紙一』は、差出人からの挨拶もなく、厳密には手紙の形式をとっていません。したがって著者に関しての手がかりもないため、『福音書』の著者と同一人物であるかないかが議論されています。また、特定の受取人がある手紙ではなく、小アジア地域で回し読みされることを前提にした説教であったとも考えられます。書かれた場所については同じく小アジアのエフェソ周辺という説もありますが、確定はできません。時期については、『福音書』よりも後で、1世紀の末くらいと考えられています。

ユダヤ教との関係が問題となっていた『福音書』と違い、教会内に生じた〝異端〟が大きなテーマとなっており、著者は、キリストの「受肉」(『ヨハネによる福音書』の項参照)を否定したり、愛の行為を軽んじたりする異端を「反キリスト」と呼び、その教えを警戒するよう忠告します。信仰者のあるべき姿として「互いに愛し合う」ということを勧めますが、それが「掟」であると言うところなどは、『福音書』の13章にあるイエスの言葉を彷彿とさせます。

《愛する者たち、互いに愛し合いましょう。愛は神から出るもので、愛する者は皆、神から生まれ、神を知っているからです。愛することのない者は神を知りません。神は愛だからです。》Iヨハネ4：7-8

『手紙二』は、冒頭の挨拶の中に「長老のわたし」という言葉が含まれており、教会の指導的立場にあった人物によって書かれたことがうかがえます。『手紙一』が書かれてそう時間が経っていない時期のことと思われ、場所については、

▼

265

やはり不明です。宛て先は「選ばれた婦人とその子たちへ」となっていますが、「婦人」は教会の隠喩のようで、小アジアの教会が宛て先と思われます。

『手紙一』同様、「反キリスト」の教えに注意するよう言われますが、かれらと距離をおくよう、かなりきつい調子で言われるのにはきっと驚かれる方もあるでしょう。

《この教えを携えずにあなたがたのところに来る者は、家に入れてはなりません。挨拶してもなりません。そのような者に挨拶する人は、その悪い行いに加わるのです。》Ⅱヨハネ10−11

『手紙三』の差出人に関する記述は『手紙二』とまったく同じですが、同一人物かはわかりません。書かれた場所も明らかではありませんが、時期は『手紙二』より少し後と思われます。宛て先はガイオという個人で、彼は小アジアのどこかで「家の教会」と呼ばれる小さな集会の運営に携わっていたようです。『手紙一』や『手紙二』のような異端の存在は明確には語られず、問題として挙げられているのは、ディオトレフェスという人物が教会の指導者になりたがっており、教会を転々としながら教えている〝巡回教師〟を受け入れようとしないということです。彼が単に教会を牛耳りたいと思っていただけなのか、異端の人間で正統の福音を伝える教師を拒んでいたのかは定かではありません。いずれにせよ、このときのディオトレフェスの態度はヨハネの共同体が重んじる〝真理〟にもとることでした。

《愛する者よ、あなたは、兄弟たち、それも、よそから来た人たちのために誠意をもって尽くしています。彼らは教会であなたの愛を証ししました。どうか、神に喜ばれるように、彼らを送り出してください。この人たちは、御名のために旅に出た人で……わたしたちはこのような人たちを助けるべきです。そうすれば、真理のために共に働く者となるのです。》Ⅲヨハネ5−8

▼

グノーシス

『ヨハネの手紙』で問題にされている異端は、「グノーシス」と呼ばれる思想（というよりは〝思考の形態〟。いろいろな宗教などをその立場から解釈し、「キリスト教的グノーシス」などの形をとっていったようです）の影響を受けたものと考えられます。徹底した霊肉二元論に立つ発想から物質界を悪ととらえ、そこからの脱出を救済と考えます。その救いをもたらすためにキリストは天界から来たと考えるのですが、かれらのキリストはあくまで霊的な存在であって、「受肉」や「受難」といった正統キリスト教神学の基盤となっている〝肉体を伴った神の子〟であるキリストとは相いれませんでした。

『ヨハネの手紙』以外の文書で問題となっている「偽教師」といった人々の教えにも、その影響はあるとされます。

信仰は死にますか──ヤコブの手紙

新約聖書に〝ヤコブ〟と呼ばれる人物はたくさん出てきます（十二使徒の中にも２人います！）。その中でこの手紙の著者として可能性がありそうな人と言えば初代教会で柱の一人と目された「主の兄弟ヤコブ」でしょうが、もしそうであったなら、生前のイエスのことをもっと取り入れた手紙であってもおかしくないでしょう。実際は、イエスの弟ヤコブの名を意識したほかの何者かが書いたものと思われます。宛て先は「離散している十二部族の人たち」となっており、「十二部族」という言葉からイスラエル民族の子孫であるユダヤ人を対象としているようにも思えますが、キリスト者一般に向けられていると見るのがよいでしょう。その宛て先や著者名を含む冒頭の挨拶はあるものの、結びの挨拶がないこともあって、もともと手紙ではなかったと考えられています。恐らくは、いくつかの勧告を集めて並べたものに過ぎなかったのではないでしょうか。書かれた時代は１世紀の末か２世紀の初め頃で、「信仰によって義とされる」というパウロの教えが誤解され、行為が軽んじられていったことを背景にして生

まれてきたと思われます。書かれた場所は不明ですが、パレスチナのどこかと考えられています。

　著者が信仰生活における「行い」の必要性を強調していることから「反パウロ的」と思われたこの手紙は、宗教改革者のルターからは「藁の書」と呼ばれてしまいました（読む価値がないということでしょう）。実際には身につまされることも多くあり、十分読む価値のある手紙と言えます。

　《あなたがたのだれかが、彼らに、「安心して行きなさい。温まりなさい。満
　　腹するまで食べなさい」と言うだけで、体に必要なものを何一つ与えないなら、
　　何の役に立つでしょう。信仰もこれと同じです。行いが伴わないなら、信仰
　　はそれだけでは死んだものです。》ヤコブ2：16－17

カインの末裔──ユダの手紙

　著者は「ヤコブの兄弟ユダ」とされますが、イエスの兄弟であったユダのことを指していると思われます。本人である可能性も捨てきれませんが、引用されているほかの文書の知識やギリシア語のレベルなどから考えて、名前を借りた偽名の文書である可能性の方が高そうです。そのように想定したとして、成立は恐らく1世紀末から2世紀の初め、書かれた場所は「主の兄弟」たちが活躍したパレスチナではないかと思われます。書き出しからは、すべてのキリスト者に向けて書かれたような印象を受けます（そのため「公同書簡」に含まれているようです）が、内容からはどこかの教会の抱えている問題が踏まえられていることが感じられます。しかし、その教会を特定することは困難です。

　キリストの使徒以来の伝承に基づく使徒的信仰を重んじる立場から、教会を混乱させる「偽教師」たちを非難しています。この後に紹介する『ペトロの手紙二』と並行箇所が見られ、何らかの関係があったと考えられています。『ユダの手紙』

の方が先にあって、『ペトロの手紙二』の方がそれを用いたという説が有力です。

「偽教師」たちの〝思想〟については、明確なことはほとんどわかりません。「牧会書簡」同様、手紙の著者は、「かれらのあの考えは間違っている」ではなく、「かれらのあのような振る舞いを見習ってはいけない」という形での批判を主に展開しているためです。「偽教師」たちは、不道徳で放縦な生活をしていたことがうかがえますが、それが律法から解放された生き方だと考えていたようです。そのほか、「唯一の支配者であり、わたしたちの主であるイエス・キリストを否定している」といった記述が見られますが、それがどのような思想から来ているのかの詳細はわかりません。

下に紹介している箇所は、異端を批判する言葉ですが、後半は詩的とも感じられ、妙に感心してしまいます（教会の成長には、まったく役に立たない連中だということを言っているようです。カインについては物語編1章III参照）。

《彼らは「カインの道」をたどり……滅んでしまうのです。こういう者たちは、厚かましく食事に割り込み、わが身を養い、あなたがたの親ぼくの食事を汚すしみ、風に追われて雨を降らさぬ雲、実らず根こぎにされて枯れ果ててしまった晩秋の木、わが身の恥を泡に吹き出す海の荒波、永遠に暗闇が待ちもうける迷い星です。》ユダ11—13

ペトロの遺言——ペトロの手紙二

「公同書簡」らしく宛て先は特定の教会ではなく、「同じ尊い信仰を受けた人たち」ですが、実際には読者として想定されている人々の背後に、『ユダの手紙』と同じような「偽教師」の問題が生じている教会の存在がうかがえます。小アジアの異邦人教会という想定もなされています。「第一の手紙」の存在にも触れますが、内容としてはやはり『ユダの手紙』との関連が濃く見られます。

▼

大きなテーマの一つは「偽教師」たちの存在ですが、その問題性は『ユダの手紙』と同質のもののようです（『ユダの手紙』の項参照）。ただ、この手紙の場合はそれに「終末遅延」に関することが加わっています。間もなく来ると言われていた「終末」がなかなか来ないことはほかの手紙でも問題となっていました。このことについて手紙の著者は、《愛する人たち、このことだけは忘れないでほしい。主のもとでは、一日は千年のようで、千年は一日のようです。ある人たちは、遅いと考えているようですが、主は約束の実現を遅らせておられるのではありません。そうではなく、一人も滅びないで皆が悔い改めるようにと、あなたがたのために忍耐しておられるのです》（3：8－9）と回答し、「神の忍耐」に思いを向け、正しい生活をし、宣教に励むよう促します。

　「ペトロの遺言」の体裁をとっていますが、実際に書かれたのは2世紀前半から半ばにかけての頃と思われます（ペトロの殉教は64年とされます）。理由としては、終末の遅延が大きな問題となっていること、また異端の活動に対応するように正典としての「新約聖書」がまとまりつつある状況がパウロの手紙が引き合いに出されている箇所からうかがえることなどが挙げられます。ほかにも、やっぱり（?）ガリラヤの漁師らしからぬヘレニズムの影響を受けた言葉遣いなどから、著者が使徒ペトロであることは否定されます。書かれた場所としてはローマ説、エジプト説、小アジア説などあります。上記の立場をとれば、紀元130－150年頃に書かれたと思われるこの手紙が、新約27巻の中で一番〝新しい〟文書ということになります。

　　《わたしは、自分がこの体を仮の宿としている間、あなたがたにこれらのことを思い出させて、奮起させるべきだと考えています。わたしたちの主イエス・キリストが示してくださったように、自分がこの仮の宿を間もなく離れなければならないことを、わたしはよく承知しているからです。自分が世を去った後もあなたがたにこれらのことを絶えず思い出してもらうように、わたしは努めます。》Ⅱペトロ1：13－15

▼

次に紹介するのが、新約聖書最後の文書、すなわち『聖書』の最後に置かれ
ている文書です。この項目は、文書の紹介と共に、キリスト教の「終末論」に
ついても触れています。さらに本文の内容にも一部、解説を加えています。

セカイノオワリ──ヨハネの黙示録

『ヨハネの黙示録』（以下、『黙示録』）は、ローマ帝国の皇帝がドミティアヌス
（紀元81−96年在位）であった頃の教会に対する迫害を背景に書かれた文書とされ
ます。厳しい迫害のもとにある教会の信徒に、苦しみの終わりを告げ、希望を
与えようとするものですが、そこで大きなテーマとなっているのが、「終末＝世
界の終わり」です。その〝終わり〟とは、キリスト再臨の時とされますが、《時
が迫っている》（1：3）という緊迫感の中で、著者ヨハネは自らに示されたこと
を記したということです。

　『黙示録』の構成は、序文（1章）、小アジアの７つの教会に宛てた手紙（2章
−3章）、終末時の出来事（4章−22章）となります。序文では、最初に、この文
書が《イエス・キリストの黙示》（1：1）であることが述べられ（「黙示」につい
ては220ページ参照）、手紙の形式をとった読者に対する挨拶の言葉が記されます。
続く７通の手紙は、イエス・キリストの言葉（勧告）を、《エフェソ、スミルナ、
ペルガモン、ティアティラ、サルディス、フィラデルフィア、ラオディキア》
（1：11）という小アジアにある７つの教会にそれぞれ伝えるものです。そして、
文書全体の大部分を占めるのが、ヨハネが見たという〝幻〟です。封印された
巻物を渡される小羊、ラッパを吹く天使、竜と小羊の戦いなどが描かれますが、
それらは「世界の終わり」に何が起こるのかということとあわせて、その〝終
わり〟に向かっていく歴史の背後で起こっていたこととして、〝天上での出来
事〟を物語ります。それは神と天使の勢力とサタンの勢力との戦いであったと
いうのです。ですから、ヨハネが見た幻というのは、将来のことを示している

▼
271

ところもあれば、過去のことを伝えているところもあります。それらが入り乱れている記述の流れは、必ずしも時系列に沿ってはいません（そもそも、時間という概念そのものが存在していない部分もあるのではないかと私は考えています）。終末時の出来事にしても多角的に描かれており、〝悪しき力の決定的敗北〟〝真実の信仰者が受ける報い〟〝神の国の完成〟などの記述から引き出すことのできる「終末の意味」と言えるものも様々です。実に複雑な文書ではありますが、執筆の目的はいたってシンプルです。迫害に苦しむキリスト者を励ますことにあります。

　以下、主に８つのポイントになる記事を中心に紹介していきます。

Ⅰ．最初にして、最後の者（1：1−8）

　《わたしはアルファであり、オメガである。》黙示録1：8

　アルファ（α）はギリシア語のアルファベットの最初の文字で、オメガ（Ω）は最後の文字です。神とキリストがすべての始まりと終わりを支配する者であるということを言っているようです。

　9節以下に、著者ヨハネの自己紹介があります。彼は宣教活動の結果、パトモスという島に幽閉されていたと見られます（1：9）が、ある「主の日（イエスの復活を記念する日。すなわち日曜日）」に《ラッパのように響く大声》（1：10）を聞き、そして、幻を見ます。それはイエスの姿であったようです。

　《振り向くと……人の子のような方がおり、足まで届く衣を着て、胸には金の帯を締めておられた。その頭、その髪の毛は、白い羊毛に似て、雪のように白く、目はまるで燃え盛る炎、足は炉で精錬されたしんちゅうのように輝き……口からは鋭い両刃の剣が出て、顔は強く照り輝く太陽のようであった。

▼

……その方は……言われた。「恐れるな。わたしは最初の者にして最後の者、また生きている者である。一度は死んだが、見よ、世々限りなく生きて、死と陰府の鍵を持っている。さあ、見たことを、今あることを、今後起ころうとしていることを書き留めよ。》黙示録1：12−19

イエスを意味していると思われる「人の子」という記述に関しては、文書編《旧約》『ダニエル書』の項目を参照してください。また、「死と陰府の鍵」は、使徒ペトロに授けられたという「天の国の鍵」を彷彿とさせます（物語編7章Ⅶ参照）。

Ⅱ．7つの教会への手紙（3：14 − 22）

2章から3章は、小アジアの7つの教会に宛てられた手紙（イエス・キリストからのメッセージ）です。それらの教会には褒められるところもあれば、叱られるところもあります。最後の7つ目、ラオディキアの教会に関する記述に以下のような言葉があります。

《わたしは愛する者を皆、叱ったり、鍛えたりする。だから、熱心に努めよ。悔い改めよ。見よ。わたしは戸口に立って、たたいている。……戸を開ける者があれば、わたしは中に入って……共に食事をするであろう。》黙示録3：19−20

キリスト者が受ける試練は、〝主の鍛錬〟なのだという発想です。これはほかの文書にも見られます（ヘブライ人への手紙12章4節−11節ほか）。このようにして、初期の教会は様々な苦難を引き受けていったと言えます。しかし、この7つの教会に宛てられた手紙には、信仰者たちが持つ様々な弱さが明らかにされてい

ます。ここで教会の数が7つなのは、〝7〟という聖書では「完全数」と呼ばれている数字を用いて、すべての教会を対象とした勧告を意図しているとも考えられます。

そして、最後に、「わたしは戸口で戸をたたいている」と言われるわけですが、これには教会こそがイエスを締め出しているということが感じられます。終わりの時を前にして、自分自身をよく振り返るようにという教えであるようです。《耳ある者は、聞け》(3：22) と言われます。

Ⅲ．封印が開かれる（5：1 − 14）

7つの教会に宛てた手紙のセクションが終わると、ヨハネは「天上での礼拝」に招かれます。そこでは玉座に座っている神と思しき存在を、不思議な生き物と24人の長老たちがほめたたえているのでした。そして、ヨハネは次のような光景を目の当たりにします。

《またわたしは、玉座に座っておられる方の右の手に巻物があるのを見た。……一人の力強い天使が、「封印を解いて、この巻物を開くのにふさわしい者はだれか」と大声で告げるのを見た。しかし、天にも地にも地の下にも、この巻物を開くことのできる者、見ることのできる者は、だれもいなかった。……わたしは激しく泣いていた。すると、長老の一人がわたしに言った。「泣くな。見よ。ユダ族から出た獅子、ダビデのひこばえが勝利を得たので、七つの封印を開いて、その巻物を開くことができる。」わたしはまた、玉座と四つの生き物の間、長老たちの間に、屠られたような小羊が立っているのを見た。……小羊は進み出て、玉座に座っておられる方の右の手から、巻物を受け取った。》黙示録5：1−7

▼

　「小羊」はイエスを指しますが、この箇所を理解するのには、旧約のイザヤ書６章とエゼキエル書２章あたりを読んでおく必要があると思います。また、「四つの生き物」はエゼキエル書１章の内容が関係していて、これが更に四福音書記者のイメージと関係するようです。いずれにしても、この箇所は巻物の内容である、〝神の秘められた計画〟を唯一明らかにすることができるのがイエスであったということを言っているのでしょう。

　ここからしばらく、天使も開けなかった巻物の封印を小羊が解いていくという記述が続きます。やがて、すべての封印が解かれることになりますが、その途中で試練を耐え抜いた人々への報いが語られる場面があります。

　《「彼らは大きな苦難を通って来た者で、その衣を小羊の血で洗って白くしたのである。それゆえ、彼らは神の玉座の前にいて、／昼も夜もその神殿で神に仕える。玉座に座っておられる方が、／この者たちの上に幕屋を張る。彼らは、もはや飢えることも渇くこともなく、／太陽も、どのような暑さも、／彼らを襲うことはない。玉座の中央におられる小羊が彼らの牧者となり、／命の水の泉へ導き、／神が彼らの目から涙をことごとく／ぬぐわれるからである。」》黙示録7：14－17

　最後の封印が解かれると、第１から第７までのラッパを吹く天使たちが現れます。ラッパが吹かれるごとに世界の滅びが進行していく様子が描かれますが、それらは神に敵対する者たちに降る災いであり、神の裁きが成就しようとしているということを表しているようです。途中の９章に出てくる「アバドン」や「アポリオン」といった言葉は、悪魔の名前として耳にすることもあります。また10章に出てくる「一人の力強い天使」は、大天使長ミカエルを指すと考えられますが、天使の名としては旧約『ダニエル書』に最初に出てくるほか、新約では『ユダの手紙』でも言及されます。そこでは、モーセの遺体のことで悪魔

▼

と言い争ったという聖書外のユダヤ教文書のエピソードが紹介されています。

11章後半で第7の天使がラッパを吹くと、次のような声が天に響きます。

《「この世の国は、我らの主と、／そのメシアのものとなった。主は世々限り
なく統治される。」》黙示録11：15

人の住む世界に対する神とキリストの支配権が確立されたということを告げ
ているようです。

Ⅳ．天使と竜（12：1 − 18）

《また、天に大きなしるしが現れた。一人の女が……子を産む痛みと苦しみ
のため叫んでいた。また、もう一つのしるしが天に現れた。見よ、火のよう
に赤い大きな竜である。……竜は子を産もうとしている女の前に立ちはだか
り、産んだら、その子を食べてしまおうとしていた。女は男の子を産んだ。
……子は神のもとへ、その玉座へ引き上げられた。女は荒れ野へ逃げ込んだ。
……さて、天で戦いが起こった。ミカエルとその使いたちが、竜に戦いを挑
んだのである。竜とその使いたちも応戦したが、勝てなかった。そして、も
はや天には彼らの居場所がなくなった。この巨大な竜、年を経た蛇、悪魔と
かサタンとか呼ばれるもの、全人類を惑わす者は、投げ落とされた。地上に
投げ落とされたのである。その使いたちも、もろともに投げ落とされた。》黙
示録12：1−9

上記の箇所を含む12章の記述は、単純に11章の記事に続くものではないか
もしれません。ここでは時間がいったん巻き戻されるような形で、最後のラッ
パが吹かれる前のことを記しているとも考えられます。第6のラッパが吹かれ

るまでの間に、この12章に記されている天使と竜の戦いは天で繰り広げられていたのではないでしょうか。上記12：1－9の意味するところは、天上では神とサタンの戦いは既に神側の勝利に終わっているということです。それは第7のラッパが吹かれたこととも関わりがあり、上記の箇所の続き12章10節にある《わたしは、天で大きな声が次のように言うのを、聞いた。「今や、我々の神の救いと力と支配が現れた。神のメシアの権威が現れた。……」》という記述は、先述の11：15と重なると考えてもよさそうな気がします。いずれの箇所も、神とキリストの勝利を告げているのだとして、12章の方は、キリストが神のもとに引き上げられたという出来事のゆえにそれが成し遂げられたのだとしたら、これはイエスの十字架の死と復活の後の昇天（高挙）の出来事（物語編10章Ⅰ参照）が大いに関わっていると考えられます。このようにして神の勢力に敗れたサタンが地上に降り、その力を分け与えているのがローマ帝国だということです。つまり、天から追い落とされたサタンの地上での悪あがきがイエス以後の教会を迫害する者たちの活動であるというわけですが、それもやがて訪れるキリストの再臨によって終わりを告げることになります。

　この発想を敷衍すると、まだまだ平和とは言いがたい世界の現実も、サタンの悪あがきの影響であると言うことができます。この世界の状態について、「すでに神は勝利をおさめたが、いまだ神の支配は完成していない」という風にしばしば言い表されます。終末に向かっている世界は、このような〝すでに〟と〝いまだ〟の間にあるというのです。

Ⅴ．獣の数字（13：1－18）

　サタンが地上に落とされると、続いて、2匹の獣が現れたというのですが、そこで「獣の数字」というのが出てきます。

《第二の獣は……小さな者にも大きな者にも、富める者にも貧しい者にも、自由な身分の者にも奴隷にも、すべての者にその右手か額に刻印を押させた。そこで、この刻印のある者でなければ、物を買うことも、売ることもできないようになった。この刻印とはあの獣の名、あるいはその名の数字である。……数字は人間を指している。そして、数字は六百六十六である。》黙示録13：15−18

「666」という数字は、キリスト教を最初に迫害したローマ皇帝ネロを指すと言われます。彼の下でパウロもペトロも殉教したとされます。この人の名前が666になるのは、皇帝ネロを意味するギリシア語をヘブライ文字に変換して、それを独自の仕方で数値化したものの合計ということです。「カバラ」と呼ばれる思想が関係するようです。この聖書の記述以来、666は不吉な数として映画などで使われます。

Ⅵ．ハルマゲドン（16：1 − 21）

15章に入って、《神の怒りがその極みに達する》（15：1）と述べられると、16章では、その神の怒りが盛られた鉢を天使が手にし、中身を地上に注いでいく様子が描かれます。下記は、6番目の天使に関する記述です。

《第六の天使が、その鉢の中身を大きな川、ユーフラテスに注ぐと、川の水がかれて、日の出る方角から来る王たちの道ができた。わたしはまた……汚れた三つの霊が出て来るのを見た。これはしるしを行う悪霊どもの霊であって、全世界の王たちのところへ出て行った。それは、全能者である神の大いなる日の戦いに備えて、彼らを集めるためである。……汚れた霊どもは、ヘブライ語で「ハルマゲドン」と呼ばれる所に、王たちを集めた。》黙示録16：12−16

▼

　ハルマゲドンとは、「最終戦争」といった意味で使われたりもしますが、もともとは「メギドの山」という地名であり、『黙示録』では神に敵対する勢力に率いられた地上の王たちが最後の戦いのために集まる場所とされます。かつて、オウム真理教も誤用（悪用？）していた、注意したい言葉です。

　この戦いの後、「大淫婦バビロンの裁き」（18：1－19：4）、「サタンの敗北」（20：1－15）といったことが描かれます。前者はローマ帝国の滅亡を暗示しています。後者は、「千年王国」と呼ばれる〝キリストによる千年間の支配〟に関する教説の背景にある箇所です。これが何を意味しているのかは、様々な立場があります。

　その後（というつながりであるのか、もはやわからないところもありますが）、「命の書」に基づく死者に対する裁きが行われます。そこでは最終的に死と陰府（死者の領域）すらも滅ぼされます。

《死も陰府も火の池に投げ込まれた。この火の池が第二の死である。その名が命の書に記されていない者は、火の池に投げ込まれた。》黙示録20：14－15

Ⅶ．新たな創造（21：1－8）

《わたしはまた、新しい天と新しい地を見た。……そのとき、わたしは玉座から語りかける大きな声を聞いた。「見よ、神の幕屋が人の間にあって、神が人と共に住み、人は神の民となる。神は自ら人と共にいて、その神となり、彼らの目の涙をことごとくぬぐい取ってくださる。もはや死はなく、もはや悲しみも嘆きも労苦もない。最初のものは過ぎ去ったからである。……事は成就した。わたしはアルファであり、オメガである。初めであり、終わりである。渇いている者には、命の水の泉から価なしに飲ませよう。」》黙示録21：1－6

▼

　古いものが過ぎ去り、世界は新しくされる。それは新たな創造であると思われます。その新しい世界を生きる者に、新しい体＝復活の体が与えられるということなのでしょう。ここは、旧約『創世記』の１章、２章を読んでいただきたいと思います（物語編１章Ⅰ～Ⅱ参照）。

　６節では『黙示録』の最初で出てきた言葉が繰り返されます。歴史の支配者たる神の完全勝利です。

Ⅷ．真の楽園（21：9 － 22：21）

　《見よ、わたしはすぐに来る。……わたしはアルファであり、オメガである。最初の者にして、最後の者。初めであり、終わりである。命の木に対する権利を与えられ、門を通って都に入れるように、自分の衣を洗い清める者は幸いである。……わたし、イエスは使いを遣わし、諸教会のために以上のことをあなたがたに証しした。わたしは、ダビデのひこばえ、その一族、輝く明けの明星である。」》黙示録22：12－16

　かつて、禁断の果実に手を伸ばした人間は、罪に堕ち、楽園を失いました（物語編１章Ⅱ参照）。しかし、神の願いは、最初の創造の時からずっと人間を楽園に住ませることでした。

　長い人間の歴史を共に歩んだ神は、罪の闇に包まれるすべての人間にとっての「輝く明けの明星」である救い主イエスを世に遣わしました。このキリストを受け入れ、信じ続けた人々は、終末を経て、あらゆる分断の存在しない――死によってさえ分かたれることのない真の楽園（神の国）へと導き入れられるのです。

▼

《以上すべてを証しする方が、言われる。「然り、わたしはすぐに来る。」アーメン、主イエスよ、来てください。主イエスの恵みが、すべての者と共にあるように。》黙示録22：20−21

『黙示録』には、実に様々な〝破滅のビジョン〟とでも言うべきものが描かれています。そもそも〝世界の終わり〟というものを人が意識するのは、大きな絶望感をもたらす経験であり、疫病の大流行などもその一つでしょう。そのほか、大規模災害や戦争などが起こる中で、キリスト教の終末論というのは注目され、見直されもしてきたのだと思いますが、その聖書的背景を正しく知ることは、現代においても重要なことであるように思われます。誤った〝終末〟理解というのは、時に、人を破壊的な行為に導かないとも限らないからです。今の世界を壊せば、新しい世界が来ると思う人もいます。「破壊が創造を生む」といった発想でしょう。新世界の到来の前に、破壊や滅亡があるのなら、その破壊や滅亡を自分たちでもたらせば、新しい世界はすぐにやってくるのではないか、そうやって破壊行為に及ぶ人も出てきかねません。しかし、少なくとも『黙示録』が言っていることは、〝その日は誰にも分らない〟ということであり、あくまで〝神が定めた〟終わりの日というものがあるということです。目の前の世界が良くも、正しくも見えないとしても、その日を見据えて〝今を生きる〟ことの大切さが語られているのです。

「たとい明日が世界の終わりの日であっても、私は今日りんごの木を植える」

　　　（マルティン・ルター（1483− 1546年）の言葉として伝えられるもの）

▼

命の木の実

　アダムとエバの堕罪の出来事と結びついて考えられるもの、しばしばアダムたちの過ちに対する〝罰〟であると説明されるものが、死です。ただ、私はこれについては違った見解を持っていて、死は「神が与えた罰」と言うよりは、「神を離れた者の必然」といった感じではないかと考えています。

　禁断の果実を食べてしまったアダムたちについて、神は言いました。

《今は、手を伸ばして命の木からも取って食べ、永遠に生きる者となるおそれがある。》創世記３：２２

　一方、『ヨハネの黙示録』では次のように言われています。

《耳ある者は、〝霊〟が諸教会に告げることを聞くがよい。勝利を得る者には、神の楽園にある命の木の実を食べさせよう。》黙示録２：７

　神は、最終的に人に命の木の実を与えることを望んでいるようです。では何故、『創世記』で神は人を命の木から遠ざけたのか。私は、「手を伸ばして」ということがポイントではないかなと思うのです。それは人間が自分の力でやってよいことではなかった。人間の領分というものがあり、人が犯してはいけない神の領域というものがあるということなのでしょう。

「人は神になれないし、なってはいけない」

　聖書のストーリーにおいては、この大原則を人が大小様々な仕方で踏み越えようとしたところに、悲劇が生じているように見えます。

　しかし、神はキリストを通して人間に永遠の命を約束しました。イエスの死と復活によって人は永遠の命を得る ── これが人の罪と救いの問題と関わるキリスト教信仰の大きなテーマの一つです。

参考文献

『新聖書大辞典』 馬場嘉市（編）、キリスト新聞社、1971年

『旧約聖書の学び』 越川弘英（著）、キリスト新聞社、2014年

『新約聖書の学び』 越川弘英（著）、キリスト新聞社、2016年

『聖書入門』 アンゼルム・グリューン（著）、中道基夫／萩原佳奈子（訳）キリスト新聞社、
　　2013年

『新共同訳　旧約聖書注解　Ⅰ〜Ⅲ』 高橋虔／B・シュナイダー（監）、日本基督教団出
　　版局、1993〜1996年

『新共同訳　新約聖書注解　Ⅰ、Ⅱ』 高橋虔／B・シュナイダー（監）、日本基督教団出
　　版局、1991年

『新共同訳　旧約聖書略解』 木田献一（監）、日本基督教団出版局、2001年

『新共同訳　新約聖書略解』 山内眞（監）日本基督教団出版局、2000年

『新共同訳　聖書事典』 日本基督教団出版局、2004年

『総説　旧約聖書』 池田裕／大島力／樋口進／山我哲雄（監）、日本基督教団出版局、2007
　　年

『総説　新約聖書』 山内眞／大貫隆（監）日本基督教団出版局、2003年

『よくわかる　旧約聖書の歴史』 樋口進（著）、日本基督教団出版局、2001年

『新共同訳聖書　聖書辞典』 新教出版社、2001年

『キリスト教大辞典　改訂新版』 教文館、1968年

『旧約聖書　歴史・文学・宗教』 C.レヴィン（著）、山我哲雄（訳）　教文館、2004年

『旧約新約聖書ガイド　創世記からヨハネの黙示録まで』 A・E・マクグラス（著）、本
　　多峰子（訳）、教文館、2018年

『聖書百科全書』 ジョン・ボウカー（編著）、荒井献／池田裕／井谷嘉男（監訳）、三省堂、
　　2000年

『岩波　キリスト教辞典』 大貫隆／名取四郎／宮本久雄／百瀬文晃（編）岩波書店、2002
　　年

『バイブルガイド　目で見てわかる聖書』 マイク・ボーモント（著）、いのちのことば社

『ジュダイカ・コレクション　ユダヤ教の祝祭』 山尾彩香（編）、西南学院大学博物館

▼
283

あとがき

　「同志社大学において初めてキリスト教に接する学生を主な対象として行う導入的な位置づけのクラス」で、私が嘱託講師として『聖書』を教え始めたのが、2014年の春のことです。私自身、同志社大学神学部、同大学院神学研究科で学んだ後、2000年から日本基督教団の教師（牧師）としてもっぱら教会で仕事をしていた中で、新しい挑戦とも言える働きのスタートでした。本書はそのクラスのテキストとしての使用をまずは想定して書かれています。

　このクラスは同志社大学においてキリスト教を専門とする神学部以外の学生も履修することのできる「全学共通」の科目であり、登録者には聖書に関する知識がほぼないに等しい学生もいます（ほとんどがそうだと思います）。春学期に「旧約」、秋学期に「新約」を教えますが、初めて担当した年の春学期、「旧約」の第一回の講義で、授業が終わってから一人の学生が「新約」だけの聖書を持ってきて、「これはこのクラスで使えますか？」と聞かれたのには、「そこからかぁ」と思ったものでしたが、その後、教会とは違った切り口で投げかけられる疑問の数々にたくさんの刺激を受け、また気づきを与えられてきました。この本には、そのような学生との対話の中で、改めて『聖書』と格闘した跡があちこちにあるのですが、そんなものには気づかないという読者が大半かもしれません。しかし、私のクラスを履修している学生以外に、そのような方が本書を手に取ってくださったのなら、たいへんうれしいことです。

　私が洗礼を受けたのは神学部に入ってからのことでしたが、教会付属の幼稚園に通い、日曜日の教会学校にも出席していた上、高校も地元のキリスト教学校だった私は、クリスチャンの家庭に生まれたわけではない人間にしては『聖書』について比較的よく知っている方だったのだと思います。そういう中でいつしか出来上がっていた「聖書とはこんなもの」というイメージについて、それを共有できていないと感じることは、牧師として教会で働く中では、まずあ

りませんでした。ところが、大学で『聖書』を教え始めたとき、何人もの学生から「聖書がこういうものだとは思っていなかった」という感想が聞かれました。「もっと〝教え〟ばかりが書いてあるものと思っていた」というのです。このことに、私はなかなかの衝撃を受けました。学生の多くは、いわば『聖書』の〝物語性〟に、まず驚くのです。これは、笑い話のようで笑えない話です。なぜって？ 考えてもみてください。あの分厚い『聖書』の中身が全部、〝教え〟を延々と述べているものだと思ったら、どれだけの人が、それをわざわざ手に取って開いてみようという気になるでしょうか。世の中にはそういう人が少なくないと気づかされた。そのことも、今回この本を世に出してみようと思った動機の一つです。

　講師としての働きも7年目に入った年、いわゆる「コロナ禍」に見舞われました。学生たちの多くは例年のように『聖書』の物語性や、「旧約」と「新約」が「訳」の違いではなく、まったくの別物であるという事実に驚いていましたが、一方で、秋学期に入り、思った以上に新型コロナ・ウイルスの影響も長引いているなと感じられてきた頃、今までとは少し違った感想に出会いました。たとえば「敵を愛せ」（113ページ参照）といったイエスの教えなどについて、以前は「善いことだと思うけれども、実践は難しい」という感想ばかりだったのですが、ごく少数ではありますが、「そもそも善いことであるのかどうか疑問である」といった趣旨のコメントが複数見られたのです。キリスト教の価値観を絶対視し、押し付けるつもりはありませんし、その学生たちを裁くつもりもありません。ただ、コロナ禍に入るのと時を同じくして見られたこの〝変化〟は、単なる偶然なのだろうかと思ってしまいました。

　本書の「はじめに」でも、「コロナ禍に入る以前から私たちの世界を覆っていた〝影〟があるのではないかと述べましたが、このコロナ禍を経てその影のある部分は濃くなっており、人々の価値観はさらに混沌の度合いを増しているようにも感じられます。そのようなタイミングで生まれた本書が、大変な時代を生きる読者に良き感化を与えるものとなることを願わずにはいられません。

▼

『聖書』全体を通じての〝ストーリー〟を語るということに思いきって偏った本書のようなものは、キリスト教に触れたことのない大学生だけでなく、教会においてもニーズがあることを実感しています（教会の聖書研究会も休会を余儀なくされている中で、教会員の皆さんにもお届けしたいという思いで取り組んでいたところもあります）。その上で申し上げておきたいことは、この本は、「これを読めば聖書を読まなくても聖書がわかる」という本ではなくて、「これを読むと聖書が読みたくなる」という本を目指しているということです。著者の基本的な意図としては、〝聖書の前に〟読む本であって、〝聖書の代わりに〟読む本ではありません。この本を通して、一人でも多くの方が新たに『聖書』そのものを手に取ってくださったなら、また、一度（あるいは、何度も）諦めてしまった『聖書』に、もう一度チャレンジしてみようと思ってくださったなら幸いです。

最後になりましたが、この本を出すきっかけを与えてくださった同志社大学キリスト教文化センター教授の越川弘英先生、また、まったくの素人に丁寧にご対応くださったキリスト新聞社の金子和人さん、桑島大志さんに、そして、大学で教鞭をとるに当たっては様々にご指導をいただきました学生時代からの恩師、原誠先生に心より感謝申し上げます。また、誰よりも完成を楽しみにしていた連れ合いの明子に、愛をこめて本書をささげます。

竹ヶ原政輝

^{たけがはら まさてる}
竹ヶ原政輝

1973年生まれ。福岡県出身。2000年、同志社大学大学院神学研究科修了。
その後、日本基督教団 土佐教会 伝道師・副牧師 (3年)。日本基督教団 丹波新生教会 牧師 (14年)。
現在、日本基督教団 高の原教会 牧師。

2014年より同志社大学神学部嘱託講師として聖書の概論的授業を担当。
現在の科目名『旧約聖書とキリスト教 (現代の視点からの学び)』『新約聖書とキリスト教 (現代の視点からの学び)』。
2020年より、同志社大学キリスト教文化センター・チャプレン。

『聖書 新共同訳』ⓒ 共同訳聖書実行委員会, 日本聖書協会1987・1988

地 図：ⓒ 2000, American Bible Society

装 丁：長尾 優

読める、わかる、聖書のストーリー

2021年9月25日　第1版第1刷発行　　　　　　　　　　　　ⓒ 竹ヶ原政輝2021

著 者　**竹 ヶ 原 政 輝**
発行所　**キリスト新聞社**
〒162-0814　東京都新宿区新小川町9-1
早稲田オフィス
〒169-0051　東京都新宿区西早稲田 2-3-18
電話 03-5579-2432
URL. http://www.kirishin.com
E－Mail. support@kirishin.com
印刷所　光陽メディア

ISBN978-4-87395-790-6　C0016 (日キ版)　　　　　　　　Printed in Japan